Elche im Schnee

SERIE PIPER

Zu diesem Buch

Eine rothaarige Weihnachtsfrau, die zur Retterin in der Not wird, schicksalhafte Begegnungen an Heiligabend, Weihnachtsmänner, die leider alles andere als willkommen sind, und ein echter Mittwintermord ... Die spannendsten und besten Wintergeschichten aus Schweden hat Holger Wolandt hier versammelt – für jeden der vierundzwanzig Adventstage eine. Viele bekannte Autorinnen und Autoren sind dabei: Henning Mankell und Kjell Johansson, Majgull Axelsson und Helene Tursten, Kerstin Ekman, Astrid Lindgren und Katarina Mazetti. Aber auch neue Bekanntschaften lassen sich schließen: mit Peter Gissy, Maria Küchen oder Thorsten Jonsson. Eine ganz besondere Zusammenstellung von unterhaltsamen und hintergründigen Geschichten aus der geheimnisvollsten Zeit des Jahres – zum ersten Mal auf deutsch vorgestellt.

Holger Wolandt, geboren 1962 in Würzburg, studierte Nordistik, Anglistik und Germanistik in München. Heute lebt er als Reisejournalist, Übersetzer und Herausgeber in Stockholm. Er hat zahlreiche Anthologien herausgegeben, darunter das »Skandinavische Lesebuch«, »Unter Mördern und Elchen« und zuletzt »Ferien zu zweit«.

Elche im Schnee

Die schönsten Wintergeschichten aus Schweden
von Mankell bis Edwardson

Herausgegeben von
Holger Wolandt

Aus dem Schwedischen von
Hedwig M. Binder, Susanne Dahmann,
Annika Krummacher und Lotta Rüegger

Piper München Zürich

Von Holger Wolandt herausgegeben, liegen in der Serie Piper vor:
Unter Mördern und Elchen (3691)
Skandinavisches Lesebuch (4002)
Ferien zu zweit (4161)
Elche im Schnee (4235)

Deutsche Erstausgabe
1. Auflage Oktober 2004
3. Auflage Januar 2005

Umschlag/Bildredaktion: Büro Hamburg
Isabel Bünermann, Heike Dehning,
Charlotte Wippermann, Katharina Oesten
Umschlagfoto: Jan Schützer/NaturFotograferna/N
Satz: Uwe Steffen, München
Druck und Bindung: Clausen & Bosse, Leck
Printed in Germany ISBN 3-492-24235-9

www.piper.de

Inhalt

HENNING MANKELL
Der Berufskiller

Der Novemberabend war kalt und klar. Ab und zu strich ein leichter Wind durch die verlassenen Straßen. Der Wartende kannte sich mit dem Sternenhimmel und den glitzernden Konstellationen über seinem Kopf aus und wußte daher, daß der Wind fast genau aus nördlicher Richtung kam. Bei jedem neuen Windstoß drückte er sich an die Hauswand und zog Kopf und Schultern ein. Der Herbst ging allmählich in den Winter über. Die Tage wurden kürzer. Er hatte die Kälte noch nie gut vertragen. Eine seiner frühesten Kindheitserinnerungen war, wie er einmal so jämmerlich gefroren hatte, daß ihn die Panik ergriff. Dieses Gefühl hatte ihn seither nie mehr verlassen. Obwohl er damals erst sieben oder acht Jahre alt gewesen war. Und jetzt war er über vierzig.

Er warf einen Blick auf seine Uhr, drückte auf die Zifferblattbeleuchtung. Viertel vor elf. Noch eine halbe Stunde, bis der Mann kommen würde. Der Mann, den er töten sollte.

Vielleicht bedeutete es ja, daß er allmählich alt wurde, dachte er. Daß er sich bei seinen Aufträgen neuerdings viel zu früh auf den Weg machte. Dabei war er gar nicht nervös. Glaubte auch nicht, daß etwas schiefgehen könnte. Dafür war er zu gut vorbereitet. Es war eher ein Ausdruck von Rastlosigkeit. Er war vierzig, schon alt. Die Zeit um ihn herum schrumpfte zusammen. Nachts träumte er oft von Uhren.

Ein Auto fuhr die Straße entlang. Er drückte sich dichter an die Hauswand. Da die Fassade dunkel war, hatte er sich eine schwarze Lederjacke angezogen. Sicher war er niemandem im Auto aufgefallen.

Er bereitete sich stets gründlich auf einen Auftrag vor. Die Farbe der Hauswände entschied, welche Kleider er trug. War mit Glätte zu rechnen, zog er Schuhe mit Profilsohle an.

Es durfte ihm kein Fehler unterlaufen. Das war auch noch nie vorgekommen.

Er änderte seine Stellung und bewegte seine Füße, um warm zu bleiben. Er war vollkommen ruhig. Nichts würde schieflaufen. Dieses letzte Mal, daß er einen Menschen töten würde. Er würde sich zurückziehen. Alles war vorbereitet. Bereits übermorgen würde er mit TAP Air von Kopenhagen nach Portugal fliegen. Vorher würde er mit dem Auto nach Malmö fahren und es dort verkaufen. Er fragte sich, ob er jemals nach Schweden zurückkehren würde. Er überlegte auch, ob er in dem Haus bleiben würde, das ihn in Estoril erwartete. Oder würde ihn seine Rastlosigkeit weitertreiben? Nach Brasilien vielleicht? Oder in irgendein afrikanisches Land?

Er lächelte im Dunkeln vor sich hin. Heute abend würde er sich zur Ruhe setzen. Geld hatte er mehr als genug, um bis ans Ende seiner Tage bequem zu leben. Wozu er es verwenden würde, außer um seinen Aufenthalt in Portugal zu finanzieren, wußte er noch nicht. Aber eins stand fest: Er würde nicht zurückblicken. Fünfzehn Jahre hatte sein Schattendasein gewährt. Nun würde er seine letzten beiden Schüsse abgeben und dann verschwinden. Wie ein Schatten unter Schatten. Es gab nichts, woran er zurückdenken könnte. Weder Freude noch Leid, bloß diese Schatten.

Er sah wieder auf die Uhr. Die Zeiger rückten langsam vor. Er änderte seine Stellung, um nicht steif zu werden. Dann begann er nachzudenken. Wie immer. Das war fast schon ein Ritual. Darüber, auf wessen Seite er stand und weshalb er hier draußen in der eisigen Dunkelheit wartete.

Er war ein Auftragskiller. Kein Schuldeneintreiber, der Leuten einen Arm oder ein Bein brach, wenn die Drohungen nicht ausreichten. Er tötete Menschen gegen Bezahlung. Wenn die Prostitution das älteste Gewerbe der Frauen war, dann war der Meuchelmord das älteste der Männer.

In den sechziger Jahren hatte man in Schweden begonnen, Berufskiller als Torpedos zu bezeichnen. Er persönlich fand, daß dieser Ausdruck von mangelnder Phantasie zeugte. Torpedos waren mechanische Waffen, die auf Schiffe abgefeuert wurden, um sie unter der Wasserlinie leckzuschlagen. Ein Mann mit schwarzer Lederjacke und einer Pistole in der Tasche war etwas anderes. Niemand drückte auf einen Knopf, wenn er einen Auftrag ausführen sollte. Ein menschlicher Torpedo war ein Widerspruch in sich.

Er sah nochmals auf die Uhr. Dann begann er den geplanten Ablauf der Geschehnisse zu durchdenken. Wie gewöhnlich hatte er die Mitteilung postlagernd auf der Hauptpost erhalten. Der Wortlaut war immer derselbe. Eine Einladung zum Abendessen im Stallmästaregården. Dann ein Datum und eine Uhrzeit. Wenn er jede zweite Ziffer mit Ausnahme der letzten beiden ausließ, ergab sich eine Telefonnummer. Er hatte sie von einem Kartentelefon auf der Hamngatan aus angerufen. Der Mann am anderen Ende, jener Mann, den er niemals zu Gesicht bekommen hatte, obwohl er bereits seit über zehn Jahren für ihn arbeitete, hatte ihm mitgeteilt, wo er seine Anweisungen erhalten würde. Es waren immer neue Orte. Diesmal würden sie ihm mit einem Taxi überbracht werden. Er sollte vor dem Stadion am Valhallavägen mit einer braunen Aktentasche in der Hand warten. Das Taxi würde bereits bezahlt sein. Der Fahrer würde nach Alex fragen. Die Hälfte der vereinbarten Summe würde dann schon auf seinem Konto in Mailand liegen. Gleich nach Ausführung des Auftrags würde die Restsumme überwiesen werden. Ganz routinemäßig. Alles war wie geplant verlaufen. Das Taxi war gekommen, der Fahrer hatte gefragt, ob er Alex heiße, und er hatte seinen Brief erhalten. Ein Kontrollanruf nach Mailand hatte ihm bestätigt, daß noch am selben Tag zehntausend Dollar auf seinem Konto eingegangen waren. Wie immer war das Geld von einer deutschen Bank überwiesen worden. Er war in ein Café am Valhallavägen gegangen und hatte den Umschlag geöffnet. Darin hatten sich drei Fotos befunden, wovon mindestens eines ein vergrößerter Zeitungsausschnitt war, sowie alle weiteren Angaben, die er benötigte. Daraufhin hatte er eine Woche gebraucht, um sich vorzubereiten. Er hatte einen detaillierten Plan ausgearbeitet.

Der Mann, den er töten sollte, verließ seine Wohnung stets um acht Uhr morgens und kehrte nie früher als Viertel vor zwölf nachts zurück. Da er in einer Sackgasse wohnte, ließ er das Taxi stets an der Ecke halten. Er kam immer mit dem Taxi. Dann ging er die letzten fünfzig Meter zu Fuß nach Hause.

Die Planung der Operation hatte ihm keinerlei Mühe bereitet. Fünf Nächte hintereinander hatte er den Mann dabei beobachtet, wie er aus dem Taxi gestiegen und zur Haustür gegangen war, aufgeschlossen hatte und die halbe Treppe hinauf verschwunden war. Währenddessen hatte er selbst in einem Treppenhaus gestanden und ihn durch ein Nachtsichtgerät beobachtet. Er hatte zur Kenntnis genommen, daß er sich nie umsah und nie mißtrauisch wirkte. Dann hatte er sich für diesen Abend entschieden. Nun sollte es geschehen. Es handelte sich um eine unproblematische Operation. Ein letzter Auftrag ohne Komplikationen.

Als er die Fotografien gesehen und den Namen des Mannes gelesen hatte, wußte er sofort, daß er von dieser Person noch nie etwas gehört hatte. Auch wenn er selten eine Zeitung aufschlug und fast nie die Nachrichten im Fernsehen anschaute, kam es ab und zu vor, daß er Menschen hinrichtete, die in irgendeiner Weise Teil des öffentlichen Lebens waren. Seine Taten hatten während der letzten Jahre schon oft für Schlagzeilen gesorgt. Dann hatte er stets die Zeitungen gelesen. Nicht daß er sich Sorgen gemacht hätte, es könne ihm jemand auf den Fersen sein, vermuten, wer er sei. Oder daß er befürchtet hätte, einen Fehler begangen zu haben. Sondern um sich seine Unfehlbarkeit vor Augen zu führen. Er hinterließ wirklich keine Spuren. Ein spurloser, lautloser Schatten. Er wechselte seine Methoden wie seine Waffen. Nicht einmal der klügste Polizist hätte ein Muster erahnen können. In den Zeitungen wurde über ausländische

Verbrecher und eingeschleuste Mörder gemutmaßt. Die Ermittlungen führten stets ins Nichts.

Aber damit war jetzt Schluß. Er sah wieder auf die Uhr. Bald halb zwölf. Der kalte Wind ließ ihn erzittern. Mit der rechten Hand tastete er nach der Waffe in der Außentasche seiner Lederjacke. Er spürte das kalte Eisen an seinen Fingerspitzen. Er benutzte nie Handschuhe. Die Waffen zerlegte er und warf die Einzelteile in verschiedene Gewässer. Er spähte auf die Straße. Lauschte. In dieser kalten Novembernacht hielt sich niemand ohne Not im Freien auf. Ein Stück entfernt konnte er den Schatten eines Mannes und einer Frau hinter einer Gardine erkennen. Irgendwo hinter sich glaubte er einen Fernseher zu vernehmen. Vielleicht bei einem einsamen alten Menschen mit schlechtem Gehör?

Bald war es vorbei. Und er würde es nicht vermissen. Er würde aber auch keine Erleichterung verspüren. Nur das Gefühl, daß es vorbei war.

Er dachte an das erste Mal. Wie ihm eine Waffe in die Hand gedrückt und ein Bündel Scheine in die Tasche geschoben worden war und man ihn angewiesen hatte, einen Abtrünnigen zu töten. Damals hatte er bereits den Glauben an die meisten Dinge im Leben verloren. Und nicht zuletzt den Glauben an sich selbst.

Das bißchen Glauben, das er einst besessen, hatte ihn bereits verlassen, als er dreizehn Jahre war. Damals hatte ihn seine Mutter rausgeworfen und ihm erklärt, sie wolle ihn nie wieder sehen. Sie war sehr betrunken gewesen, und er konnte sich noch gut daran erinnern, was er gedacht hatte. Daß sie es gar nicht so meinte. Obwohl er sich danach richten mußte.

Seinem Vater war er nie begegnet. Das einzige, was er von ihm gesehen hatte, war eine abgegriffene, verblichene Fotografie gewesen, die seine Mutter wiederholte Male in einem Anfall von Raserei zerrissen und dann wieder zusammengeklebt hatte. Er hatte sie in ihrer Schublade gefunden, als er nach Geld für einen Kinobesuch gesucht hatte. Er hatte sie nie gefragt. Aber es trotzdem gewußt. Das war sein Vater. Mit zerrissenem und geflicktem Gesicht. Als sie ihm die Tür vor der Nase zugeschlagen hatte, da hatte er sich einfach umgedreht und war die Treppe hinuntergegangen. Er hatte die Scheibe in der Haustür zerschlagen und war davongerannt. Sie hatten im Süden der Stadt gewohnt. Er war zu einem Parkplatz in der Nähe gegangen und hatte ein Auto gestohlen. Nach ein paar Kilometern war er geradewegs in einen Laternenpfahl gefahren. Sein letztes Fünkchen Selbstvertrauen war schon damals nur noch eine schwache Erinnerung. Die Tür schlug vor seiner Nase zu. Seine Mutter hatte es nicht so gemeint. Aber er war trotzdem gegangen. Um nie zurückzukehren.

Die folgenden Jahre verschwammen in einem endlosen Nebel. Er hatte in diversen Pflegefamilien und Jugendheimen gelebt. Allen Menschen, denen er in diesem Nebel begegnet war, schien eine Tür vor der Nase zugeknallt worden zu sein. Er hatte eingesehen, daß dieser Nebel seine Welt geworden war. Eine andere gab es nicht. Jedenfalls nicht für ihn. Seinen neunzehnten Geburtstag hatte er gefeiert, indem er mit zwei Kumpanen eine Bank überfallen hatte. Obwohl sie ziemlich betrunken gewesen waren, hatten sie vor Nervosität gezittert, als sie in die Schalterhalle getorkelt waren. Ein Kunde hatte geschrien. Und er hatte geschossen.

Später, nachdem man ihn erwischt hatte, war ihm klargeworden, daß der Mensch, auf den er geschossen hatte, tot war. Da war es, als sei der Nebel noch dichter geworden. Er hatte einen Selbstmordversuch unternommen, was ihm beinahe gelungen war, und notgedrungen war er ins Leben und in den Nebel zurückgekehrt.

Viele Jahre später hatte er seinen ersten Anruf von dem Mann erhalten, der ihn von da an über all die Jahre mit Aufträgen versehen hatte. Damals war es um einen Drogenhändler gegangen, der sich auf Geschäfte mit Jugendlichen an Schulen in ganz Schweden spezialisiert hatte. Dieser war mit der Bezahlung seines Lieferanten in Verzug geraten und hatte überdies nicht korrekt abgerechnet. Er hatte den Auftrag vor allem wegen der Sache mit den Drogen für Schulkinder angenommen. Wer sich mit so was abgab, hatte es kaum verdient zu leben. So hatte er damals gedacht, und so dachte er heute noch. Alles war problemlos verlaufen. An einem schönen Frühlingsabend hatte er den Drogenhändler vor seinem Sommerhaus bei Trosa erschossen. Als die Schüsse fielen, war der Kuckuck einen Moment lang verstummt. Dann hatte er den Toten in einer Meeresbucht versenkt. Er war nie an die Oberfläche getrieben und nie in einem Netz hängengeblieben. Und er selbst hatte fünfundzwanzigtausend Dollar für seine Bemühungen kassiert.

Aber jetzt war es bald vorbei. Er sah wieder auf die Uhr. Der Zeitpunkt rückte näher. Alles lief nach Plan.

Doch irgend etwas beunruhigte ihn plötzlich. Er runzelte die Stirn. Das Gefühl war aus dem Nichts aufgetaucht.

Irgend etwas stimmte nicht.

Er stand reglos da. Alles war still. Die Straße war leer. Es kommt von innen, sagte er sich. Die Unruhe kommt von innen.

Er rekapitulierte. Das Telefongespräch, das Taxi vor dem Stadion. Wie er den Umschlag mit den Fotos geöffnet hatte, die notwendigen Angaben zur Person des zukünftigen Opfers gelesen hatte. Das Geld war auf das Konto in Mailand eingegangen.

Nichts war ungewöhnlich oder verdächtig gewesen.

Er hielt den Atem an. Verlor er jetzt den Überblick, dann war es höchste Zeit für den Ruhestand. Oder wurde er tatsächlich nervös? Jetzt, wo bald alles vorbei war? Er wußte, daß dem nicht so war. Doch die Unruhe verließ ihn nicht.

Er sah wieder auf die Uhr. Der Zeitpunkt rückte näher. Bald würde das Taxi kommen.

Er konnte sich diese Unruhe einfach nicht erklären. Aber er konnte auch nicht von ihr absehen. Er verließ sich auf seinen Instinkt.

Irgend etwas stimmte einfach nicht.

Fieberhaft dachte er nach. Die Unruhe, die er verspürte, war eine Warnung und nichts anderes. Aber eine Warnung wovor? Was konnte schon passieren? Die Voraussetzungen waren geradezu ideal. Während dieser Woche, in der er den Mann, den er töten sollte, und dessen Gewohnheiten beobachtete, hatte er mehrmals gedacht, daß die Umstände fast zu günstig seien. Daß er stets so spät unterwegs war. Daß er das Taxi halten ließ und das letzte Stück zu Fuß ging. Daß die Straße so ruhig war, ohne Restaurants und nächtliche Spaziergänger mit Hunden. Außerdem gab es einen günstigen Fluchtweg. Das Auto hatte er in einer Querstraße geparkt. In weniger als einer Minute würde er von dort zu einer der Hauptverkehrsadern der Stadt gelangen. Alles schien geradezu perfekt. Selbst die Lampe über der Haustür leuchtete ungewöhnlich hell. Er würde sein Ziel nicht verfehlen.

Langsam schüttelte er den Kopf. Es gab keinen Grund zur Unruhe. Trotzdem verließ sie ihn nicht. Sie nahm sogar noch zu. Auf einmal schwitzte er. Ich übersehe da was, dachte er fieberhaft.

Plötzlich schoß ihm ein Gedanke durch den Kopf. Irgend etwas, woran er kürzlich gedacht hatte. Und was ihm wieder entglitten war. Was ihn hätte aufmerken lassen müssen.

In dem Moment hörte er, wie sich ein Auto näherte. Er wußte sofort, es war das Taxi. Er zog die Pistole aus der Tasche und entsicherte sie. Alles wird nach Plan verlaufen, redete er sich gut zu. Ich bilde mir da was ein. In ein paar Minuten bin ich im Ruhestand, und mir kann alles egal sein.

Aber er wußte, daß es nicht stimmte. Seine inneren Alarmglocken schrillten nun in voller Lautstärke.

Er versuchte den entschwundenen Gedanken wieder aufzugreifen. Gleichzeitig traf er seine Vorbereitungen für das, was gleich geschehen würde.

Das Taxi hielt.

Der Mann, der immer hinten saß, stieg aus.

Er umklammerte die Pistole.

Alles läuft wie geschmiert, dachte er. Er verhält sich wie

immer. Geht gemächlich, überquert die Straße, sucht nach den Schlüsseln. Sobald er mir den Rücken zukehrt, überquere ich die Straße in fünf Schritten. Zwei Schüsse in den Kopf. Dann ist es vorbei.

Der Mann hatte nun fast die Haustür erreicht. Eine Hand steckte bereits in der Tasche und tastete nach den Schlüsseln. Er blieb mit dem Rücken zu ihm stehen.

Alles läuft nach Plan, dachte er. Alles läuft bestens.

Beim ersten Schritt auf die Straße fiel ihm ein, woran er gedacht hatte.

Die Umstände waren fast zu günstig.

Innerhalb einer schwindelerregenden Sekunde wurde ihm alles klar. Aber da war es schon zu spät.

Nicht er hatte einen Plan ausgearbeitet.

Sondern jemand anderes.

Der Mann wandte ihm den Rücken zu. Aber er machte sich nicht am Türschloß zu schaffen. Er stand einfach nur da.

In diesem Moment sah er ein, daß er geradewegs in eine Falle gelaufen war. Eine Falle, die gleich zuschnappen würde.

Obwohl er wußte, daß es zu spät war, warf er sich herum. Noch während er sich drehte, traf der Schuß seinen Kopf. Er bekam den Täter nie zu Gesicht. Bevor er auf die Straße fiel, war er schon tot.

Der Mann vor der Haustür drehte sich nicht um. Er betrat das Haus, fuhr mit dem Lift in den vierten Stock, zog seine Kleider aus und den Schlafanzug an und rief dann die Polizei an. Er hatte bereits sich nähernde Polizeisirenen gehört. In der Telefonzentrale der Polizei teilte man ihm mit, sie hätten schon von dem Vorfall erfahren. Mehrere Personen hätten Schüsse gehört und angerufen. Er legte auf, trat ans Fenster und sah auf die Straße hinunter. Er hatte das Licht angemacht, so daß er deutlich zu sehen war.

Der Mann, der geschossen hatte, war natürlich längst verschwunden.

Er blieb am Fenster stehen. Als es an seiner Tür klingelte, war er gewappnet. Ein Polizist hatte ihn am Fenster gesehen und wollte nun wissen, ob er etwas gesehen habe.

Das habe er nicht. Er habe geschlafen. Und sei von etwas erwacht, das wie ein Schuß geklungen habe. Daraufhin habe er die Polizei angerufen.

Man notierte sich seinen Namen und entschuldigte sich für die Störung.

Als er wieder allein war, legte er sich ins Bett.

Alles war nach Plan verlaufen.

Keiner der Männer, die seine Aufträge ausführten, durfte sich zur Ruhe setzen. Sie konnten zur Gefahr werden. Man konnte nie wissen, wieviel Informationen ein Mensch angehäuft hatte.

Er selbst hatte genug Zeit gehabt zu ergründen, wie der nun Verstorbene seine Aufträge auszuführen pflegte.

Es war wie erwartet verlaufen. Jeden Abend, als er nach Hause kam, hatte er den Mann auf seinem Beobachtungsposten gesehen.

Dieser war geradewegs in den Plan hineinspaziert, von dem er annahm, daß er ihn selber ausgearbeitet hatte.

Und jetzt war er tot.

Bevor er einschlief, überlegte er noch kurz, was wohl mit dem Geld auf dem Konto in Mailand geschehen werde.

Aber er schob den Gedanken von sich. Schließlich war das nicht sein Problem.

Sein Problem – daß einer seiner Torpedos den Ruhestand hatte antreten wollen – war nun gelöst.

Bald schon schlief er ein.

Die Novembernacht war kalt und klar.

Der Wind kam von Norden. Die Böen strichen durch die Straßen.

Der Winter nahte.

KATARINA MAZETTI
Der Weihnachtsabend des Schnapsschmugglers

Folgendes geschah in einem Dorf namens Bjurvattnet im nördlichen Västerbotten, einige Jahre nach dem Zweiten Weltkrieg.

Am Dorfrand wohnte ein Schmuggler, der in regelmäßigen Abständen mit seinem Laster ohne Scheinwerfer übers Eis von Finnland nach Schweden fuhr und dabei eine Menge Schnapskanister und russische Zigaretten auf der Ladefläche transportierte, die er mit Schaffellen zudeckte. Zu Hause versteckte er die Kanister im alten Kuhstall auf seinem verfallenen Hof, unter Ballen von schimmeligem Heu. Der Schmuggler hieß Lundström, aber er wurde Schmuddelström genannt, weil er so schmuddelig war, und obwohl die Nachbarn wußten, was er so trieb, trauten sich von ihnen nur wenige, bei ihm Schmuggelware zu kaufen. Man konnte nie sicher sein, ob man sein Sehvermögen behalten würde. Meistens mußte er bis nach Umeå fahren, um sein Lager an den Mann zu bringen. Dort kauften die weniger wählerischen Hotels gern bei ihm.

Als er eines Nachts von einer solchen Verkaufsreise nach Hause kam, schien es ihm, als höre er Lärm und Gegröle aus dem Kuhstall, wo er den Schmuggelschnaps aufbewahrte. Er riß die Tür auf – doch im selben Moment war es mucksmäuschenstill. Mißtrauisch blieb er in der Türöffnung stehen und schnupperte in den Kuhstall hinein. Er meinte, Rauchgeruch zu vernehmen, und Teufel auch, wenn es nicht nach Schnaps roch! Plötzlich war ein lauter Hickser aus dem Dunkeln zu hören. Schmuddelström fluchte und zog die große Taschenlampe heraus, ließ den Lichtkegel über Boden und Wände wandern, aber alles sah aus wie immer. Und schließlich mußte er aufgeben und ins Bett gehen.

Am folgenden Morgen ging er gleich nach dem Aufwachen zum Kuhstall hinaus. Seine Alte rief ihm hinterher, daß er wenigstens die Hosenträger befestigen könne, ehe er hinausgehe, aber Schmuddelström hatte es eilig. Er nahm sich nicht einmal Zeit, seine Schuhe ordentlich anzuziehen, sondern trat bei jedem Schritt hintendrauf.

Der Boden des Kuhstalls war von einer dicken Schicht Spreu und Staub bedeckt. Schmuddelström begann über den Boden zu kriechen, die große bläulichrote Nase dicht an den breiten Holzdielen. Hier und dort glaubte er Spuren von winzigkleinen Füßen ausmachen zu können, teils in Schuhen, teils barfuß. An einer Stelle fand er sogar eine Spur, die von zwei unterschiedlichen Füßen zu stammen schien, einem nackten und einem mit einem winzigkleinen Schnabelstiefel, kleiner als der eines Kindes. Die Spuren schlängelten sich hierhin und dorthin und schienen sich völlig planlos in Achten und Kurven zu kreuzen. Manchmal hatte es den Anschein, als kehrten sie jäh um, oder sie wurden von anderen, schräg verlaufenden Spuren geschnitten.

»Ja, sind denn etwa die verdammten Elfen an den Kanistern gewesen!« schrie Schmuddelström. Er erzählte häufig davon, daß er Elfen gesehen habe, doch die Leute im Dorf hielten das meist für dummes Gerede. Aber Schmuddelström wußte, was er wußte. Seine eigene Mutter stammte aus einem Waldelfengeschlecht, das behauptete sie zumindest, wenn sie betrunken war, und das war nicht gerade selten. Schmuddelström hatte häufig Waldelfen gesehen oder sie zumindest gehört – manchmal hatten ihn Elfenglocken durch den Wald geleitet, wenn er spät nach Hause kam, weil er Umwege um den Dorfpolizisten hatte drehen müssen. Eigentlich hatte er mit den Elfen keine Rechnung offen, nein, meistens verstand er sich sogar gut mit ihnen. Er ließ sie in Ruhe ihren Geschäften nachgehen, und wenn einmal nach dem Abendessen ein paar Blutklöße übriggeblieben waren, stellte er sie bisweilen auf die Vortreppe hinaus. Dann kam es vor, daß die Elfen ihm hinterher ein kleines

Geschenk auf den Teller legten. Als er einmal nach seinem fünfzigsten Geburtstag eine halbe Marzipantorte hinausgestellt hatte – es hatte Prinzessinnentorte und Kaffee mit Branntwein gegeben –, hatte er einen Flachmann aus Silber bekommen. Schmuddelström kannte also seine Elfen. Aber die Elfen vertragen keinen Schnaps, dachte er, das kann ja nicht gutgehen, und jetzt kann man offenbar nicht mal die Kanister in seinem eigenen Kuhstall aufbewahren! Er befürchtete auch, daß sich die Elfen womöglich am Ganovenschnaps gütlich tun würden, von dem er selbst im Leben nichts trinken würde. Für die Hotels in Umeå mochte er taugen, aber wenn die Elfen dadurch Augenprobleme bekamen, dann würden sie ihm sicher den Hof niederbrennen! Und so viel Spaß machte es nun auch wieder nicht, am Destilliergerät zu stehen, daß er einen einzigen Tropfen davon für die Verwandtschaft seiner Mutter übriggehabt hätte. Nichts da! Diesen Elfenfesten mußte ein Riegel vorgeschoben werden.

Schmuddelström stellte die Kanister in eine große Kiefernholzkiste mit schwerem Deckel, aber er wußte, daß das nicht ausreichen würde, um die Elfen fernzuhalten. Sie kamen durch jedes beliebige Holz, obwohl sie so klein und zart waren. Daher beschloß er, aus Holzresten ein paar Kreuze zusammenzunageln und an der Kiste zu befestigen, oben und an den Seiten. Dann nahm er sein Moramesser und warf es ein paarmal über der Kiste von einer Hand in die andere, denn Elfen meiden alles, was in die Nähe von etwas Scharfem gekommen ist, und in die Nähe von Kreuzen gehen sie schon gar nicht. Und die folgenden Abende war es auch ruhig im Kuhstall, und dann war es Zeit für eine neue Tour über den zugefrorenen Kvarken nach Finnland.

Als Schmuddelström diesmal nach Hause kam, war sein alter Lieblingsjagdhund Humprej verschwunden. Humprej war ein Hund von interessanter Abstammung, eine Art Kombijagdhund mit etwas Dackel, etwas Terrier und etwas Hühnerhund in sich. Im Wald war er vielseitig einsetzbar, jagte alles einschließlich Schneescootern und Touristen, und im Notfall schlug er auch bei guten Multbeeren- und Morchelstellen an. Schmuddelström hatte ihn nach diesem Humprej Bogart benannt und sich daran gewöhnt, daß er ihm immer wie ein Schatten folgte. Nur auf die Schmuggeltouren über das Eis durfte er nicht mitkommen, denn er pflegte anzuschlagen, um vor dem Dorfpolizisten zu warnen, und das Gebell konnte der Wind weit tragen. Doch jetzt war Humprej nicht da, und auch die Alte hatte ihn schon tagelang nicht mehr gesehen. Schmuddelström schob die neuen Schmuggelkanister in den Kuhstall und rannte in den Wald hinaus, wo er nach Humprej rief, aber der Wald rauschte nur leise vor sich hin, vom Hund war nichts zu hören.

Wütend fluchend ging Schmuddelström wieder nach Hause und krempelte die Ärmel seines Flanellhemds hoch, um mit dem Verstauen der neuen Kanister loszulegen. Er öffnete die Kiste, die er so sorgfältig gegen Elfen präpariert hatte – und machte große Augen. In der Kiste lag Humprej mit geschlossenen Augen und zitterte, die Kanister aber waren weg. Schmuddelström fluchte ausgiebig und ging dann mit Humprej zur Alten hinein. Sie wickelte den Hund in Schaffelle und ließ ihn dann mit der Schnauze zwischen ihren schweren Brüsten und den Pfoten in den warmen Speckröllchen an ihrem Bauch schlafen, ungefähr so, wie Schmuddelström selbst zu schlafen pflegte. Nach und nach hörte Humprej auf zu zittern, aber zum Jagen war er nie mehr zu gebrauchen. Statt dessen wurde er von Ratten, Elstern und sogar kleinen Hasen gejagt, während er vor Entsetzen winselnd nach Hause lief und sich unter dem Schaffell versteckte.

Schmuddelström begann sich seine Gedanken zu machen. Es war mittlerweile Ende November und allmählich an der Zeit, den Weihnachtsschnaps aus Finnland zu holen. Er hatte schließlich seine Stammkunden – Leute, die ihre staatliche Schnapsration längst ausgeschöpft hatten, ihr randvolles Alkoholrationierungsbuch in Einzelblättern auf dem Plumpsklo verwendeten und daher einen eigenen Lieferanten brauchten. Hinter dem Kaufmannsladen machten sie sich an ihn heran und zischten ihm immer eindringlicher ihre Bestellungen zu.

Aber sollte man wirklich dort draußen auf dem Eis Leben und Freiheit riskieren, nur um den Elfen einen fröhlichen Abend zu bescheren? Die Wochen verstrichen, und er konnte sich nicht entscheiden. Manchmal, wenn er nachts draußen beim Pinkeln war, sah er mit einer gewissen Unruhe verstohlen zum Kuhstall hinüber. Was würde passieren, wenn er einfach nichts mehr mitbrächte? Jetzt hatten sie sich wohl an die großzügige Ration gewöhnt und würden sich nicht mehr mit Blutklößen und Prinzessinnentorte begnügen. Und rachsüchtige Elfen waren fürchterlich!

Zwei Tage vor Heiligabend hörten er und seine Alte einen schrecklichen Lärm aus dem Kuhstall; es klang wie eine Balgerei zwischen zwei Katzen, dabei hatten sie nicht einmal eine. Schwaches Licht sickerte durch die breiten Spalten zwischen den Holzbrettern. Schmuddelström schlich sich hinaus und spähte durch eine Ritze. Ihm war so, als drängten aus allen Ecken des Kuhstalls schwefelstinkende Flüche hervor, mit piepsigen Stimmen ausgestoßen, aber vorerst konnte er nichts sehen. Er preßte seine bläulichrote Nase gegen die Wand, so dicht, daß sie am Kopf eines großen Nagels festfror, und da entdeckte er etwas Leuchtendrotes, was in der einen Ecke herumzuhüpfen und zu winken schien und Wolken von schimmeligem Staub aufwirbelte. Oh!

Schmuddelström riß seinen Kopf so heftig zurück, daß sich die Haut von seinem halben Nasenflügel löste. Das war doch unglaublich! Wenn auch der Hofwichtel mit der Sache zu tun hatte und unzufrieden war, stand es wirklich nicht gut. Anscheinend wollte auch er nicht auf seinen Weihnachtsschnaps verzichten, und wer wußte schon, was der Hofwichtel alles anstellen konnte?

Wenn Schmuddelström sein Dampfradio anschaltete, wurde häufig von schwedischen Atombomben und radioaktivem Niederschlag gequatscht. Nicht daß Schmuddelström gewußt hätte, was das war, aber er glaubte nicht, daß es sich mit einem wutschnaubenden Hofwichtel mit einer Bande durstiger Elfen im Schlepptau messen ließ. Düster trabte er ins Haus zurück und schrieb einen Brief an die Schwedische Feuerversicherung und erhöhte die Versicherungsprämie. Dann tankte er seinen Lastwagen diskret am Hoftank des Nachbarn und machte sich auf den Weg übers Eis, erfüllt von dumpfen Ahnungen.

Nichts geschah auf dem Weg nach Finnland. Das Wetter war klar, und es war mondhell, etwas zu mondhell für seinen Geschmack, aber die Zweige, die den Weg markierten, waren kilometerweit im voraus zu sehen. In Finnland hatten sie ihm eine ordentliche Lieferung zusammengestellt. In seinem Eifer, das zurückzuverdienen, was er an die durstigen Elfen verloren hatte, belud er seinen Lastwagen zu schwer, und auf dem Heimweg merkte er, daß das Eis an einigen Stellen brüchig war, so daß der Untergrund zu schaukeln begann. Voller Panik erhöhte er die Drehzahl und fuhr blindlings geradeaus, wo seiner Meinung nach der Weg verlief, aber der Mond war hinter Wolken verschwunden, und es war gespenstisch dunkel um ihn herum, abgesehen vom schwachen Widerschein des Schnees.

Plötzlich hielt der Laster an und blieb mit durchdrehenden Rädern stehen. Eine kurze Weile stand er da, dann wurde Schmuddelström das Steuer aus den Händen gerissen und heftig nach rechts gedreht. Das Auto begann sich durch den Schnee zu pflügen und wurde von unsichtbarer Eisenhand rechtwinklig zum Weg gesteuert. Schmuddelström wollte zumindest sein Leben retten, riß die Tür auf der linken Seite auf – und wäre beinahe in eine Eisbrecherfahrrinne geplumpst, die die Autostrecke abgeschnitten hatte wie ein Messer die Pulsader. Wäre er geradeaus weitergefahren, wäre er mit dem Laster auf den Meeresboden gesunken, während die Schnapskanister im Eiswasser umhergetrieben wären.

Schmuddelström verließ den Wagen und begann an der Fahrrinne entlangzulaufen. Das Schmelzwasser spritzte ihm um die Füße, aber immerhin trug ihn das Eis. Sowohl zur schwedischen als auch zur finnischen Küste war es weit, und es war mehr als fraglich, ob er es bis ans Festland schaffen würde. Er weinte und schniefte, während er herumlief und sich mit dem Fäustling seine blaue Nase wischte, bis sie vom Eis wie glasiert war. Plötzlich hörte er Motorengeräusch hinter sich und drehte sich um. Da kam sein eigener Laster angefahren, dem das Wasser nur so um die Reifen spritzte. Direkt vor ihm machte er eine Vollbremsung, die Tür wurde aufgeschlagen, aber im Fahrerhaus befand sich keine Menschenseele. Erschöpft vor Schreck kletterte Schmuddelström wieder auf den Fahrersitz. Der Laster beschleunigte auf ein schwindelerregendes Tempo und fuhr am staatlichen Eisbrecher »Ymer« vorbei, der sich gerade in der Fahrrinne durch das Packeis fraß. In einem kühnen Bogen kurvte das Auto direkt vor dem Steven des Schiffs über das unberührte Eis und war drüben auf der schwedischen Seite. Der Eisbrecher tutete heiser, und Schmuddelström fiel in Ohnmacht, den Kopf auf dem Armaturenbrett.

Als er aufwachte, befand er sich wieder auf dem Weg, ganz in der Nähe des Festlands. Das Auto hüpfte und holperte über ein paar Felsblöcke am Ufer, und Schmuddelström griff wieder nach dem Steuer, das plötzlich ganz so gehorchte, wie es sollte. Mit zitternden Fäusten steuerte er den Wagen den ganzen Weg bis nach Hause. Er brachte es nicht einmal fertig, ihn zu entladen, streifte nur seine nassen Stiefel ab und ging ins Bett. Er teilte seinen Platz bei der Alten mit Humprej und wurde allmählich ruhiger, bis er in einen tiefen Schlaf fiel.

Am Weihnachtsmorgen, in der rauhreifblauen Dämmerung, schlurfte er lustlos zum Lastwagen hinaus, um den neuen Schmuggelvorrat zu verstauen. Zu seiner trägen Verwunderung war die Ladefläche des Autos leer, aber ein matschiger Trampelpfad zum Kuhstall zeigte, wo die Kanister abgeblieben waren. Er zögerte eine Weile und öffnete dann die Stalltür. Dort drinnen war es gefegt und hergerichtet, und Girlanden von gefrorenen Spinnweben hingen zwischen den Balken, Tannenzweige bedeckten den Boden, und es roch nach Weihnachten.

Nach einiger Suche in der Dunkelheit entdeckte er die Kanister, die pfiffig hinter den Heuballen verstaut waren. Mit bloßem Auge sah er, daß wohl einige fehlten, aber die wollte er seinen Rettern ganz gewiß nicht mißgönnen, so viel war ihm sein Leben schon wert.

Die ganze Nacht war Gesang aus dem Kuhstall zu hören, zu Beginn zweistimmig, aber im Verlauf der Weihnachtsnacht immer vielstimmiger.

Schmuddelström hatte süße Grütze, Weihnachtswurst und eine saftige Scheibe Pökelschinken auf die Vortreppe gestellt, und am Morgen des ersten Feiertags war die Platte leergekratzt. Daneben fand er ein niegelnagelneues Kurbelgrammophon (das er sich schon jahrelang sehnsüchtig seufzend im Katalog von Åhlén & Holms angesehen hatte), einen wunderschön gearbeiteten Samischmuck aus Silber für die Alte und einen riesengroßen Elchknochen für Humprej. Ihm stiegen die Tränen in die Augen. Er ging in die Küche und holte die Alte, die am Herd stand und in der frischgeputzten Kupferkanne Kaffee kochte. Gemeinsam gingen sie in den Kuhstall hinaus und stellten sich an die Tür. Es war ruhig und still dort drinnen, aber Schmuddelström meinte in der Dunkelheit die große rote Nase des Hofwichtels ausmachen zu können. Die Alte machte einen Knicks, und Schmuddelström nahm die Mütze ab und verbeugte sich langsam und würdevoll. Dann gingen sie in die gute Stube und kurbelten das neue Grammophon an und drehten eine andächtige Runde zum Spiskroks-Walzer. Humprej jaulte die ganze Zeit, aber Schmuddelström kannte seinen Hund und wußte, daß er nur vergnügt in das Lied mit einstimmte.

Ja, das war ein gesegnetes Weihnachtfest.

KJELL JOHANSSON
Der Sarg

Im Sarg, der im Wohnzimmer stand, lag Papa. Er war aufgebahrt, was laut Mama eine Ehrenbezeugung war, die einzig und allein Königen und anderen großen Männern zukam, und ein solcher sei auch Ragnar Ek gewesen.

Ich wollte Mama nicht widersprechen, aber es war fraglich, ob Papa in irgendeiner Hinsicht groß gewesen war. Der im Sarg lag, war jedenfalls ziemlich klein, und wir anderen waren ebenso klein oder noch kleiner. Es ist nicht besonders klug, überheblich zu sein, dachte ich. Das heißt nämlich, das Schicksal herauszufordern. Leider sollten sich meine Befürchtungen bewahrheiten.

Die Verwandtschaft traf familienweise ein, Onkel, Tanten, Vettern und Cousinen, aber bedauerlicherweise weder Oma Ottilia noch Opa Bernhard, was vermutlich daran lag, daß sie nicht mehr am Leben waren.

Es war Omas Los gewesen, von all den unzähligen Kindern, die darauf warten, auf die Welt zu kommen, sieben Jungen zu gebären, aber sie waren nicht identisch mit den sechs Brüdern, die meine Onkel waren. Einer war im Säuglingsalter gestorben, und an seiner Statt wurde ein Pflegesohn angenommen, der ursprünglich Teodor hieß, aber den Namen Olof von dem Verstorbenen übernehmen durfte.

Meine Onkel hatten Spitznamen: Harald Schönhaar, Lars Glück, Olof Gleichgewicht, Björn Madagaskar – Onkel Erik hatte keinen, aber Onkel Tore wurde Texas genannt. Mit Ausnahme von Texas, der nach Amerika ausgewandert war, hatten sich alle versammelt, auch Madagaskar, der zufälligerweise auf Långholmen einsaß. Für die Beerdigung seines Bruders hatte er Freigang bekommen.

Meine Tanten waren elegante Damen von sehr feuriger Wesensart. Tante Gerda war mit Schönhaar verheiratet,

Tante Maria mit Lars Glück, Tante Vanja mit Gleichgewicht, Tante Laila mit Erik. Ob Texas in Amerika geheiratet hatte, war umstritten. Madagaskar war nicht verheiratet, aber er hatte eine Tochter gehabt, die jedoch eines Sonntags während eines Besuchs bei ihm ums Leben gekommen war. Madagaskar hatte auffallend schöne Locken – im Gegensatz zu seinen Brüdern, die überhaupt kein Haar hatten, denn das hatten sie in der Schwefelsäurefabrik Syran verloren. Madagaskar hatte nie dort gearbeitet und auch nicht an sonderlich vielen anderen Stellen.

Pack und Gesindel wurde unsere Verwandtschaft genannt, Trunkenbolde und Räuber ihre Mitglieder, allerdings nur in Abwesenheit. In Anwesenheit wurden sie die Eichen genannt, nach dem Familiennamen Ek, also Eiche. Die Eichen waren kleinwüchsig, aber meine Onkel waren ehemalige Gewichtheber, Ringkämpfer und Boxer, und noch immer waren sie unheimlich stark. Die größte Stärke der Eichen war jedoch ihr Familienzusammenhalt. Ein Angriff auf einen von ihnen wurde als ein Angriff auf die ganze Sippe gezählt und blieb nicht ungestraft.

Dennoch war es nicht wie zu Opas Zeiten. Damals war alles mächtiger und großartiger gewesen. Natürlich war auch der Widersacher größer gewesen, der alte Rudolf Krag, der das meiste in der Gegend besessen hatte, Grund und Boden, Häuser und Fabriken wie beispielsweise Syran. Er war ein sehr mächtiger Mann gewesen, der eigene Gesetze geschaffen hatte, wenn die vorhandenen nicht zu gebrauchen waren. Diesen Mann hatte Opa herausgefordert, und der Kampf zwischen ihnen war in eine Art Gleichgewichtszustand gemündet, in dem Ordnung herrschte. Doch nun herrschte Unordnung, geradezu Chaos – von dem Tag an, als diese großen Männer aus dem Leben geschieden waren.

Die Eichen defilierten am Sarg vorbei, in dem Papa lag, beugten ihre kahlen Köpfe vor ihm. Auch Papa hatte in Syran gearbeitet, auch er war glatzköpfig, aber das lag daran, daß

Mama ihm so oft über den Scheitel gestreichelt hatte. Papa war nicht nur glatzköpfig, ihm fehlte auch die rechte Hand, aber das war nicht zu sehen, wie er so dalag.

Ich hatte Papas kahlen Kopf immer mal anfassen wollen, aber ich hatte mich nie zu fragen getraut, und jetzt war es in jedem Fall zu spät, um zu fragen.

Einer meiner Onkel, Lars Glück, hatte Haare, obwohl er in Syran gearbeitet hatte. Die Erklärung lautete, daß er seine abrasierten Barthaare auf den Kopf klebte, was bisweilen den Eindruck erweckte, als stehe das Gesicht kopf. Er und Tante Maria standen lange vor Papas Sarg. Tante Maria sah merkwürdig aus. Sie ähnelte vom Aussehen her meinen anderen Tanten, war aber vom Wesen her anders, ernsthafter und nachdenklicher.

Meine Tanten waren kleinwüchsig, genau wie meine Onkel, aber zum Glück waren sie ihnen ansonsten nicht besonders ähnlich. Statt dessen glichen sie einander, hübsche, auffallend wohlgeformte brünette Frauen mit wachen, ein wenig schelmischen Augen; sie waren wieselartig. Redselig waren sie, bisweilen schlagfertig, immer laut; ihre Stimmen waren heiser vom Rauch und rauh vom Schnaps.

Obwohl Mama nicht groß war, sah sie neben ihren Schwägerinnen aus wie eine Riesin. Sie war kräftiger als sie. Sie war nicht dunkel wie sie, sondern blond, nicht wieselartig, aber hübsch, auffallend wohlgeformt, ja, mehr als wohlgeformt. Ihre himmelblauen Augen waren wacher und schelmischer als die von allen anderen.

Als alle um den Sarg herumgegangen waren, richteten sich die Blicke auf Schönhaar, der nach Papa als Oberhaupt der Verwandtschaft zählte. »Es ist kalt heute«, sagte Schönhaar. Da richteten sich die Blicke auf Mama.

Sie seufzte. »Vielleicht wollt ihr ja noch ein Gläschen, ehe wir gehen«, sagte sie. »Es ist kalt heute.«

»Nein danke, Helga«, sagte Tante Maria und zog damit die Blicke auf sich. »Also, ich spreche für Lars«, fügte sie schnell hinzu. »Er hat schließlich Arbeit.«

Es war schwer zu sagen, was mit Tante Maria los war. Ihre Liebe zu ihrem Mann stand außer Frage, aber es war so, als verberge sie, was sie sich eigentlich wünschte oder befürchtete. Vielleicht fehlte ihr das rechte Gefühl der Familienzugehörigkeit. Und was sie von der Arbeit gesagt hatte, war mißverständlich. Mit Ausnahme von Madagaskar hatten die Eichen ihr ganzes Leben lang gearbeitet, zumindest ab und zu. Daß sie zur Zeit ohne Stelle waren, lag nicht daran, daß sie arbeitsscheu waren, sondern daß sie einfach keine Arbeit hatten.

Lars Glück hatte Arbeit bei der Post bekommen. Die Beerdigung fand während seiner ersten Woche als Briefträger statt, weshalb er keinen Urlaub hatte beantragen wollen. Er hatte es geschafft, einen Teil der Post am Morgen auszutragen, bevor er nach Hause geeilt war und sich umgezogen hatte, um am Defilee teilzunehmen. Lars Glück wohnte in der Wohnung unter uns, daher hatte er es nicht weit. Ich fragte mich, wie es jetzt werden würde, wenn nur sein lautes Schnarchen zu hören sein würde. Vorher war es durch Papas ebenso lautes sozusagen neutralisiert worden.

Es gab noch einen Grund, warum Maria im Namen von Lars Glück dankend ablehnte. Alle Eichen tranken viel, auch die weiblichen, aber es blieb dabei. Lars Glück dagegen trank mehr als viel, und wenn er einmal mit dem Trinken begonnen hatte, machte er weiter, tage-, wochen- und monatelang.

»Dann Prost«, sagte Mama, und die Eichen erhoben ihre Gläser, schlossen andächtig die Augen. Sie liebten Papas selbstgebrannten Schnaps, der zwar nach Lauge oder noch Schlimmerem roch, im Gegenzug aber nach Mumme schmeckte.

Die Zeit vergeht manchmal schnell, und plötzlich hatten alle es sehr eilig. Rein mit dem Korken, den Deckel auf den Sarg, und hinaus mit ihm auf den Karren, der vor der Haustür stand. Ab zur Kirche!

Wir trafen in letzter Minute ein oder eine Sekunde später. Nach Luft schnappend wie Fische an Land, schlängelten wir uns in die Bankreihen. Der Pfarrer schnupperte. Der Geruch nach Lauge oder noch Schlimmerem verbreitete sich im Kirchenraum. Der Pfarrer nieste ein ums andere Mal. Zwischen den Anfällen starrte er uns erstaunt an, kam einfach nicht dazu anzufangen.

Meine Onkel hatten die Eigenart, sich ununterbrochen zu bewegen, nicht unbedingt jeder für sich allein oder in kleineren Grüppchen – aber wenn sich die ganze Verwandtschaft versammelte, entstand Turbulenz: Die Köpfe nickten und drehten sich, die Körper wiegten und schaukelten. Die Arme wurden gereckt, nach oben, nach unten und manchmal auch zur Seite. Mal schlossen sich die Fäuste, mal öffneten sie sich, die Finger wurden gestreckt, die Daumen gedreht. Und obwohl alle relativ jung waren, knirschte und knackte es laut in den Gelenken.

Die Tanten hatten diese Eigenart übernommen, aber sie bedienten sich auch der Beine und Füße. Während die überkreuzten schlanken Beine hin und her schaukelten, kreisten die Füße. Und bald begann der Kopf des Pfarrers zu schaukeln, seine Augen zu rollen und der Körper zu schwanken.

Nicht nur die Onkel und Tanten bewegten sich, dazu kamen alle Vettern und Cousinen, die auf den Bänken herumrutschten und -rückten, mit Bonbon- und Lutscherpapier knisterten. All diese Eichen in ihrer ständigen lauten Bewegung bildeten ein Meer in solchem Aufruhr, daß der Pfarrer seekrank wurde, obwohl er früher Seemannspfarrer gewesen war.

Der Pfarrer ergriff das Gesangbuch wie eine Rettungsboje, und es gelang ihm unter Mobilisierung seiner äußersten Kräfte, einige Worte hervorzubringen:

»Ein lieber Freund ist ertrunken …« Er verstummte jäh, kniff die Augen zusammen. »Damals …«, begann er und sprach dann weiter, wie gewisse Pfarrer es zu tun pflegen, mit großen Worten, aber ohne etwas zu sagen. Eine Art Märchen bekam er jedenfalls zusammen, ein schönes kleines Märchen, und noch lange nachdem der Pfarrer geendet hatte, vergoß Mama reichlich Tränen.

»Hat ein Märchen denn nicht ein glückliches Ende?« sagte Tante Maria.

Der feierliche Akt war vorüber. Der Sarg wurde herausgetragen und auf den Karren geladen, und dann trat man die Fahrt zum Kleinen Friedhof an, die Papas letzte werden sollte. Doch das Schicksal wollte es anders, und gegen das Schicksal waren sogar die Eichen machtlos.

Gleichgewicht ging vorneweg und zog den Karren hinter sich her. Auf der einen Seite gingen Schönhaar und Erik, die sorgsam darauf achteten, daß der Sarg nicht hinunterglitt, auf der anderen Seite Madagaskar und Lars Glück. Dann folgten Mama und der Pfarrer, mein großer Bruder Rolf und ich und schließlich die Tanten und alle Vettern und Cousinen.

Wir gingen den Tegelvägen entlang, langsam und würdevoll, wie es der feierliche Anlaß erforderte, aber auch, weil die Straße nicht gestreut und fürchterlich glatt war.

Nun geschah das, was später niemand erklären konnte. Eine schwarze Wolke verdunkelte den ohnehin schon dunklen Himmel. Ein eisiger Wind fegte die Straße entlang. Gleichgewicht blieb aus unerklärlichem Grund plötzlich stehen. Mama spuckte nicht nur drei-, sondern sechsmal aus, als sähe sie mehr als nur eine schwarze Katze über die Straße laufen. Und der Sarg machte sich davon! Gleichgewicht bekam ihn zwar gerade noch in einem Klammergriff zu fassen, aber nur für einen kurzen Moment, dann entwischte er ihm und schlitterte die abschüssige Gasse Branta gränd hinab.

Mit zunehmender Geschwindigkeit rutschte der Sarg den eisglatten steilen Abhang hinunter, am Schiefen Haus vorbei, wo Erik und Tante Laila wohnten, über den Borgvägen, bog an der Steinmauer ab, die den verfallenen Holzkasten, genannt das Schloß, umgab, folgte dem Fuß des Armeleutebergs und den Festungsanlagen, die während des Krieges errichtet worden waren – und war dann verschwunden.

Lange vor den anderen war ich die Branta gränd hinuntergekommen, da ich ausrutschte und wie der Sarg den Abhang immer schneller hinunterschlitterte. Doch ich folgte nicht dem Weg des Sarges, sondern der Schwung oder irgendeine andere mächtige Kraft führte mich statt dessen mitten auf den Armeleuteberg hinauf.

Dort stand ich und hielt Ausschau, ohne irgendwo den Sarg entdecken zu können. Es wehte stark, und ich fröstelte im kalten Wind. Es war erst November, aber es lag Schnee, und der Winter war gekommen, hatte die verbliebene Herbstfeuchtigkeit in eine unangenehme eisig-rauhe Kälte verwandelt. Es waren minus fünfzehn Grad.

Dort drüben war der Sarg! Vermutlich war er über die Grasfelder geschlittert, hatte die Arlagatan gekreuzt und war durch den Schwung bis hinauf zum Wasserturm gelangt, ehe er nun in rasender Geschwindigkeit zurückkehrte.

Über den tiefen Abflußgraben auf den Grasfeldern führt eine kleine, aber extrem gewölbte Holzbrücke. Wenn man sich an ihrem einen Ende befindet, sieht es – insbesondere an sonnigen Tagen – so aus, als verlaufe die Brücke bis hinauf ins Himmelslicht. Die Brücke wird daher Brücke des Himmlischen Lichts genannt.

In diesem Augenblick brach die Sonne durch die dunklen Wolken. Der Sarg hatte einen fürchterlichen Schwung. Er glitt nicht nur ganz normal über die Brücke, wenn man es so bezeichnen kann. Er machte nicht einfach einen kleinen Satz über den höchsten Punkt der Brücke hinweg und landete ein paar Meter weiter unten. Was tat er dann? Man glaube es oder nicht, aber er bewegte sich weiter aufwärts, aufwärts, immer höher und höher. Ich drehte den Kopf, versuchte seinen Weg dort oben zu verfolgen, aber wurde von der Sonne geblendet, und der Sarg verschwand im Licht oberhalb der Solblommegläntan. Von dort war ein schwacher, schwermütiger Ton zu hören. Es klang, als wehte der Wind durch eine sehr alte Tanne. Vielleicht war es auch nur in meinem Kopf.

Der Sarg war verschwunden und mit ihm Papas Leiche. Ich begann meinen Verwandten zuzuwinken und zuzurufen, die unten auf den Grasfeldern standen und in alle Richtungen Ausschau hielten. Ich rief und zeigte zum Himmel.

»Einar, was tust du dort oben, komm runter, du kleiner Spinner«, rief Mama.

Die Eichen irrten auf den Grasfeldern umher, ohne zu wissen, wo sie suchen sollten. Sie stiefelten davon, ohne sich darum zu scheren, was ich zu sagen hatte, nicht einmal Mama hörte mir zu. Die Suche dauerte lange. Schließlich versammelten sich alle wieder und seufzten. Eines war klar: Papa mußte bei seiner Beerdigung dabeisein. Im übrigen wußte niemand, wie man diese Situation meistern sollte, und derjenige, der es möglicherweise wußte, der Pfarrer nämlich, war nicht mehr zu sehen.

»Daß wir auch noch nach ihm suchen müssen!«

»Ein bißchen seltsam war er ja«, sagte Tante Gerda. »Wie er dagestanden und geschwankt hat.«

»Er wirkte angeheitert«, sagte Tante Vanja.

»Fescher Kerl jedenfalls«, sagte Tante Laila und lächelte schelmisch.

Aber wo war der fesche Kerl abgeblieben? Konnte er schon zum Kleinen Friedhof vorangegangen sein?

Der Pfarrer war nicht auf dem Friedhof, wie sich herausstellte, als wir dort eintrafen, aber etwas anderes befand sich dort. Am Rande des ausgehobenen Grabes, als wolle er möglichst schnell hinein, stand der Sarg und schaukelte hin und her!

Der Kleine Friedhof war gerade groß genug, daß wir alle Platz hatten. Er bestand aus einem kleinen Geräteschuppen, einigen schmalen Kieswegen und einem Beet um jedes Grab herum. Die Gräber und die Grabsteine waren großzügig bemessen, während ihre Anzahl gering war. Es gab nur zwei

Grabstätten, Rudolf Krags und Bernhard Eks. Die beiden Familiengräber lagen nebeneinander und schienen gleich groß zu sein, ebenso die Steine und die darin eingehauenen Namen.

Der Sarg schaukelte, es war höchste Zeit, daß er in die Erde kam. Eine Cousine und ein Vetter, Ludmilla und Uffe, wurden als Boten auserkoren und rannten zur Kirche, um nachzusehen, ob der Pfarrer womöglich dort war.

Die Kälte war streng. Mit dem umherwirbelnden Schnee kam ein eisiger Wind, der mitten durch uns hindurchzog, ehe er am Armeleuteberg abprallte und sich zu einem Wirbel formierte, genau dort, wo wir uns befanden. Wir froren entsetzlich, am entsetzlichsten die Frauen, die feine Nylonstrümpfe in hochhackigen dünnen Schuhen trugen, überhaupt waren sie sehr dünn gekleidet – aber elegant. Wobei ein Teil der Eleganz abblätterte, als die Körper zitterten und die Zähne klapperten. Bei den Männern klapperten eher die Kiefer, denn in Syran hatten sie nicht nur ihre Haare verloren, sondern auch die Zähne.

Obwohl die Sonne schien, fiel es nicht leicht, Mamas ständige Ermahnung zu befolgen, daß man das Dasein von seiner hellen Seite betrachten solle. Die Kälte und der Wind nahmen nämlich zu. Bald würde es ums reine Überleben gehen.

Aber zunächst soll es um Irrtümer gehen, daher muß ich etwas zu Lars Glück sagen. Er hatte nicht allzuviel im Kopf, und seinen Namen hatte er nach einem von Opas Aussprüchen: Hast du ein Glück, Lars, daß du zu dumm bist, um zu begreifen, wie blöd du bist.

Vieles von dem, was Lars Glück machte, ging schief, und so dumm war er auch wieder nicht, daß er das nicht eingesehen hätte. Vermutlich tat er nur deshalb so viel, damit mehr Richtiges dabei herauskäme.

Lars Glück war verantwortlich für den Kleinen Friedhof. Es war eine ehrenamtliche Tätigkeit und wurde nicht als Arbeit gezählt, und es war auch nicht sonderlich lästig, vor allem nicht im Winter. Er goß die Pflanzen, mähte den Rasen und harkte die Wege. Das Ausheben des Grabes war sein Werk. Vermutlich hatte er sich einen kleinen Bagger geliehen, denn die Wände des Grabes waren schön gerade. Alles war vorbereitet, um Papas Sarg in Bernhard Eks Familiengrab hinabzusenken.

Plötzlich erstarrten unsere Blicke, wir sahen einander an und starrten erneut. Die Wände waren schön gerade, das war es nicht. Aber Lars Glück hatte das Grab an der falschen Stelle ausgehoben. Er hatte die Grabstätte vom Erzfeind der Eichen, Rudolf Krag, geöffnet.

»Kann dieser kleine Pechvogel nicht eine einzige Sache richtig machen?« murrte Schönhaar und befahl uns, Aufstellung zu nehmen. Es galt, einen Zahn zuzulegen, jeden Moment konnte der Pfarrer kommen, und vorher mußte das richtige Grab ausgehoben werden. Tante Laila und Tante Vanja, die schönsten meiner schönen Tanten, wurden losgeschickt, um den Pfarrer aufzuhalten. Die Eichen eilten zum Geräteschuppen, Madagaskar öffnete die Tür mit einem Dietrich, und mit Hacken, Brecheisen und Spaten nahmen sie das Werk in Angriff.

Daß es ein Tagewerk war, mindestens, war bald klar. Der Bodenfrost war in nur wenigen Tagen tief in die Erde vorgedrungen. Die Eichen hörten auf zu hacken, buddeln und graben, ließen die Köpfe hängen, ratlos und resigniert waren sie, bis Madagaskar die erlösende Frage stellte: »Ist es nicht egal, in welches Grab wir Ragnars Sarg senken?«

Das sei doch nun egal.

»Das ist es wirklich nicht!« sagte Mama.

»Nur bis auf weiteres«, beharrte Madagaskar, »wir graben ihn dann wieder aus und legen ihn in das richtige Grab.«

»Was meinst du, was der Pfarrer sagen wird«, meinte Mama.

Schon richtig, aber gab es eine bessere Lösung? Der Sarg mußte in die Erde, je früher, desto besser, es mußte sofort geschehen, ehe wir alle miteinander erfroren.

»Wir tauschen die Grabsteine aus, dann merkt der Pfarrer nichts.«

Ohne irgendwelche Einwände abzuwarten, sprangen die Eichen vor und versuchten den Grabstein anzuheben, umzuschubsen und zu kippen, aber ohne Erfolg. Tanten und Vettern und Cousinen eilten herbei, schließlich auch Mama, Rolf und ich. Schönhaar stimmte das Lied an:

Wir ziehn den Stein zusammen hoch
und sagen he
und sagen ho!

»Ho!« brüllten wir alle, aber es half nichts. Wir mußten aufgeben.

Wieder herrschten Ratlosigkeit und Resignation.

»Ein Tunnel!«

Natürlich war es nicht egal, in welches Grab der Sarg gelegt wurde, aber es spielte wohl keine Rolle, ob der Sarg von oben oder von der Seite hineinkam. Die Eichen befanden sich schon in Direktor Rudolf Krags Familiengrab. Dort unten fiel das Hacken, Buddeln und Graben leichter, eine Weile jedenfalls, aber nur eine Weile, denn bald stießen sie auf Stein, und leider war es ein richtiger Brocken.

Es war die Rede davon, den Stein zu sprengen, aber Madagaskar hatte keine Dynamitpatronen dabei, wofür ich sehr dankbar war, denn das Risiko wäre groß gewesen, daß Papas Sarg erneut in die Luft geflogen wäre, und nicht nur der.

»Der Pfarrer kommt!«

Also mußte der Sarg trotz allem bis auf weiteres in Krags Grab gesenkt werden. Madagaskar und Gleichgewicht stellten sich vor den Grabstein, verdeckten den Namen.

Endlich stand der Pfarrer in der Friedhofssonne! Es sei auch höchste Zeit, meinte er. Viel zu lange hätten zwei verrückte Weiber seine Ankunft verzögert, ihn mit frechen Blicken und häßlichen, geradezu schamlosen Vorschlägen zurückgehalten und verwirrt. Und dann habe auch noch eine fuselstinkende dicke Blondine versucht, sich ihm in den Weg zu stellen. Aber er sei einfach davongeweht, ganz bis zum Grab.

Dort stellte er sich hin, um eine Rede zu halten, und nachdem er geredet hatte, war es an der Zeit, den Sarg in seine vorübergehende Ruhestätte hinabzulassen. Die Eichen holten Luft – ein erstaunter Ausdruck trat auf ihre Gesichter: Der Sarg wog beinahe gar nichts.

Jetzt entdeckte man, daß der Sargdeckel keineswegs dicht anlag, ganz im Gegenteil, er war lose, lag auf der Kippe. Der Pfarrer packte den Deckel, starrte wie wir anderen in einen leeren Sarg.

Endlich lauschten sie dem, was ich zu erzählen hatte. Der Sarg war zum Kleinen Friedhof gekommen, aber Papa war verschwunden, oberhalb von der Solblommegläntan.

»Ragnar ist direkt zum Himmel aufgefahren!«

Das Gesicht des Pfarrers zeigte Abscheu und Verzweiflung.

Da es nicht angehen konnte, nichts zu beerdigen, machte Tante Vanja – noch immer darüber verärgert, daß der Pfarrer ihr Angebot, »ein bißchen anfassen zu dürfen«, verschmäht hatte – den Vorschlag, statt dessen den Pfarrer in den Sarg zu legen. Tante Laila stimmte ihr zu. Der Vorschlag wurde erörtert, aber mit kleinstmöglicher Mehrheit abgelehnt. Schönhaar sagte, daß dennoch eine Beerdigung erwünscht sei und daß sie ausgeführt werden solle, und sei es mit leerem Sarg.

Der Pfarrer weigerte sich hartnäckig. Die Eichen drängten sich drohend um ihn.

»Was seid ihr nur für welche?« sagte der Pfarrer. »Was seiet ihr für Menschen?« fügte er mit veränderter, heftig erzürnter Stimme hinzu. Sein wütendes Gesicht war grau wie ein Wespennest, er stampfte auf die Erde wie ein wütender Stier, und – wie der Zufall es wollte: Der Erdboden gab nach!

Mit großem Getöse krachten er, die Tunnelgräber, Madagaskar und Gleichgewicht, ich, Rolf und Mama in die

Unterwelt hinab. Was für ein entsetzliches Vorzeichen! Ich war als letzter wieder oben, und da war der Pfarrer schon auf der Flucht und rannte, so schnell er konnte, vom Kleinen Friedhof in Richtung Besvärsbacken davon. Niemand versuchte ihn zurückzuhalten.

»Ohne Ragnar haben wir hier nichts zu schaffen«, entschied Schönhaar. »Jetzt gehen wir nach Hause.«

Gesagt, getan. Man lud den Sarg auf den Karren, und der Rückzug wurde angetreten. Gleichgewicht zog den Karren. Auf der einen Seite gingen Schönhaar und Erik, die sorgsam darauf achteten, daß der Sarg nicht hinunterglitt, auf der anderen Seite Madagaskar und Lars Glück. Dann folgten Mama, Rolf und ich und schließlich die Tanten und alle Vettern und Cousinen.

Halb erfroren erreichten wir das Ziel, unsere Wohnung am Tegelvägen 20.

»Er hieß Jonsson, was für ein bescheuerter Name für einen Pfarrer«, sagte Tante Laila.

»Ich kenne jemanden, der Jansson heißt«, sagte Tante Helga. »Das finde ich aber ...«

»Zum Wohl!« unterbrach sie Schönhaar.

Ich hatte mich in die hinterste Ecke des Bettsofas gesetzt. Von dort beobachtete ich meine Verwandten, saß schweigend da und lauschte. Was seiet ihr für Menschen? dachte ich.

Allmählich tauten sie auf, durch die Wärme des Zimmers und durch Papas Selbstgebrannten. Und als die Kanapees aufgetischt wurden, war alle Steifheit verschwunden. Gierig starteten sie den Angriff und schaufelten das Essen in sich hinein, kauten, bis sie sich beinahe die Kiefer ausrenkten.

Sie füllten die Wohnung, mein und Rolfs kleines Zimmer, das Wohnzimmer, das zwar größer war, aber mehr Möbel enthielt, die Küche, den Flur. Überall waren Eichen in Bewegung, hin und her durch die Wohnung. Nicht einmal diejenigen, die saßen, hielten still. Am meisten von allen bewegten sich die Verwandten, die auf den Stühlen gelandet waren. Mama hatte sie aus dem Keller hochgeholt, vier alte Stühle, die Mama und Papa gebraucht gekauft hatten, als sie heirateten. Die Stühle waren wackelig und wurden jetzt mehr als wackelig.

Alles war in Bewegung, überall befanden sich Eichen, es war eng. Der Schaukelstuhl, den Papa von Opa geerbt hatte, war schön, nahm aber viel Platz ein. Dasselbe galt für den Sarg. Beide wurden aus dem Zimmer in die Küche umgezogen, von einem Ort zum nächsten, waren überall im Weg. Schließlich wurde der Schaukelstuhl ins Treppenhaus getragen, doch Mama weigerte sich, den Sarg hinauszustellen.

»Wir können ihn solange unten bei uns reinstellen«, schlug Tante Maria vor, und ihre Augen glänzten seltsam.

Mama ging auch darauf nicht ein. »Tante Maria ist neidisch«, erklärte Mama später, »sie will, daß alle sich nur um sie kümmern.«

Alle kümmerten sich um Mama, diskutierten über den Sarg und was sie damit machen solle, nicht jetzt, sondern später. Er habe einen beträchtlichen Wert, meinte Erik, und da es vermutlich nicht möglich sei, ihn zurückzugeben, übernehme er es gern zu untersuchen, ob es einen Markt für gebrauchte Särge gebe.

»Wir wollen nichts überstürzen«, sagte Schönhaar. »Vielleicht findet sich Ragnar ja wieder ein.«

Das Hauptgericht wartete: Kalbsbraten, Soße und Kartoffeln, Erbsen und Mohrrüben aus der Konserve. Die Gläser wurden gefüllt.

»Jetzt hätte Ragnar dabeisein sollen. Er mochte gutes Essen und Trinken.«

»Aber zum Ende hin wurde er ein wenig eigen. Saß einfach da, konnte sich zu nichts aufraffen.«

»Man weiß ja so wenig.«

»Prost auf Ragnar, auf Ragnars Gedenken!«

Alle prosteten sich zu. Die Stimmung war gut. Das warme Essen, die vielen Menschen und all ihre Bewegungen hatten die Temperatur in der Wohnung erhöht. Auch die Luftfeuchtigkeit war gestiegen. Die Glatzen von Schönhaar, Erik und Gleichgewicht glänzten, ebenso ihre Gebisse, wenn sie lachten.

Tante Laila bat Erik, den Mund zu öffnen, das tat sie immer, wenn sie ein bißchen mehr getrunken hatte. Erik fiel es nämlich schwer, ihn mehr als nur einige Zentimeter zu öffnen. »Er kriegt ihn nicht weiter auf«, lachte Tante Laila.

Vetter Uffe hatte die Hand unter Cousine Ludmillas Angorapullover verschwinden lassen. Auch Rolf war zugange und fummelte an ihr herum, wie ich von meinem Aussichtsplatz in der Sofaecke sehen konnte. Ich wandte den Blick ab, betrachtete Mama. Sie starrte in den Teller. Sie wollte weinen, aber sie konnte nicht. War es so? Vielleicht, vielleicht auch nicht, wer weiß das schon genau?

Der Kaffee wurde serviert, Saft, Hefegebäck und Kekse. Es gab viel Gelächter und viele Worte, es wurde viel über Papa gesprochen.

»Na, die Kekse kann man doch wohl gefahrlos loben«, kicherte Tante Vanja. »Ragnar hat nicht gebacken.«

Er hat nicht gebacken, sondern gebrannt, nicht Kekse, sondern Schnaps. Die Leiche hatte zwar nicht die Kekse gebacken, aber eigenhändig die Maische angesetzt. Es wurde totenstill. Tante Vanja war bläulichrot im Gesicht, als würde sie gleich der Schlag treffen.

»Ragnar war umsichtig«, sagte Tante Gerda.

»Ragnar konnte seine Sache, daran herrscht kein Zweifel«, sagte Schönhaar.

Keiner zweifelte, alle redeten gut über Papa, immer beredter wurden sie, eine Rede löste die andere ab, die eine übertraf die andere an Lobpreisungen. Mama saß schweigend und mit reglosem Gesicht da, meine Tanten rieben sich tief gerührt die Augen, weinten so, daß die Fensterscheiben beschlugen.

Plötzlich klingelte es an der Tür.

»Könnte das Jonsson sein?« meinte Tante Laila. »Der Pfarrer kommt wohl, um sich zu entschuldigen.«

Es war nicht der Pfarrer, es war die Polizei, nicht Jonsson, sondern Jönsson, Karl Jönsson, genannt das Dicke Schwein, ein großer, freundlicher Wachtmeister, der seit vielen Jahren durch die Gegend spazierte und patrouillierte, bei allen beliebt, nur von den Eichen eher auf Abstand gelitten.

»Laut Anzeige soll sich eine Leiche in der Wohnung befinden«, sagte Wachtmeister Jönsson. »Angeblich in einem Sarg hierhergebracht und zuvor vom Kleinen Friedhof entfernt.«

Abstreiten! Eine bedingte Reaktion, die sofort bei den Eichen ausgelöst wurde.

»Wir haben nichts getan. Das war jemand anders.«

»Jonsson«, sagte Tante Laila mit einem Bühnenflüstern.

»Hier gibt es nichts. Nichts, gar nichts!« riefen alle im Chor, Tanten, Onkel, Vettern und Cousinen, Rolf, Mama und ich.

Wachtmeister Jönsson kratzte sich an der Birne, sah in die Küche und machte einen Schritt ins Zimmer, doch nur einen Schritt, denn dann wurde ihm von Madagaskar der Weg versperrt. Schönhaar und Erik schlossen auf.

»Meine Güte, Madagaskar«, sagte Wachtmeister Jönsson. »Wir kennen uns, wir müssen uns doch nicht streiten. Euch muß doch klar sein, daß ich nicht der Meinung bin, ihr hättet hier eine Leiche versteckt, aber ich muß der Sache nachgehen. Reine Routineangelegenheit.«

Währenddessen, im Schutz von Madagaskar und dem Rücken seiner Brüder, wurde der Sarg in eine Ottomane verwandelt, erhielt einen Überwurf und Sofabenutzer.

»Kommen Sie rein, Herr Wachtmeister«, sagte Mama. »Wir haben nichts zu verbergen.«

»Nein, nichts, gar nichts!«

»Weder Sarg noch Leiche«, sagte Mama.

»Jetzt darf niemand sterben!« zischte Madagaskar, nachdem er beiseite getreten und vor Wachtmeister Jönsson ins Zimmer gegangen war. Und wir lächelten und nickten Wachtmeister Jönsson zu, bemühten uns, so lebendig wie möglich auszusehen.

»Und das sind sämtliche Anwesende?« fragte Wachtmeister Jönsson. »Ihr versteckt niemanden?«

Vetter Uffe und Cousine Ludmilla fehlten, aber sie waren alles andere als tot. Auf der Suche nach Abgeschiedenheit waren sie schon vor einer ganzen Weile in den Sarg gekrochen. Doch jetzt, natürlich ausgerechnet jetzt, wollten sie heraus, bekamen jedoch den Deckel nicht auf, klopften und riefen. Wachtmeister Jönsson, der sich bereits mit einem Tippen an die Mütze verabschiedet hatte und auf halbem Wege nach draußen war, hielt inne und kam ins Zimmer zurück.

Vetter Uffe und Cousine Ludmilla brüllten aus Leibeskräften, und schließlich gab es keinen anderen Ausweg, als den Überwurf vom Sarg zu nehmen und den Deckel zu öffnen. Heraus krochen Vetter Uffe und Cousine Ludmilla, warm und rotgesichtig.

»Das ist der Sarg meines Mannes«, sagte Mama. »Er ist ehrlich erstanden. Aber Ragnar selbst ist verschwunden.«

Mama sah unglücklich aus. Wachtmeister Jönsson sah ebenso unglücklich aus wie Mama und darüber hinaus sehr verwirrt. Doch er zog Stift und Block hervor und bat um die Personenbeschreibung. Ohne Haare und ohne Zähne, dachte ich, und ohne rechte Hand. Und ohne Fingerabdruck von der linken, weil er sich die Fingerspitzen beim Eintauchen von Blech ins Säurebad verätzt hatte. Das gleiche galt für meine Onkel, mit Ausnahme von Madagaskar. Er, der am meisten Nutzen von einem fehlenden Fingerabdruck gehabt hätte, hatte nicht in Syran gearbeitet.

»Personenbeschreibung? Er war so ein feiner Mensch«, sagte Mama. »Ein richtiger Mann. Seinesgleichen gab es nicht auf dieser Erde. Er war kein gewöhnlicher Ingenieur, ganz gewiß nicht!«

Papa war gar kein Ingenieur, aber aus irgendwelchen Gründen pflegte Mama das zu sagen.

Wachtmeister Jönsson schien nicht richtig zufrieden mit der Beschreibung. Obwohl Mama erklärte, daß das ausreichen müsse, blieb er hartnäckig, forderte klarere Aussagen, was die Eichen allmählich verärgerte. Selbst wenn einige von ihnen der Meinung sein mochten, daß Mamas Beschreibung nicht ausreichte, war dies keine passende Gelegenheit, um Einwände vorzubringen, und erst recht nicht, um wie das Dicke Schwein wegen der Personenbeschreibung herumzuquengeln. Das gaben sie ihm zu verstehen und klärten ihn darüber auf, was sie von unbefugten Anschuldigungen gegen ehrenwerte Bürger hielten, die stets ihre Pflicht erfüllt hatten. Die Stimmung wurde immer angespannter, geballte Fäuste wurden drohend umhergeschwenkt, es würde ein lustiger Tanz werden, falls sich das Dicke Schwein nicht in acht nahm. Und in gefährlicher Nähe von seinen nun etwas erschrockenen Wachtmeisteraugen tanzten grausam spitze Nägel.

Alle Frauen der Sippe Ek hatten elegant rotlackierte und grausam spitzgefeilte Nägel, abgesehen von den abgebrochenen. Am rötesten, spitzesten und längsten waren Tante Vanjas. Es war ihr Zeigefingernagel, der im Gedränge und Tumult ins Schwarze traf – allerdings nicht ins Auge des Dicken Schweins, sondern in Mamas Ohr!

Gerade als Tante Vanja ihre Hand entschuldigend auf Mamas Schulter legen wollte, drehte Mama sich zu ihr um. Es traf sich, daß der Nagel auch noch in Mamas Auge landete.

»Das war seine Schuld!« schrie Tante Vanja und zeigte mit dem Finger anklagend auf das Dicke Schwein, dem es jedoch glückte, sich unbeschadet zurückzuziehen und die Tür zuzuknallen, ehe die Eichen bei ihm waren.

Mama sank schwer auf einen Stuhl. Ihr taten das Auge und das Ohr weh. Dafür brauchte sie nichts zu sehen und nichts zu hören, zumindest nicht alles, dachte ich. Jetzt konnte sie weinen. Die Tränen flossen. Das verletzte Auge war leuchtendrot und sah wirklich furchtbar aus. Die Eichen haben ein gutes Herz und lassen einen Verwandten nicht im Stich, und trotz Mamas Protest entschied man, daß sie zu einem Arzt müsse.

Die Eichen füllten den Wartesaal in der Ambulanz des Södersjukhuset. Glücklicherweise waren nicht viele Leute da, nur fünf, darunter ein Kind, ein giftiger sommersprossiger Bengel mit leuchtendrotem Haar, der lautstark erzählte, was alle sehen konnten, daß er mit dem Finger in einem Tisch-Eishockeyspiel hängengeblieben war. Seine Augen leuchteten vor Energie, und obwohl das Eishockeyspiel ziemlich groß war, rannte er im Zimmer herum, kletterte die Wände hoch und hing an der Deckenlampe, bis Erik, der acht Kinder erzogen hatte, ihn zu fassen kriegte und ihm ordentlich eins versetzte.

»Heutzutage gibt es keine Regeln mehr«, sagte Tante Laila und sah sich nach der Mutter des Jungen um. Nach einer Weile wurde sein Vater gesichtet, der sich hinter einer großen Monstera zu verstecken suchte: Pfarrer Jonsson!

Als er sich entdeckt sah, griff er sich seinen rothaarigen Affen von Sohn und schleifte ihn, so schnell er vermochte, mitsamt dem Eishockeyspiel außer Reichweite der bedrohlichen Eichen.

Nun ging ein Engel durchs Zimmer, eine sehr junge Arzthelferin, die Mama über die Wange strich und sagte, daß sie bald an der Reihe sei.

»Die am schwersten Verletzten zuerst!« brüllte Madagaskar herausfordernd, und unter normalen Umständen wären die Eichen bereit gewesen, sofort einzustimmen und zur Aktion überzugehen, aber angesichts des Lächelns des jungen Engels besannen sich alle eines Besseren. Ungewöhnlich ruhig warteten wir, bis wir an der Reihe waren.

Der diensthabende Arzt sah erschrocken aus, als wir uns nach Mama in sein Zimmer drängten. Er machte einen halbherzigen Versuch, uns abzuhalten, mußte aber aufgeben.

Wie es die Art von manchen Ärzten ist, untersuchte er Mama, ohne einen Ton zu sagen, trotz inständiger Bitten. Doch schließlich erklärte er, daß weder Ohr noch Auge ernsthaft verletzt seien. Es sei keine Medizin erforderlich, behauptete er, doch das mußte er zurücknehmen, und mit Schönhaar an der Spitze, der triumphierend mit dem Rezept winkte, dem Beweis dafür, daß der Arztbesuch seine Berechtigung gehabt hatte, traten wir die Rückfahrt an.

Die Wohnung wirkte ausgekühlt, als wir hineinkamen. Nur langsam stieg die Temperatur durch die Wärme der vielen Leute.

Ein Geruch nach Lauge oder noch Schlimmerem verbreitete sich. Wir versuchten, die zweite Runde zu beginnen, doch trotz Papas Mumme und dem sechsundneunzigprozentigen Schnaps, den Madagaskar im Krankenhaus hatte mitgehen lassen, wollte sich die rechte Laune nicht einfinden; ganz im Gegenteil, es herrschte die reinste Begräbnisstimmung.

Bald verabschiedeten sich die Eichen und gingen nach Hause, mit Ausnahme von Lars Glück, der noch Post auszutragen hatte. Ein wenig fühlte es sich beim Abschied so an, als sei es mehr als ein gewöhnlicher Abschied. Es war zugleich wie ein Abschied von einer Zeit und einer Welt, einer Welt, in der Papas lärmende, beschwipste, aber herzensgute Verwandtschaft ein augenfälliger und häufiger Bestandteil gewesen war. Jetzt waren nur noch Mama, Rolf und ich übrig.

In der Wohnung herrschte große Unordnung. Die Dekken waren voller Brotkrümel, Kaffee- und Soßenflecken. Tassen, Gläser und Teller stapelten sich überall, auf und in ihnen Essensreste, Asche, Zigarettenstummel. Ein Teller war zu Bruch gegangen, ebenso einige Gläser und eine Fensterscheibe. Es war kalt.

Mama wollte sich eine Tasse Kaffee nehmen, ehe sie aufzuräumen begann, aber der Kaffee war zu Ende. Die Vorratskammer war leer. Das, was zurückgehalten worden war, bahnte sich nun seinen Weg. Mama wandte ihr Gesicht zu Rolf und mir, ihr verletztes Auge tränte.

»Ich habe kein Feuerholz«, sagte sie mit kläglicher Stimme. »Könnt ihr in den Keller gehen und welches holen? Ich muß das Abwaschwasser erhitzen.«

Unsere Wohnung war halbmodernisiert, ohne Zentralheizung. Es gab einen mit Holz beheizbaren Herd und Kachelöfen.

Wir standen auf und gingen.

Das Feuerholz im Keller war zu Ende.

Wir saßen rechts und links von Mama. Sie hatte die Arme um uns gelegt, drückte uns an sich, sagte, daß wir zusammenhalten müßten, daß alles schon wieder gut werden würde.

Es fühlte sich nicht mehr so kalt an. Die Luken der Kachelöfen standen offen, wir sahen ins Feuer, wo gerade die letzten Bretter von Papas Sarg in Flammen aufgingen.

PETER GISSY
Tod auf dem Eis

»Ist hier noch frei?«

»Bitte sehr.«

Ich sah verstohlen zu dem alten Mann hinüber, der sich unter solchen Mühen neben mir auf der Bank niederließ. In seinem knöchellangen Mantel wirkte er, als käme er aus einer anderen Zeit. Er lehnte sich schwer zurück und fingerte an der Tüte herum, die er in der Hand hielt. Dann sah er mich an.

»Schön hier.«

»Ja.«

Wir saßen schweigend da und betrachteten die Meeresbucht vor uns. Hier sollte einmal ein Sumpf gelegen haben, davon merkte man jetzt nicht mehr viel. Die Wasseroberfläche kräuselte sich im sachten Wind. In einiger Entfernung war eine von Kiefern bedeckte Insel zu sehen, ein Steg verlief vom Ufer ins Wasser hinaus, doch ansonsten war alles unberührte Natur. Eine von Härslövs Wasserstellen, hatte der Küster gesagt. Ich schloß die Augen und ließ mich von der Stille umfangen.

»Sie sind wohl nicht von hier«, sagte der Mann neben mir.

Ich öffnete die Augen. »Nein, ich bin noch nie hier gewesen.« Er nickte, sah mich dabei unverwandt an, und ich merkte, daß er gern noch weiterreden wollte. »Und Sie?«

»Ach, ich war eine ganze Weile verreist. Ziemlich lange, um ehrlich zu sein.« Er sprach mit leichtem Akzent, der mich an Amerika oder Kanada denken ließ. »Aber das hier ist meine alte Heimat. Ich habe noch ein paar Stunden, ehe der Zug geht.«

»Ist es lange her, seit Sie das letzte Mal hier waren?«

»Fast dreißig Jahre.«

Er sah weg, und ich folgte seinem Blick. Ein schwaches Glitzern der Sonne brach durch die Wolken und strich wie mit dem Pinsel über die Wasseroberfläche. In einiger Entfernung spazierte ein älteres Paar Arm in Arm.

»Dort hinten gab es früher ein Haus«, sagte er plötzlich. »Sehen Sie den Steg?«

»Ja, natürlich.«

»Dort wohnten zwei Brüder. Sie waren dahin gezogen, und dann, ja, dann passierte ein Unglück, und der eine saß im Rollstuhl. Die Brüder Hermansson. So wurden sie genannt.«

Er lachte in sich hinein. Als er seinen Hut zurechtrückte, sah ich, daß er am Ohr eine häßliche Narbe hatte.

»Ach ja?«

»Sie waren die Sonderlinge dieser Gegend. Nicht, daß sie sich schlecht benommen hätten, nein, ganz und gar nicht, aber sie wohnten für sich allein und führten ihr eigenes Leben.« Er öffnete die Tüte und fing an, Brotstücke auszuwerfen, obwohl gar keine Vögel in der Nähe waren. Seine Bewegungen wirkten mechanisch, und ich merkte, daß er mit den Gedanken woanders war. »Der eine arbeitete bei der Bahn. Er war Elektriker. Aber entschuldigen Sie, ich halte Sie vielleicht auf.«

Das tat er natürlich, aber ich war es gewohnt. Das weiße Beffchen des Pfarrers pflegte die Menschen dazu anzuregen, mir von ihren geheimsten Gedanken zu erzählen. »Nein, nein, keineswegs.«

»Jetzt bin ich ein alter Mann, und die Erinnerungen überwältigen mich oft, ja, und dann vergesse ich manchmal, daß andere nicht so viel Zeit haben wie ich.« Seine Gestalt hatte etwas Anrührendes.

»Sie haben die beiden gekannt?«

»Wie?«

»Die Brüder, waren das Freunde von Ihnen?«

Es war, als versinke er in sich selbst. Ein paar Stockenten wackelten aus dem Schilf und stürzten sich auf die Brotkrumen. »Daß sie überhaupt hierher finden«, bemerkte ich, »die Enten.«

Doch plötzlich war eine Art Wand zwischen uns.

Ich sah auf die Uhr. Gleich sollte ich mich mit dem scheidenden Gemeindepfarrer treffen. Da wollte ich nicht zu spät kommen. Ich erhob mich.

Nun wachte der Alte auf. »Es ist ihnen etwas Schreckliches widerfahren. Den Brüdern. Sie nahmen sich das Leben. Ein Doppelselbstmord. Heute ist es auf den Tag siebenundzwanzig Jahre her.« Er zog die Hand aus der Tasche. »Hier.«

Ich ließ mich wieder nieder, nahm das Foto und betrachtete es. Das Schwarzweißbild mußte ungefähr von derselben Stelle aus aufgenommen worden sein, an der wir jetzt saßen. Das Schilf im Vordergrund war höher, und ein Stück weiter draußen auf der zugefrorenen Wasserfläche konnte man ein offenes Eisloch erkennen. Am Rand des Lochs standen ein paar Holzkisten und ein Eispickel und etwas, das aussah wie ein schwarzer Sack. Auf dem Bild war kein Mensch zu sehen, doch auf dem unteren Teil des Fotos war die Hälfte eines Polizeiautos zu erkennen. »Was ist das denn?«

»So sah es aus, als die Polizei kam. Sehen Sie?«

Da sah ich es: Über das Eis verliefen die Reifenspuren eines Rollstuhls. Vom Steg bis hin zu dem Eisloch. Zwischen den parallelen Linien konnte man Fußabdrücke erkennen, die direkt auf das offene Loch zuführten.

»Sind sie da hinein ...?«

»Hm. Sehen Sie die Fußabdrücke? Der eine hat den Rollstuhl geschoben und ihn direkt ins Wasser gerollt, und dann hat er sich auf dieselbe Weise das Leben genommen.«

»Wie kommt es, daß Sie so viel darüber wissen?«

»In jeder Zeitung stand etwas über den Doppelselbstmord der Brüder Hermansson. Keiner hat es begreifen können. Janne, also der im Rollstuhl, war fast gelähmt und konnte sich überhaupt nicht mehr selbst versorgen. Und der andere, ja, der mußte seinen Bruder pflegen, so gut es ging.« Er räusperte sich. »Das war nicht so wie heute, wo man die

Kranken einfach in irgendein Heim abschiebt. Aber für den anderen, nun, für den war es natürlich schwer.«

»Hatten sie denn keine anderen Verwandten?«

»Keine *relatives*, Eltern, Geschwister. Ganz allein. Zwei Junggesellen.«

»Niemanden, der ihnen half?«

»Die Gemeinde sorgte für eine Haushaltshilfe. Damit der eine arbeiten gehen konnte.«

An jenem Morgen vor siebenundzwanzig Jahren sei die Haushaltshilfe der Brüder wie gewöhnlich gekommen. Als ihr niemand geöffnet habe, sei sie selbst hineingegangen und habe die Polizei angerufen, nachdem sie die Spuren des Rollstuhls im Schnee entdeckt hatte.

»Die Polizei ließ das Wasser mit Tauchern absuchen. Es war seltsam, aber sie fanden nur Janne. Den Behinderten. Er war im Rollstuhl festgebunden.« Er nahm das Foto wieder an sich und steckte es in die Tasche zurück.

»Und der andere?«

»Wurde nie gefunden. Muß aufs Meer hinausgetrieben sein. Unter dem Eis ...« Ein plötzlicher Hustenanfall zwang ihn, ein Taschentuch herauszuziehen und vors Gesicht zu pressen. »Entschuldigen Sie mich bitte.«

Und dann eilte er davon, eine hochaufgeschossene Gestalt mit leicht gesenktem Kopf. Er war schon außer Sichtweite, da entdeckte ich das Foto unter der Bank. Wahrscheinlich war es mit dem Taschentuch zusammen herausgefallen.

Als ich wenig später Arne Jansson traf, den Gemeindepfarrer, dessen Nachfolger ich werden sollte, konnte ich mir nicht verkneifen, das Thema anzusprechen. Wir saßen in seinem Wintergarten und sahen über den Garten hinaus, in dem die Obstbäume ihre kahlen Äste in den tiefhängenden Himmel streckten.

»Was wissen Sie über die Brüder Hermansson?« fragte ich.

»Na, da sind Sie ja gleich mitten ins Dorfgeschwätz geraten.«

Ich lachte und leerte meine Kaffeetasse. »Das eine oder andere habe ich schon gehört.«

Er hatte weißes Haar, das so dünn war, daß die Kopfhaut durchschimmerte. Sein Blick hinter den Brillengläsern war klar und offen. Fast sein gesamtes Arbeitsleben hatte er im kleinen Härslöv verbracht. Jetzt, da er in Pension ging, wollte niemand so recht glauben, daß er wirklich alles hinter sich lassen würde. Doch zu meinem großen Erstaunen hatte er sehr deutlich gemacht, daß er der Gemeinde nicht länger als Pfarrer zur Verfügung stehen wollte. Die Menschen sollten sich in allen kirchlichen Belangen ab sofort an mich wenden.

»Die Brüder Hermansson? Die kannte ich gut. Warum wollen Sie das wissen?«

Ich erzählte ihm von dem Alten auf der Parkbank.

Jansson hörte zu. Dann sagte er: »Warten Sie.«

Ich dachte, er würde die Kaffeekanne aus der Küche holen, doch kurze Zeit später kam er mit einem dicken Ordner zurück, aus dem er einige Zeitungsausschnitte nahm. »Lesen Sie mal. Das war damals eine große Sache in der Gegend.«

Ich las die Überschrift: »Doppelselbstmord erstaunt Polizei.« Es stand nicht viel mehr in dem Artikel, als der alte Mann mir erzählt hatte. Der eine der Männer hatte den Rollstuhl mit seinem Bruder in das Eisloch geschoben und war dann hinterhergesprungen.

Jansson sagte: »Tage Winslöv, der Kommissar, der hier in Härslöv wohnt, hat damals die Ermittlungen geleitet. Es war eine tragische Geschichte. Wir alle kannten Janne und Erling. Zwei Eigenbrötler, aber gute Kerle. Erling war sehr an Technik interessiert und hätte es sicher zu mehr bringen können, als nur in der Schalterhalle der Bahn zu sitzen, doch der Autounfall seines Bruders wurde gewissermaßen auch sein Unglück.«

Als ich das Foto herauszog, fuhr er fort: »Die Techniker von der Kripo in Göteborg waren auch hier und haben alles untersucht. Sie hatten sich überlegt, daß Erling, der den Rollstuhl geschoben hatte, vielleicht seinen Bruder über die Kante des Eislochs hatte fallen lassen, um dann in seinen eigenen Fußspuren zurückzugehen und zu verschwinden. Doch es stellte sich heraus, daß es wirklich nur eine Fußspur gab, verstehen Sie? Er konnte nicht in seinen eigenen Abdrücken zurückgelaufen sein.« Als seine Frau mit der Kaffeekanne in der Tür erschien, wies er auf unsere Tassen. Sie schenkte nach.

Ich wollte höflich zu ihr sein und fragte: »Kannten Sie die Brüder auch?«

»Alle hier kannten sie. Erling war ein guter und lieber Junge. Ich habe ihn aufwachsen sehen und erlebt, wie sein Bruder und er nach dem Tod der Eltern allein zurückblieben.« Sie setzte sich neben mich, griff nach dem Zeitungsausschnitt und setzte die Lesebrille auf, die sie an einer Schnur um den Hals trug. Sie hatte ein rundes Gesicht und dunkle Augen wie ein Eichhörnchen.

»Janne war der Wilde von den beiden. Der Junge war wirklich verrückt. Er sah gut aus, und die Mädchen hatten keine Ruhe, wenn er in Fahrt war. Es tat uns allen sehr leid, als er sich bei diesem Autounfall so schwer verletzte. Soweit ich mich entsinne, haben wir von der Kirche versucht, sie zu unterstützen ...«

Ihr Mann sah etwas unentschlossen aus, und sie fügte hinzu: »Warum ruft ihr nicht Tage an?«

»Du hast recht«, stimmte Arne Jansson zu.

»Aber nein, ich möchte wirklich nicht ...«, versuchte ich zu protestieren.

»Aber jetzt haben Sie mich auch neugierig gemacht.« Er holte das schnurlose Telefon und drückte ein paar Tasten. »Wir lassen einfach den guten Kommissar selbst erzählen, was damals alles passiert ist. Dann haben wir es aus sicherer Quelle.«

»Dazu wird er keine Zeit haben.«

»Er ist pensioniert. Und er erzählt gern. Wissen Sie,

ein guter Pfarrer muß sich in die Psyche seiner Gemeindemitglieder versetzen und ihre Geheimnisse kennen.«

Vielleicht war es ein Zeichen des Allmächtigen, daß ein plötzlicher Regenschauer sich über die Fensterscheiben ergoß.

»Jetzt gehen wir hinein. Ich habe Feuer im Kamin gemacht«, sagte Janssons Frau.

Kommissar Tage Winslöv war ein kleiner, rundlicher Herr mit einem Gesicht wie ein überreifer Apfel. Er wirkte sehr korrekt. »Herzlich willkommen in der ruhigsten Ecke von ganz Bohuslän«, sagte er lächelnd.

»Ist das so?« fragte ich.

»Was glauben Sie, warum ich sonst als Rentner noch hier wohnen würde?«

Er stellte den nassen Regenschirm ab, ließ sich im Sessel neben dem Feuer nieder und streckte die Hände vor, um die Wärme einzufangen. Arne und ich, der alte und der neue Gemeindepfarrer, teilten uns das Sofa.

Tage erzählte wirklich gern. Nach ein paar einleitenden Willkommensphrasen, die an mich gerichtet waren, ging er den »Fall Hermansson« durch, wie er es nannte.

»Es gab einige Leute, die meinten, Erling hätte ja, nachdem er den Rollstuhl mit seinem Bruder losgeworden war, in seinen eigenen Fußspuren zurückgehen können, doch das konnten die Techniker bald ausschließen. Seltsam war nur, daß er selbst spurlos verschwunden blieb.«

»Und er war nicht unter dem Eis festgefroren? Ich meine ...«

Der Kommissar hob abwehrend die Hand. »Das haben wir auch gedacht, aber nein, so war es nicht. Wir haben mehrere Jahre lang darauf gewartet, daß er irgendwo an der Küste angespült würde.« Er zuckte mit den Schultern. »Es ist im Grunde nicht ungewöhnlich, daß Leichen verschwinden. Er kann auch in irgendeiner Schiffsschraube hängengeblieben sein. Hier draußen fahren ja einige große Frachter vorbei, die Öltanker zum Beispiel. Es ist schließlich offenes Meer.« Er betrachtete eingehend mein Foto. »Wer weiß, was zwischen den beiden geschehen ist und was das Ganze ausgelöst hat? Erling war derjenige, der ihr Leben bis ins letzte geregelt hat. Er umsorgte seinen Bruder wie einen Säugling. Fütterte ihn, duschte ihn, brachte ihn auf die Toilette. Technisch gesehen ist Erling ein Mörder, da er sich des Mordes an seinem Bruder schuldig gemacht hat, ehe er sich selbst das Leben nahm.«

»Das Eis war doch sehr dick«, sagte Arne. »Wer hat es denn aufgehackt?«

»Ich nehme an, es war Erling selbst. Wir wissen es nicht. Es sind niemals irgendwelche Zeugen aufgetaucht. Die Brüder wohnten ja völlig einsam, und es gab niemanden, der etwas gesehen hatte. In jenem Winter war es eine lange Periode sehr kalt gewesen. Soweit ich mich erinnere, hatte es in der Nacht zuvor geschneit, und das ist auch der Grund dafür, daß man die Spuren vom Rollstuhl so deutlich sehen konnte. Wir haben auch untersucht, ob vielleicht irgendwelche finanziellen Probleme dahinter standen oder irgend etwas anderes, Depressionen, Liebeskummer, was auch immer. Aber wir haben nichts Außergewöhnliches entdekken können.« Er gab Arne das Foto. »Danke.«

»Es gehört mir«, bemerkte ich.

»Ihnen? Von wem haben Sie es?«

Da wurde mir klar, daß ich dem Kommissar noch gar nichts von dem Alten auf der Bank erzählt hatte. Als ich mit meiner Erzählung fertig war, saß er eine Weile da und kratzte sich unter dem Kinn, was anscheinend eine Angewohnheit von ihm war. »Wie sah dieser Mann aus?«

So genau hatte ich mir den Alten gar nicht angeschaut. Doch die häßliche Narbe am Ohr fiel mir ein, und ich erzählte davon. Der Kommissar lehnte sich vor.

»Und was sagen Sie, wie alt er war?«

»So um die Siebzig, schätze ich. Schwer zu sagen. Vielleicht etwas jünger.«

»Klein oder groß?«

»Überdurchschnittlich groß. Und ziemlich kräftig.«

Arne lachte laut. »Tage, jetzt hör aber auf. Wirst du denn nie aufhören, Polizist zu spielen? Du bist doch jetzt in Rente.«

Der Kommissar stand auf und streckte sich – ein kleiner Mann mit einem allzu runden Bauch. »Ich kann nichts loslassen, was ich nicht verstehe. Der Tod der Brüder ist so eine Sache. Ich habe Erling nur einen Tag vor seinem Selbstmord getroffen, und ich kann euch versichern, daß er überhaupt nicht aussah wie einer, der sich umbringen will.« Er zeigte auf mich. »Und jetzt haben wir noch etwas vor, Sie und ich.«

Das Wetter war so launisch, wie es für Westschweden typisch ist, und der Regen war in einen dünnen Nebel übergegangen, der den Bahnhof umfing. Hier und da erinnerten schmutzige Schneewehen daran, daß immer noch Winter war. Wir betraten das Bahnhofsgebäude, und nachdem wir den handgeschriebenen Zettel am Schalter mit der Aufschrift »Geöffnet fünf Minuten vor der nächsten Abfahrt« gelesen hatten, traten wir durch die Tür nach draußen auf den Bahnsteig.

Es gab nur zwei Gleise. Das eine war abgesperrt, und ein Bagger und einige Lastwagen waren dabei, die Schienen aufzubrechen. Motorengeräusche vermischten sich mit Radiomusik, Arbeiter im Blaumann standen herum und rauchten.

Obwohl der alte Mann, der etwas weiter hinten auf dem Bahnsteig stand, uns den Rücken zuwandte und den Mantelkragen hochgeschlagen hatte, erkannte ich ihn sofort. Er hatte die Hände in den Taschen und den Hut tief ins Gesicht geschoben, als wolle er seine Augen vor dem Licht schützen.

»Da ist er. Soll ich ihn rufen?« fragte ich.

Doch der Kommissar neben mir faßte mich mit einer Art

Keuchen am Arm. Schweigend betrachteten wir die schwerfällige Gestalt. Ich konnte nicht umhin zu bemerken, daß der Kommissar sehr aufgeregt war. Ich sagte: »Sie sehen aus, als hätten Sie einen Geist gesehen.«

Er antwortete nicht.

Statt dessen rief er: »Erling! Hallo!«

Die kräftige Gestalt fuhr herum. Eine Hand glitt aus der Tasche und schob den Hut aus dem Gesicht. Er sah uns, doch er antwortete nicht. Dennoch war offenkundig, daß er sich irgendwie ertappt fühlte.

Ich wollte schon erklären, was wir hier taten, doch als der Kommissar eilig auf den anderen zuging, begriff ich, daß hier etwas geschah, was mich nichts anging, und ging schweigend hinterher.

Ein paar Meter vor dem Alten blieben wir stehen.

Die Männer gaben sich die Hand, und Winslöv sagte vorsichtig, als könne er es selbst kaum glauben: »Erling? Erling Hermansson? Das darf doch wohl nicht wahr sein. Du hast zugenommen und bist älter geworden, aber ich erkenne dich. Bist du es wirklich?«

Nach einigen Sekunden des Zögerns nickte der Alte. »Ja, ich bin es.«

»Mein Gott! Ich habe immer so ein seltsames Gefühl gehabt, wenn ich an den Selbstmord von dir und deinem Bruder gedacht habe. Als würde damit irgendwas nicht stimmen.« Er schüttelte den Kopf, aber ich sah, daß er lächelte. »Ich bin wirklich beeindruckt. Erzähl, wie du das gemacht hast. Die Sache ist ja schon eine Weile verjährt.«

Im Gesicht des Alten zitterte etwas. Ich sah, daß er gerührt war. »Janne wollte es. Er konnte einfach nicht mehr leben. Du kannst dir nicht vorstellen, wie es uns erging. Und ich hoffe, dir ist klar, daß ich ein Leben gelebt habe, in dem ich jeden Tag an meinen toten Bruder gedacht habe. Ich habe auch für ihn gelebt. So gesehen, habe ich ein doppeltes Leben gelebt.«

»Ich weiß. Ich kenne dich doch, erinnerst du dich?« Die

Stimme des Kommissars bekam einen weicheren Klang. »Wo warst du nur in all den Jahren?«

»Amerika. Eine Zeitlang in Philadelphia, aber derzeit lebe ich in Fort Lauderdale.«

»Und nun bis du nach Hause gekommen?«

Aus der Ferne näherte sich ein Zug. Er schob sich durch den Nebel, als hätte er einen steilen Berg zu erklimmen.

»Ich bin nur nach Hause gekommen, um mich von meinem Bruder auf dem Friedhof zu verabschieden. Und dann mußte ich natürlich einen Blick auf das Haus werfen, wo wir damals gewohnt haben.« Ich spürte, wie ich rot wurde, als er mich ansah. »Es hat sich viel verändert in Härslöv.«

»Jetzt sind andere am Ruder, Erling. Die alten Zeiten zählen nicht mehr.«

»Nein.«

Der Kommissar sagte: »Du hast meine Frage noch nicht beantwortet.«

Der Alte räusperte sich. »*Sorry*. Da ist mein Zug. Ich muß nach Göteborg und von dort mit dem Flugzeug zurück in die Staaten. Es war schön, dich nach all den Jahren wiederzusehen, Tage, *my friend*. Es tut mir leid, was ich alles angerichtet habe.«

»Du hattest deine Gründe. Viele von uns hatten Verständnis für dich. Das ist jetzt alles vergessen. Es ist einfach unglaublich, daß du lebst und hier vor mir stehst. Sag mir, die Spuren des Rollstuhls führten geradewegs zum Eisloch. Da waren aber nur deine Fußspuren, und du bist nicht zweimal in ihnen gegangen. Du hast uns an der Nase herumgeführt. Wie hast du das nur angestellt?«

Einige Reisende stiegen aus dem Zug, die meisten davon waren Schulkinder. Der Alte schien sie gar nicht zu bemerken. Er schüttelte den Kopf. »Nein. Das bringt jetzt nichts mehr.« Er streckte zum Abschied die Hand aus. »Auf Wiedersehen.«

Der Kommissar ließ seine Hand nicht los. »Erling, ich bin ein sturer alter Kerl, frag meine Frau. Wenn ich mir etwas in den Kopf gesetzt habe, dann kann ich es nicht wieder loslassen. Ich will nicht sterben, ohne zu erfahren, wie du das gemacht hast. Die Spuren waren so eindeutig. Bist du womöglich getaucht und unter dem Eis zum offenen Meer geschwommen?«

Spielte da nicht ein Lächeln um die Mundwinkel des Alten? »Ich bin nicht geschwommen, Tage.«

Hinter uns bollerte der Schaffner: »Türen schließen!«

Der Kommissar konnte seinen Ärger nicht verbergen: »Was bringt es denn, wenn du es verschweigst?«

»Ich muß gehen.«

»Ich schwöre bei Gott, daß ich dein Geheimnis niemandem verraten werde!«

Der Mann, Erling Hermansson, der Wiederauferstandene, blieb kühl und gelassen. »*Goodbye.*«

Der alte Polizist und ich hatten nicht viele Worte gewechselt, als wir eine Weile später auseinandergingen. Er hatte nur ein paarmal gemurmelt: »Unfaßbar. Er lebt.«

Als ich an jenem Abend in meiner provisorischen Wohnung über der Apotheke »Svalan« ins Bett ging, fiel es mir schwer, die Gedanken abzuschalten. Ich blätterte in ein paar Zeitschriften, doch selbst als der Wecker schon fast drei Uhr nachts zeigte, wollte sich der Schlaf noch nicht einfinden. Die ganze Zeit liefen vor meinem inneren Auge Bilder von den Brüdern Hermansson auf dem Eis ab. Schließlich ging ich in die Küche und machte mir eine heiße Schokolade.

Ich nahm das Foto heraus und betrachtete es noch einmal. Es war, als müßten dort irgendwelche versteckten Hinweise zu finden sein!

Die Reifenspuren im Schnee. Der Rollstuhl mußte kurz angehalten haben, ehe ... Die Fischkisten. Hatten sie etwas mit der ganzen Sache zu tun? Und der Sack? Ich hatte den Kommissar nicht nach dem Sack gefragt, doch er hatte auch keine Andeutung gemacht, daß der Sack von Bedeutung gewesen sei. Der Eispickel war natürlich benutzt worden, um das Loch ins dicke Eis zu schlagen. Hermansson selbst hatte verneint, daß er unter dem Eis ins offene Meer geschwommen sei, aber damit wollte er uns ja vielleicht nur loswerden. Doch hielt man es sicher nicht länger als zehn bis fünfzehn Minuten in dieser Eiseskälte aus, und so lange brauchte man mindestens, um bis zum offenen Wasser zu kommen. Selbst wenn es möglich gewesen wäre, hier und da eine Luftblase zu finden, war es doch ein Ding der Unmöglichkeit. Die körperliche Anstrengung war viel zu groß.

Ich warf mich verärgert aufs Bett. Das führte doch zu nichts!

In den folgenden Wochen war mein Terminkalender voll, und ich konnte der Sache keine große Aufmerksamkeit mehr schenken.

Eines Tages, als ich gerade im Pfarrbüro war, erhielt ich die Nachricht, daß der Kommissar gestorben sei. Ich war völlig überrascht und sowohl betroffen als auch etwas enttäuscht. Seit jenem ersten Tag hatten wir uns nicht mehr gesprochen, aber irgendwie hatte ich damit gerechnet, er werde eines Morgens anrufen und mir erzählen, daß er nun herausbekommen habe, wie Erling Hermansson sich lebend aus dem Eisloch befreit hatte. Jetzt war das nicht mehr möglich. Tage Winslöv war zusammengebrochen, als er gerade über das Gustavstorget ging, und obwohl der Krankenwagen sofort dort gewesen war, hatte man ihn nicht mehr retten können.

Sowie ich mich einmal von meinen Gemeindepflichten losmachen konnte, besuchte ich die Witwe. Sie war natürlich sehr traurig.

»Er war am Ende so anders. So grüblerisch, ich weiß nicht.« Sie schneuzte sich.

»Hat er denn nicht gesagt, was ihn beschäftigte?«

»Nein, aber vor einer Weile hat er dem Herrn Pastor einen Brief geschrieben.«

»Ich kann mich gar nicht erinnern, einen erhalten zu haben«, erwiderte ich erstaunt.

»Er hat ihn nie zur Post gebracht. Ich sehe mal nach.«

Der Umschlag war zugeklebt, und ich wartete damit, ihn zu öffnen, bis ich draußen war. In dem Brief lag ein kleinerer Umschlag, in Göteborg abgestempelt. Als ich den Bogen auseinanderfaltete, sah ich, daß er mit »Erling Hermansson alias Irving Carlsson« unterzeichnet war. Die Handschrift war unregelmäßig, und man merkte, daß ein ungeübter Schreiber den Stift geführt hatte.

Lieber Tage, ich habe noch eine Stunde, ehe das Flugzeug nach New York geht. Laß mich zunächst noch einmal betonen, daß Janne mich angefleht hat, seinem Leben ein Ende zu machen. Und auch ich sah gar keine andere Möglichkeit. Ich liebte meinen Bruder und weiß ganz sicher, daß er nichts gemerkt hat, als das Ende kam. Dieses Bekenntnis gebe ich ab, um ein wenig Vergebung für meine Tat zu erbitten, aber auch, um meinen Seelenfrieden zu finden, wenn ich in ein paar Monaten, wie mein Arzt sagt, aus dem Leben scheiden muß. Ehe ich nun schreibe, wie alles vor sich ging, mußt du wissen, daß es früher Morgen war und daß ich meinen Bruder mit großen Mengen an Schlafmittel betäubt hatte. Ich saß auf seinem Schoß, während ich den Stuhl zum Eisloch rollte, und hinterließ so nur die Reifenspuren. Nachdem ich den Rollstuhl ins Wasser gestoßen hatte, ging ich rückwärts zurück. Ich habe genau darauf geachtet, die Füße zwischen den Rollstuhlspuren aufzusetzen, um den Eindruck zu erwecken, daß wir beide ums Leben gekommen seien. Ich vertraue dir, daß du dein Gelöbnis vor Gott hältst und dieses Geheimnis bis nach meinem Tod bewahrst.

THORSTEN JONSSON
Winterstück

Während er auf das Gespräch wartete, überlegte er, wie die Stimme von Filipsson klingen würde, den er ans Telefon bestellt hatte.

»Die Leitung ist frei, Herr Filipsson in Kvickträsk«, sagte die Telefonistin.

»Danke. Hallo!« sagte er.

Es knackte im Hörer, dann rauschte es, als sei die Leitung frei, doch niemand antwortete.

»Hallo, hallo!« wiederholte er.

Er wartete mit dem Hörer in der linken Hand, legte den Stift neben den Notizblock, goß sich einen neuen Kaffee ein und verschüttete ein paar Tropfen, die sich schwarzgrün über das grüne Löschpapier ausbreiteten. Dann stellte er die Kanne klirrend aufs Tablett.

»Hallo!« sagte er. »Hallo!« Er wurde das Gefühl nicht los, daß Filipsson ihm am anderen Ende zuhörte, ohne zu antworten. Er legte auf und rief noch mal an.

»Hallo, Fräulein, ich erhalte keine Antwort aus Kvickträsk.«

»Seltsam, gerade eben kam aber doch eine Antwort.«

Er hörte ein Tuten, und als er den Hörer ein wenig weghielt, sagte eine blechern klingende Männerstimme: »Ja.«

»Ist da Filipsson?« fragte er und hielt den Hörer wieder an sein Ohr.

»Ja.«

»Hier spricht Gendarm Borg aus Stortärnan«, sagte er und nahm den Stift in die Hand. Er wartete einen Moment auf eine Antwort von Filipsson, dann fuhr er fort: »Sie wissen doch, worum es geht?«

»Nein«, erklang es leise und aus weiter Ferne.

»Ich glaube schon, Herr Filipsson.«

Es herrschte Stille. Dann antwortete die Stimme langsam: »Hat es etwas mit der Steuer zu tun?«

»Ich spreche doch mit Georg Filipsson junior in Kvickträsk?« erkundigte sich der Gendarm.

»Ja«, kam es von weitem.

»Aber Herr Filipsson, es geht um die vier Monate, das verstehen Sie doch? Die müssen Sie endlich hinter sich bringen. Können Sie mir folgen?«

»Ja?«

»Das beste ist, ich komme nach Kvickträsk und hole Sie, Herr Filipsson. Ich komme morgen.«

»Nein, das geht nicht.«

»Und warum nicht? Sie sind doch nicht etwa wieder mit Ihrer Schnapsbrennerei zugange und können deswegen nicht weg?«

»Nein.«

»Zwei Einheiten«, unterbrach die Telefonistin.

»Hallo, Fräulein, das kann nicht sein«, erwiderte der Polizist. »Ich mußte so lange auf das Gespräch warten.«

»Bitte fahren Sie fort«, erwiderte die Frauenstimme.

»Ich komme also morgen«, sagte der Gendarm. »Hallo?«

»Nein.«

»Und warum nicht?«

»Ich sollte doch zuerst noch Steuern zahlen.«

»Richtig, Herr Filipsson, mit den Steuern sind Sie ja auch in Verzug.«

»Ich hab Ausstände. Ich werd die Schulden eintreiben.«

»Das kann doch nicht so lange dauern? Ihre Schuldner sind doch sicher Leute aus Ihrer Gegend?«

»Ja, Gustafsson hier aus dem Dorf und der Schmied, und aus Långmon ...«

»Schon gut«, unterbrach ihn der Gendarm. »Das können Sie heute und morgen erledigen. Ich komme am Freitag.«

»Das wird nicht gehen.«

»Bitte keine Einwände, Herr Filipsson. Ich komme nächsten Freitag mit dem Frühzug und erwarte, Sie zu Hause vorzufinden. Vergessen Sie nicht, wann ich komme, und machen Sie mir keinen Ärger. Auf Wiederhören.«

Nachdem er aufgelegt hatte, klingelte es, und die Telefonistin fragte: »Ist das Gespräch beendet?«

»Ja«, sagte er und legte auf. Dann ließ er ein Gespräch mit dem Bezirksstaatsanwalt anmelden. Während er wartete, trank er noch eine Tasse kalten Kaffee. Erst als er den Hörer abhob, um in der Cafeteria anzurufen, damit sie das Tablett abholten, wurde sein Gespräch durchgestellt.

Frühzug Freitag, malte er auf seinen Notizblock, während er berichtete, er werde Filipsson in Kvickträsk abholen, um ihn ins Gefängnis nach Tärneå zu bringen.

»Ist in Ordnung. Aber geben Sie acht«, sagte der Staatsanwalt mit verkniffener Nasalstimme. »Man weiß nie, woran man bei diesem Filipsson ist.«

»Ich glaube, es besteht kein Grund zur Sorge. Er ist nicht widerspenstig. Er ist unentschlossen, aber nicht widerspenstig.«

Unentschlossen, aber nicht widerspenstig, malte er auf seinen Notizbock, während der Staatsanwalt sagte: »Tja, und am Samstag müssen wir hochfahren und die Vernehmungen in dieser Rentiersache durchführen. Ich finde, wir sollten beide fahren.«

»Ja dann«, erwiderte der Gendarm, »ich komme am Samstag mit dem Frühzug aus Tärneå.«

Als der Gendarm in Kvickträsk aus dem Zug stieg, schlug ihm die Kälte entgegen. Nach seinem Aufenthalt in dem warmen Abteil, wo es nach Heizung, Wollkleidung und verfaulten Apfelsinenschalen gerochen hatte, empfand er sie als eine Wohltat. Er stand in seinem offenen kurzen Lammfellmantel im festgetretenen Schnee auf dem Bahnsteig und spürte, wie ihm die kalte Luft von beiden Seiten über die Haut kroch und auf dem Rücken und zwischen den Schultern zusammenströmte. Er knöpfte den Mantel zu und zog sich die Handschuhe an. Die Lokomotive schnaubte, eine Dampfwolke legte sich wie ein riesiges weißes Wattekissen auf den Bahnsteig, schrumpfte rasch in der Kälte zusammen und löste sich in dünne Streifen auf.

Der Gendarm war als einziger in Kvickträsk ausgestiegen.

Seine Schritte knirschten im Schnee und hallten im leeren, braunen Wartesaal wider, wo er sich den Schnee von den Schuhen trat. Am anderen Ende des Bahnhofsgebäudes ging er wieder hinaus. Er hörte, wie der Zug hinter ihm schnaufte und sich in Bewegung setzte.

Filipsson wohnte in einem weißen, zweistöckigen Haus auf einer Anhöhe über dem Dorf. Aber bevor Borg sich dorthin begab, wollte er einen alten Bekannten besuchen, einen Taxibesitzer, der ein Haus am kleinen Bahnhofsvorplatz besaß.

Es knirschte vor Kälte unter seinen Schuhsohlen, als er den von Pferdemist gelblich gesprenkelten Weg entlangging. Gefrorene Schlittenspuren glitzerten zwischen den verschlungenen Abdrücken der Schneeketten hervor, und zwei Skispuren säumten den Weg wie breite Seidenbänder auf einer Decke aus grobgesponnener weißer Wolle.

Lundberg war zu Hause. Er saß an seinem Küchentisch und aß. In der Küche duftete es nach Gebackenem, und kam man von draußen herein, umfing einen der warme Brotgeruch wie behagliche Saunawärme.

»Hoher Besuch«, meinte Lundberg und schob sich Kartoffelbrei und ein halbes Fleischklößchen auf die Gabel. »Ist wieder mal jemand zu schnell gefahren?« fragte er lachend.

Seine Frau kam rotwangig und mit weißer Schürze vom Hof herein. Sie hatte Brennholz geholt.

»Bist du im Dienst?« fragte sie, während sie vor dem Herd kniete und die Scheite in den Hohlraum unter dem Ofen stapelte. »Für einen Kaffee reicht die Zeit doch bestimmt.«

»Doch, dazu ist Zeit.«

»Ich habe gerade gebacken«, sagte sie.

»Es duftet«, erwiderte er. »Ich bin hier, um Filipsson mitzunehmen.«

»Aha«, sagte sie. »Die Leute sagen, er sei so komisch geworden seit seiner Verurteilung.«

»So ist das wohl, wenn man auf eine Gefängnisstrafe wartet«, sagte der Gendarm. »Vier Monate sind recht lang. Insbesondere, wenn man sie noch vor sich hat.«

»Ja, er könnte einem fast leid tun«, sagte Elna.

»Alles, was recht ist«, sagte Lundberg. »Er hätte sich ja auch benehmen können.« Er kratzte den Teller sauber. »Ich begleite dich hinauf.«

»Nicht nötig.«

»Nein, aber ich kann's trotzdem tun.«

»Denk daran, daß du um drei eine Fahrt hast«, sagte Elna.

»Da bleibt noch viel Zeit. So lange dauert das nicht.«

»Nein, wir nehmen den Zug um halb drei«, sagte Borg.

Beißende Kälte empfing sie, als sie ins Freie traten. Der Schnee knirschte jammernd unter ihren Sohlen, und die Hufspuren der Pferde waren zu Klumpen gefroren.

»Ich dachte, bei dem kurzen Stück brauchen wir kein Auto«, sagte Lundberg. »Hör mal, das mit Filipsson wird vielleicht nicht ganz einfach.«

»Wie meinst du das?«

»Er hat ein Gewehr.«

»Ein Gewehr hast du auch, ist doch nichts Besonderes.«

»Er hat sich gestern Munition besorgt.«

»Woher weißt du das?«

»Die Jungs vom Sägewerk haben es erzählt. Er hat sie von ihnen bekommen.«

»Wie praktisch«, erwiderte Borg. »Was hat sie denn dazu veranlaßt?«

»Er hat gesagt, er wolle auf die Hasenjagd. Er hat zwar nur eine Schrotflinte, aber immerhin.«

Filipssons Haus war schon von weitem zu sehen. Es lag am Hang oberhalb einer Lichtung, und der obere Teil des

Hauses hob sich vom Tannenwald ab. Das Erdgeschoß sah im Schnee grau aus.

»Wohnt er im ersten Stock?« fragte der Gendarm. Er zog seine Lammfellmütze tiefer ins Gesicht und schob seine Ohren mit dem Zeigefinger darunter.

»Ja.«

»Hat er irgendwelche Untermieter?« Borg schob die Hände in die Manteltaschen. In der rechten Tasche lag seine Pistole.

»Nein, seit dem Urteil will niemand bei ihm wohnen.«

Sie überquerten den Hof und gingen die Vortreppe hoch. Der Gendarm drückte die Messingklinke hinunter, doch die Tür war verschlossen. Der Handschuh war warm von der Manteltasche und blieb fast an der Klinke hängen. Er hämmerte so fest an die Tür, daß die Scheiben klirrten.

Dann wartete er ein Weilchen. Aus dem Inneren des Hauses drang kein Laut, und durch die Scheibe, die von innen mit abblätterndem rotweißkariertem Papier beklebt war, konnten sie nichts erkennen. Sie hämmerten nochmals an die Tür, dann warteten sie. Lundberg stampfte mit dem Fuß auf, und das Eis in den Bretterfugen knirschte.

»Meine Schuhe sind zu eng für diese Kälte. Da paßt nur ein einziges Paar Wollsocken hinein.«

»Hast du beim Fahren so wenig an den Füßen?«

»Der Motor wärmt.«

»Glaubst du, er ist zu Hause?« fragte der Gendarm. »Ich habe gestern angerufen und mein Kommen angekündigt.«

»Der ist ganz bestimmt zu Hause«, erwiderte Lundberg.

Sie traten wieder auf den Hof, sahen sich um und versuchten durch die Fenster zu schauen. Die Scheiben im Erdgeschoß waren kalt und durchsichtig. Sie gingen um das Haus herum und sanken dabei immer wieder durch die vereiste Schneekruste, so daß sich ihre Schuhe mit Schnee füllten. Alle Zimmer im Erdgeschoß standen leer. Dunkle Ränder an den Tapeten erinnerten daran, wo die Möbel gestanden hatten. Die Türen standen offen, und als sie wieder zur Vorderseite des Hauses gelangten, konnten sie quer durchs Haus die Tannen am Hang im Schnee stehen sehen. Der Fußboden war von Rauhreif überzogen, in den Ecken so dicht, daß die Bohlen darunter verschwanden.

Die Fenster im ersten Stock waren von einer Eisschicht bedeckt. Während sie auf dem Hof standen, sahen sie eine weißlichgraue Rauchwolke aus dem Schornstein steigen.

»Sieh an«, sagte Borg.

»Als wir kamen, war da noch kein Rauch«, meinte Lundberg. »Ich habe extra nachgesehen.«

»Ich auch«, sagte Borg.

Sie überlegten ein Weilchen und stampften mit den Füßen. Ihr Atem kam wie weißer Rauch aus ihrem Mund. Eiskristalle hatten sich auf dem Kragen von Borgs Lammfellmantel ausgebreitet.

»Ich überlege, ob dieser Mantel einer Ladung Schrot standhält«, sagte Borg.

»Nicht, wenn sie aus der Nähe kommt.«

»Nein, und man muß natürlich die Augen schützen. Vielleicht sollte man ja die Leiter hochklettern und oben durchs Fenster schauen.«

»Nein, laß das lieber.«

»In welchem Zimmer hält er sich normalerweise auf?«

»Er schläft in der Küche links.«

»Dann hilf mir mit der Leiter. Aber leise.«

Sie traten in ihre Spuren, die sie bei ihrem Rundgang ums Haus hinterlassen hatten. Die Leiter lehnte am Dachgiebel.

Borg stellte sich darunter und Lundberg davor. Er packte die Sprosse vor seiner Brust und stemmte seine Füße in die Erde. Mit vereinten Kräften richteten sie die Leiter auf. Während Borg dagegenhielt, ging Lundberg rückwärts über den Hof und nahm die Leiter Sprosse um Sprosse entgegen. Dann trugen sie die lange, unhandliche Leiter über den Hof und stellten sie vorsichtig und geräuschlos an die Hauswand unter das Fenster.

Als sie fest im Schnee stand, kletterte der Gendarm hinauf. Sobald sich sein Kopf auf der Höhe des Fensterbretts befand, hielt er inne. Dann reckte er sich und beugte sich vorsichtig nach links. Eine dicke Eisschicht bedeckte die untere Kante des Fensters, und die Scheiben waren von dichten Schichten Eisblumen überzogen, die wie gepreßter Farn aussahen. Rasch hob er seine Hand und beschattete die Augen mit dem Handschuh, konnte jedoch nichts erkennen. Er wußte, daß man ihn von innen sehen konnte, und stieg wieder eine Sprosse abwärts. Er verharrte lauschend, konnte aber nichts hören. Dann rief er:

»Herr Filipsson, sind Sie da drin? Kommen Sie herunter und machen Sie auf.«

Er sah zu Lundberg hinunter, der sein Gesicht nach oben wandte und mit einer Hand eine Sprosse festhielt.

»Filipsson«, rief er, »hören Sie mich?«

Einen kurzen Moment erwog er, das Fenster einzuschlagen. Nein, dann würde er nur besser zielen können. Er kletterte wieder hinunter. Lundberg nahm ihn in Empfang.

»Jetzt schlagen wir die Tür ein«, sagte der Gendarm.

Sie stellten sich wieder auf die Vortreppe, und er zog seine Pistole.

»Geh mal zur Seite.« Er schlug mit dem Kolben gegen die Fensterscheibe. Ein kleines Loch mit vielen Rissen entstand, aber das feste Papier auf der Innenseite hielt die Scheibe zusammen. Er schlug zwei weitere Löcher, dann zerfiel die Scheibe in Scherben, die weiße Kratzer auf seinem Handschuh hinterließen. Er streckte die Hand hindurch. Der Schlüssel steckte von innen, und er schloß die Tür auf.

Sie betraten das Haus und hielten horchend in der Diele inne. Die Holztreppe war mit Eiskristallen übersät, und die Eisenbeschläge an der Kante der Stufen waren von langen, körnigen Eishügeln bedeckt.

»Ich kann vom Hof aus das Fenster bewachen, wenn du willst«, erbot sich Lundberg.

»Stell dich auf die Vortreppe, dort trifft er dich nicht, falls er plötzlich Anwandlungen bekommt.«

»Aber so langsam müßte er es einsehen und die Tür öffnen«, erwiderte Lundberg und stellte sich auf die Vortreppe. »Ich begreife nicht, warum er nicht öffnet«, sagte er von draußen, und Borg sah, wie sein Atem weiß durch die Tür schwebte und sich dann unverzüglich auflöste.

»Er hat wohl Angst«, meinte der Gendarm und begann die Treppe hinaufzugehen. Filipsson hat bestimmt Angst, dachte er, als er hochging. Er hat Angst.

Als sein Kopf sich auf der Höhe des Obergeschosses befand, hielt er inne. Neben der Tür war ein feuchter Fleck geschmolzenen Schnees. Vielleicht war die Tür offen, und er hat uns zugehört, dachte Borg. Er rief: »Herr Filipsson! Ich bin's, der Gendarm.« Er lauschte ein Weilchen, das ihm zäh vorkam wie in einem Traum voller Untätigkeit, aber nichts war zu hören. »Herr Filipsson«, rief er. »Machen Sie auf, sonst schlage ich die Tür ein.«

Nur Lundberg war zu hören, der draußen auf der Vortreppe stand und mit den Füßen stampfte. Leise ging er weiter seinen Weg die Treppe hinauf. Oben angelangt, stellte er sich neben den Türrahmen und legte sein Ohr an den Spalt. Er glaubte heftige Atemzüge zu vernehmen, hörte aber auch seinen eigenen Atem. Während er sich mit der linken Hand am Türrahmen festhielt, drückte er sein Ohr mit dem gespreizten Daumen an die Tür, die sich an seiner Wange kalt anfühlte. Er hörte Atemzüge.

»Herr Filipsson!« rief er laut und trat fest gegen die Tür. Noch während er sah, wie das Holz ein wenig nachgab, hörte er einen Schuß von drinnen, hörte ihn wie einen festen Stoß, ganz anders als einen Schuß im Freien. Er warf sich zu Boden und rutschte auf dem Bauch die Treppe ein Stück hinunter.

Als er unter der obersten Stufe in Deckung gegangen war, spürte er plötzlich ein Stechen im linken kleinen Finger. Die Spitze des Handschuhfingers wies zwei kleine Löcher auf. Er zog sich den Handschuh aus und sah nach. Ein Schrotkorn hatte die Haut über der Fingerkuppe aufgeritzt und einen halbrunden Riß am Nagelrand hinterlassen.

Als er den Handschuh auszog, hörte er hinter sich Lundbergs beunruhigte Stimme: »Was ist passiert?«

»Sei still«, erwiderte er leise, und als er wieder unten war, flüsterte er: »Es hat nur die Fingerspitze erwischt.«

Er schaute zur Tür hinauf und sah die Einschußlöcher in der Wand, einige davon dicht neben dem Türrahmen. Die Schrotkörner waren weder durch die Tür noch durch den Türrahmen gedrungen, aber die Wand bestand offensichtlich nur aus ganz dünnen zusammengefügten Brettern. Er zog den Handschuh wieder an.

Unten auf der Treppe lagen ein paar schwarze Schrotkörner.

»Was machen wir jetzt?« fragte Lundberg.

»Kannst du hierbleiben?« fragte der Gendarm. »Ich geh und ruf den Staatsanwalt an. Wo ist das nächste Telefon?«

»Beim Förster Palm. Das sind nur ein paar hundert Meter. Das gelbe Haus links.«

»Ich weiß, wo es ist«, sagte Borg. »Wartest du hier?«

»Aber ja doch«, erwiderte Lundberg. Während er den Hof überquerte und jeden Moment eine Ladung Schrot von hinten erwartete, dachte er: Der Fellmantel läßt sicher nichts durch. Er zog seine Fellmütze tief ins Genick.

Beim Förster bestellte er ein Eilgespräch, und während er mit dem Hörer am Ohr wartete, gab er dem Förster die Hand, um ihn richtig zu begrüßen und die Lage zu erklären.

»Ich rede mit ihm«, sagte Palm. »Wir sind seit zwei Jahren Nachbarn, er kennt mich.«

»Ja, einen Versuch ist es vielleicht wert... Hallo, hier spricht Gendarm Borg«, unterbrach er sich selbst, als das Gespräch durchgestellt wurde. »Filipsson schießt. Er hat eine Schrotflinte.«

»Hab ich's nicht gesagt?« vernahm er die nasale Stimme des Staatsanwalts.

»Doch, ich wollte nur mitteilen, daß ich jetzt Gewalt anwende«, antwortete Borg.

»Brauchen Sie Hilfe?«

»Nein, ich habe Unterstützung. Wird schon klappen. Aber ich muß jetzt Gewalt anwenden.«

»Ja, seien Sie vorsichtig«, sagte der Staatsanwalt ganz oben in der Nase.

»Aber sicher. Ich darf also nach eigenem Gutdünken vorgehen?«

»Ja, aber behandeln Sie auch ihn vorsichtig.«

»Ich will es versuchen. Auf Wiederhören.« Er legte auf, hob nochmals den Hörer und bat die Telefonistin, seine Nummer mit den Kosten für das Gespräch zu belasten.

»Das ist ja eine üble Geschichte«, sagte der Förster, als sie draußen waren. Er spuckte in den Schnee und blieb stehen. »Ich habe ihm angesehen, daß es mit ihm den Bach runtergehen würde.«

»Wie das?«

»Solange er seinen Schnaps brannte, ging es ja noch einigermaßen, aber nach dem Gerichtsurteil wurde es schlimmer.«

»So so, Sie wußten also schon des längeren, daß er Schnaps brannte? Wieso haben Sie ihn denn nicht angezeigt?«

»Höh!« antwortete der Förster und schlug den hohen Kragen seines Wolfspelzmantels hoch. »Vorletztes Jahr habe ich mir die Ohren erfroren, und seither vertragen meine Ohren keine Kälte. Aber an den Händen friere ich nie«, sagte er und hob seine Pranken.

»Wie war das jetzt mit Filipsson?« fragte der Gendarm.

»Er ist, wie er ist«, erwiderte der Förster.

Palm trat als erster durch das Tor, das auf Filipssons Hof führte. Borg sah ihm hinterher, wie er von Kopf bis Fuß eingemummt vor ihm herging. Er sieht aus wie ein bewaffneter Zeitungskiosk, dachte Borg.

»Ich stelle mich jetzt unter sein Fenster und verhandle mit ihm«, sagte der Förster. »Sie können inzwischen hochgehen und warten, bis er aufmacht.«

Borg ging die Treppe hinauf. Als sich sein Kopf auf der Höhe des Bodens befand, kroch er vorsichtig auf allen Vieren weiter. Aber noch bevor er ganz oben angelangt war, hielt er inne und kehrte wieder um. Er fragte Lundberg, der immer noch draußen auf der Vortreppe stand: »Weißt du, ob er eine doppelläufige Flinte hat?«

»Nein, es ist eine einfache.«

»Aha.« Er rief leise: »Herr Palm, warten Sie einen Moment. Die Tür da drüben, führt die in den Holzschuppen?«

»Ja.«

Borg rannte über den Hof. Im Schnee vor dem Holzschuppen hatte die Tür einen Halbkreis im Schnee hinterlassen. Er ging hinein und ergriff die Axt, die im Hauklotz steckte. Als er wieder den Hof überquerte, hätte er sich am liebsten die Axt vors Gesicht gehalten, aber er genierte sich vor dem Förster, der mitten auf dem Hof stand, ohne in Dekkung zu gehen.

Er hörte die kräftige Stimme des Försters: »Hör mal, Lundberg, frierst du?«

»Nur an den Füßen«, erwiderte Lundberg, als der Gendarm an ihm vorbeikam.

Borg ging die Treppe hoch und kroch zur Tür. Er nahm seine Pistole aus der Tasche und legte sie neben sich auf den Boden. Dann blieb er mit der Axt in der Hand liegen und wartete. Er hörte die Stimme des Försters vom Hof: »Hör mal, Filipsson.« Was der Förster im weiteren sagte, konnte er nicht verstehen, aber er lauschte dem rauhen Tonfall. Während er so dalag, bemerkte er plötzlich einen süßlich-ranzigen Maischegeruch und dachte: Aha! Gleichzeitig hörte er im Zimmer vorsichtige Schritte auf Strümpfen. Angespannt lauschte er, wie das Fenster geöffnet wurde. Klebebänder wurden mit einem reißenden Geräusch vom Innenfenster gezogen und die Fensterhaken geöffnet. Das Papier am Außenfenster knisterte. Er konnte gerade noch mit Erleichterung feststellen, daß Filipsson endlich aufgegeben hatte, als plötzlich ein Schuß knallte. In der nächsten Sekunde kniete er vor der Tür und hieb mit Hilfe der Axt mit voller Kraft auf das untere Türfeld, das nachgab und ins Zimmer klappte. Zusammengekauert entsicherte er seine Waffe mit dem behandschuhten Daumen, der zuerst den kleinen Hebel verfehlte.

Als er ins Zimmer sah, erblickte er vor sich zwei Beine in einer dunklen Hose und grauen Strümpfen und die rauchende Mündung mitsamt dem herabhängenden Lauf der Schrotflinte, die soeben nachgeladen wurde. Er duckte sich, zielte sorgfältig und schoß auf das rechte Schienbein, um es zu zerschmettern. Er sah, wie die Beine einen Schritt in Richtung Tür machten, aber beim zweiten Schritt gab das rechte Bein nach, und der Mann im Zimmer sank in die Knie.

Borg erhob sich und packte die Axt mit beiden Händen. Er schlug das linke obere Türfeld ein. Splitterndes Holz fiel ins Zimmer, und durch das aufgerissene Loch konnte er Filipsson sehen, der vornüber auf dem Boden lag. Borg schob seinen Arm durch die Öffnung, schloß von innen auf und warf sich auf den liegenden Mann. Er packte ihn an den Schultern, drehte ihn um und setzte sich auf den reglosen Körper. Er wollte noch nicht, daß Schluß sei. Er beugte sich vor, packte ihn mit beiden Händen an den Ohren und wünschte, daß sich die geschlossenen Augen öffnen und sich das Gesicht abwehrend verziehen würde, damit er seinen Kopf mit festem Griff um die Ohren anheben durfte, um ihn gegen den Boden zu hauen. Aber der Körper unter ihm regte sich nicht, und er blieb sitzen, bis er merkte, wie Brust und Magen des unter ihm Liegenden in Krämpfen zuckten. Da erhob er sich und kniete sich neben ihn. Der liegende Mann wandte seinen Kopf zur Seite und erbrach etwas Gelbliches mit kleinen rosa Wurststückchen, das nach Maische roch. Borg packte seinen Kopf an der Stirn, um ihn vom Erbrochenen wegzuschieben, aber er erbrach so viel, daß er den ganzen Körper beiseite ziehen mußte. Neben dem Mann lag die Schrotflinte wie ein angewinkeltes Kniegelenk. Eine goldglänzende Schrotpatrone mit knallrotem Zündhütchen steckte in dem großkalibrigen Lauf.

Die Schritte der beiden anderen näherten sich. Er richtete sich auf und betrachtete den Mann auf dem Boden. Sein grauer Strumpf war schwarz von Blut.

»Wie ist es gelaufen?« fragte Lundberg und blieb in der Tür stehen.

»Du siehst es ja selbst.«

»Und wie steht es mit dir?«

»Nichts passiert. Wie ist es dem Förster ergangen?«

»Er hat nicht getroffen«, antwortete Palm, der in seinem dicken und zotteligen Fellmantel neben dem liegenden Mann stand.

»Tja, und jetzt ist er kleinlaut«, sagte der Gendarm.

Die beiden anderen hoben den Kopf und sahen ihn an, und als ihm bewußt wurde, was er gesagt hatte, schämte er sich.

Er sah sich im Zimmer um. Das kurze Bett in schwedischem Rokoko mit schwarzen Leintüchern war nicht gemacht. Die Oberseite des Herds hatte sich rosa verfärbt, da er oft benutzt, aber niemals geschwärzt worden war. Neben dem Herd stand eine Milchkanne, die zwanzig Liter faßte. Sobald er seinen Kopf darüber hielt, roch er den starken Maischegeruch. Auf dem Tisch lagen eine halbe Fleischwurst und ein Messer.

»Wir müssen ihn irgendwo hinlegen«, hörte er Lundberg sagen.

Ohne sich umzudrehen, antwortete er: »Wickel die Decke um sein Bein. Es ist bestimmt nicht gut, wenn die Wunde kalt wird. Sei so nett, Lundberg, und bring uns an den Bahnhof. Und Herr Palm, wenn Sie so nett wären und Schwester Hilma anriefen und sie bäten, mit Verbandszeug an den Bahnhof zu kommen, dann können wir ihn im Wartesaal provisorisch verarzten. So ist es am besten.«

»Tja dann«, sagte der Förster und ging zur Tür.

»Herr Palm«, rief Borg und drehte sich um. »Vielen Dank

für Ihre Hilfe, falls wir uns vor meiner Abreise nicht mehr sehen sollten.«

Der Förster antwortete nicht, und Borg sah ihm nach, wie er fellzottelig die Treppe hinunter verschwand. Er blieb neben dem Tisch stehen und sah Lundberg dabei zu, wie er sich mit der Decke und dem Bein abmühte. Er hatte keine Lust mitzuhelfen. Er hatte keine Lust, den Boden aufzuwischen. Er hörte den schweren Atem des Mannes auf dem Boden. Dann ging er zum Fenster und schloß es.

»Brauchst du Hilfe?« fragte er mit dem Rücken zum Zimmer.

»Nein, kein Problem.«

Er machte die Tür zu, aber es war immer noch kalt, und so ging er im Zimmer auf und ab. Filipssons rechtes Bein lag dick eingepackt auf dem Boden. Borg trat wieder an den Tisch.

»Da hast du ja einen Volltreffer gelandet«, hörte er Lundberg sagen.

Borg antwortete nicht. Auf dem Tisch lag eine Zeitschrift, deren Comicseite aufgeschlagen war. Am unteren Rand stand in ungelenken Druckbuchstaben:

JETZT KOMMEN SIE JETZT GEB ICHS IHNEN ABER

Dann stand in kindlicher Schreibschrift, die um die Ecke verlief, am seitlichen Rand nach oben kroch und auf dem Kopf stehend an der oberen Kante entlang und dann um die Ecke abwärts weiterlief, nachdrücklich mit mundbefeuchtetem stumpfem Anilinstift hingemalt:

Karl Filipsson, Kvickträsk, Gemeinde Stortärnan, Regierungsbezirk Västerbotten, Schweden, Skandinavien, Europa, Welt, Planet Erde.

CHRISTINE FALKENLAND
Heiligabend im Trauerhaus

Lassen Sie mich ein Märchen erzählen. Ich hatte einmal einen heimlichen persischen Freund. Er war sehr jung und sehr reinherzig. In Honig getränkt. Mit Safran bestäubt. Sein ganzes Wesen war von Datteln, Minze und Rosenwasser. Heißem Tee und warmem Brot.

Shahrooz.

Abends pflegte er zu tanzen und zu Bandarimusik zu singen. Lächelnd. Bedeckt von Blattgold. Dampfend heiß. Mit Pfeffer gewürzt.

Die Mutter hatte während der Schwangerschaft Hirschbraten gegessen und einen empfindsamen Sohn mit den Augen einer Hindin geboren.

Ich kann nicht erklären, warum ich es unterließ, jemandem von ihm zu erzählen. Es gab ja nichts, wofür man sich hätte schämen müssen. Wir hatten uns in der Bibliothek unserer kleinen Stadt kennengelernt, in der Konditorei Kaffee getrunken und uns dann in aller Schlichtheit an neutralen Orten getroffen.

Es war das erste Weihnachten, seitdem mich mein Mann verlassen hatte. Der Hund lauschte noch immer nach seinen schweren Schritten. Ich saß allein in meinem großen Haus, dort draußen in der Ebene von Västergötland. Ich hatte schon längst aufgehört, ihn zu lieben, doch ohne ihn war ich verloren. Ich fühlte mich betrogen und bestohlen.

Es wäre mir nicht in den Sinn gekommen, die Feiertage mit meinem schönen jungen Freund zu verbringen. Er war nur jemand, nach dem ich in meiner Trauer rief, wenn ich mich einsam und verfroren fühlte. Jemand, der ebenso einsam und ausgeschlossen war wie ich.

Sicher war ich verliebt. Wie konnte ich auch anders? Aber mir war durchaus klar, daß eine Beziehung zwischen uns unmöglich war. Er war so viele Jahre jünger als ich und nur ein armer Flüchtling.

Was wußte ich schon über seine Beweggründe für die Freundschaft mit mir?

Manchmal allerdings dachte ich, ganz widersprüchlich, wenn Shahrooz eine Frau gewesen wäre und ich ein Mann, dann hätte ich nicht gezögert, ihn zur Frau zu nehmen.

Meine Shahrzad, mit den tausendundeinem Märchen. Eines für jede Nacht.

All diese einsamen Nächte.

Auf alle Fälle versuchte ich einen kühlen Kopf und Körper zu bewahren.

In der Adventszeit besuchte ich Shahrooz zum ersten Mal in seinem einfachen Zuhause. Er lud mich zum Abendessen auf einer schönen Tischdecke ein, die auf dem zierlich gemusterten Teppich ausgebreitet war. Er saß aufrecht und im Schneidersitz da und servierte mir Joghurt, gegrilltes Fleisch und dünnes Brot.

Aus einem plötzlichen Impuls heraus bat ich ihn, Weihnachten mit mir zu feiern.

Er lächelte scheu und nahm die Einladung an.

Noch im selben Moment bereute ich es. Auf einmal hatte ich Angst vor den Konsequenzen, wenn wir uns bei mir zu Hause träfen.

Ich erinnerte mich an meinen Gedanken, daß daraus nichts Gutes entstehen könne. Er war doch ein heimliches Gewürz. Mein verstohlenes Glück. Eine Leidenschaft zum Träumen. Begehren oder Liebe? Diese Frage hatte ich nie gestellt. Im Traum war er mein, und nur dort. Ein warmer, geschützter Raum mit verschlossener Tür.

Weihnachten im Trauerhaus. Alle Einzelheiten des Weihnachtsfestes wie mit einer Lupe vergrößert. Mein Spiegelbild, in der Christbaumkugel verzerrt. Schnee über den Feldern, Eis auf dem trüben Wasser des Götakanals. Keine Dompfaffen an den Weihnachtsgarben dies Jahr. Die strengen hohen Tannen wachten am Eingang. Die Gartenlichter rußten und loderten.

Ich stand festgefroren auf der obersten Stufe der Granittreppe, um Shahrooz willkommen zu heißen. Rotgekleidet. Ich wandte mich ab, während wir uns zur Begrüßung die Hand gaben.

Ich will mich erinnern, ich darf nicht vergessen. Die Heilige Nacht. Tief durchatmen.

Ich servierte Shahrooz heißen Glögg mit Rosinen und Mandeln, den er mit Wohlbehagen trank. Wir aßen am großen Tisch. Ich spürte die Distanz zwischen uns. Die wohlbekannten Düfte und Geschmäcker des Weihnachtsessens müssen ihm fremd gewesen sein. Aber er aß höflich von allem, was ich ihm vorlegte. Ich trank mehr Schnaps als sonst, war aber vermutlich allzu angespannt, um betrunken zu werden.

Den Kaffee servierte ich im Salon, wo das Kerzenwachs im schwachen Luftzug von den Verandatüren erstarrte. Anstelle eines Gesprächs spielte ich ein paar Stücke auf dem Flügel. Träumerei. Liebeslied. Mir fiel es schwer, mich zu entspannen und auf die Tasten zu konzentrieren, während er dasaß und mich beobachtete. Der Hund lag unter dem Flügel und schlief seinen Hundeschlaf.

Später, im Schein des Kaminfeuers in der Bibliothek.

Ich hatte sehr darauf bestanden, daß es zwischen mir und Shahrooz keine Weihnachtsgeschenke geben sollte. Nun überreichte er mir dennoch ein kleines rotes Päckchen. Ich schüttelte verlegen den Kopf, während ich die Schachtel öffnete. Darin lag ein schmaler, fein gravierter goldener Ring. Ich spürte, wie mir das Blut ins Gesicht schoß. Was glaubte er wohl? Daß ich seine kleine Verlobte sein wollte? Wie hatte er mich so mißverstehen können?

Er sah mich erwartungsvoll an.

Shahrooz streifte mir den Ring über den Finger und küßte meine Hand. Ich fühlte mich plötzlich alt und verbittert. Mein abgewandtes Gesicht. Ich war länger einsam gewesen, als es irgend jemand ahnte. Ich war verlassen und hatte die Liebe entbehren müssen. Ohne Glauben. Ausgehöhlt durch Trauer und Erinnerungen. Sogar meine Sehnsucht nach Liebe war versiegt.

Shahrooz lächelte fragend. Ich sah ihm in die Augen. Sie waren urzeitlich und unergründlich.

Nun hatte Shahrooz die federleichte und sorglose Freundschaft zwischen uns zerstört. Das Unbekümmerte und Freie. Ich mußte es ihm erklären. Später. Ich mochte nicht gleich das Licht in seinen freudestrahlenden Augen löschen. Er war stolz, er würde wütend werden. Vermutlich würde er mich nicht mehr sehen wollen. Tränen des Zorns und der Enttäuschung brannten hinter den Augenlidern. Sein Gesicht glühte im Schein des Kaminfeuers. Er war so kläräugig und hoffnungsvoll.

Shahrooz' warmer Körper neben dem meinen auf dem Sofa. Ich spürte, wie sich die Muskeln dicht unter der Haut bewegten wie bei einem jungen, starken Tier. Verstohlen betrachtete ich ihn. Das schwarze, wohlriechende und kurzgeschnittene Haar glänzte. Die Konturen der Wangenknochen, die gerade Nase, die kühnen Linien der Lippen. Sandelholz, Ebenholz und poliertes Messing.

Ich legte meine Hand auf seinen Schenkel. Ich mußte die Augen schließen, als die Welle des Verlangens das Herz erreichte. Ich zog die Hand an mich, hastig, als hätte ich mich verbrannt.

Wir spazierten mit meinem alten, müden Hund im Garten umher.

Shahrooz wies zum Nachthimmel: »Schau! Der Himmel ist Sterne!«

»Der Himmel ist voller Sterne.«

»Ja.«

Er blieb stehen und nahm meine Hände in seine.

»Sieh mich an!«

Unsere Blicke trafen sich.

»Du bist nicht froh?«

»Ich weiß nicht.«

»Warum?«

Ich konnte nicht antworten. Ein plötzliches Schaudern. Ich fröstelte. Es war Zeit hineinzugehen. Ich rief den Hund und ging die Vortreppe hoch. Im Flur stellte ich mich in die Finsternis vorne am Fenster und sah hinaus. Im winterlich bleichen Licht ging Shahrooz allein draußen im Schnee auf dem Hofplatz umher, in immer engeren Kreisen.

Plötzliche Siegesgewißheit. Seltsamerweise war ich gar nicht erstaunt über den Jubel, der in mir aufstieg. Warum hatte ich jemals gezweifelt, ob es möglich sei?

Ich öffnete das Fenster und rief nach ihm: »Shahrooz! Shahrooz!«

Ich empfange ihn im Dunkeln. Seine Wangen und Lippen sind gefroren. Seine Zunge birgt Nektar. Aneinandergegossen taumeln wir hinein, stoßen gegen die Wände und sinken widerstandslos auf den Boden hinab. Die Düfte von Pfefferkuchen und Zimt, Weihrauch und Myrrhe. Er öffnet mich wie eine Blume. Ergießt sich in mich. Erfüllt mich ganz. Pfeiler von Hitze. Ich esse das Fleisch eines Königs. Seide, schwerer Samt, Pelz und Tierhäute umschließen mich. Das träumerische Weiß seiner Augen in der Dunkelheit. Die Süße seines Mundes. Er gebe mir Küsse, Küsse von seinem Mund! Seine Linke ruht unter meinem Haupt, und seine Rechte herzt mich.

Ich will diesen Becher bis zum Grund leeren. Ich will die Botschaft der Freude verkünden. Ich atme aus. Er ist der Körper der Süße in meinem Trauerkelch. Komm zu mir in dieser dunklen, milden Nacht unter den Sternen. Komm, milde Nacht.

Ich beschwöre euch, ihr Töchter Jerusalems, bei den Gazellen und den Hindinnen auf dem Felde, daß ihr die Liebe nicht aufweckt und nicht stört, bis es ihr selbst gefällt.

LOUISE BOIJE AF GENNÄS
Der Weihnachtsmann ist rothaarig

Das Ganze begann am späten Nachmittag am Tag vor Heiligabend auf der Post in der Rosenlundsgatan, wo Jocke seine Steuernachzahlung tätigen wollte. Vorher waren er und Mia bei der alten Post in der Hornsgatan gewesen, aber die befand sich gerade im Umbau, und die Schlange reichte bis auf die Straße hinaus. Dann gingen sie in den Supermarkt Vivo, wo man zwar seine Pakete abholen, allerdings keine Steuernachzahlung tätigen konnte. Mit zusammengebissenen Zähnen trabten sie durch den Schneeregen, und als sie wohlbehalten in der Post angekommen waren, zogen sie eine Wartenummer und mußten feststellen, daß noch achtundsechzig Leute vor ihnen dran waren. Mia suchte sich eine bequeme Stellung auf der Holzbank und lehnte ihren Bauch gegen die Armstütze. Schließlich war Jocke an der Reihe. Er zahlte seine 11 967 Kronen ein und kam zu Mia zurück, die schockiert aussah.

»Das eben war der Schleimpfropfen«, sagte sie.

»Wo denn?« sagte Jocke und hielt nach dem schmierigen Finanzminister Bosse Ringholm Ausschau.

»Nein, du Dummkopf«, sagte Mia. »In der Unterhose! Jetzt geht's los!«

Sie wankte zum Ausgang. Jocke fühlte Spannung und Panik in sich aufsteigen. Er würde Vater werden!

Sie gingen die Rosenlundsgatan entlang bis zur Notaufnahme des Södersjukhuset. Dort wurden sie von einer barschen Blondine mit herabgezogenen Mundwinkeln in Empfang genommen.

»Ich habe kein einziges Bett frei«, meinte sie.

»Bitte«, sagte Mia. »Es kann jeden Moment losgehen!«

»Diese Erstgebärenden«, bemerkte die Blondine. »Nehmen Sie den Bus zur Uniklinik.«

Jocke packte Mia fest an der Hand und führte sie nach draußen zur Bushaltestelle. Der Schnee war in Regen übergegangen.

»Jetzt fahren wir zur Uniklinik«, sagte Jocke. »Du bekommst ein Zimmer für dich allein, und alles wird gut.«

»Und an den Weihnachtsmann glaubst du auch, oder?« fragte Mia.

Der Bus ächzte durch den Berufsverkehr. Jocke brachte einen zerzausten Börsenmaklertyp dazu, aufzustehen, damit Mia sich hinsetzen konnte. Ein jovialer Mann auf der gegenüberliegenden Seite des Gangs rief ihnen auf finnlandschwedisch zu: »Das Kind kommt jeden Moment. Das sieht man an ihren Augen!«

Als er sich vorbeugte, spürte Mia seine Fahne.

»Ich hab vier Stück rausgezogen, zwei eigene und zwei Stiefkinder.«

Von der Haltestelle bis zur Uniklinik war es nur ein kurzer Spaziergang. Mia ging langsam.

»Haben Sie starke Schmerzen?«

»Ich will eine PDA.«

»Es tut mir wirklich leid«, sagte die schicke Brünette im weißen Kittel. »Wir haben wirklich kein einziges Bett frei. Nehmen Sie sich ein Taxi nach Danderyd.«

Mia war blaß und ihr Blick abwesend. Jocke ging hinaus und sprach mit dem ersten Taxifahrer in der Reihe, ein Typ mit Kurzhaarschnitt von Taxi Stockholm.

»Nee, nee«, sagte er. »Sind alles Ledersitze, auch hinten. Sportlenkrad und Holzleisten. Ich nehm keine mit, aus der gleich ein Kind rausgeflutscht kommt.«

Auto um Auto die gleiche Antwort.

Mal war es ein Sportchassis, mal Samtplüsch oder erst kürzlich imprägniertes Kunstleder. Ganz am Ende der Reihe stand ein durchgesessener alter Škoda von einem unbekannten Taxiunternehmen mit einem Mann aus Dalarna hinter dem Steuer.

»Ich nehme Sie mit«, sagte er und schmiß seine Kippe aus dem Fenster. »Wenn sie niederkommt, nehme ich das doppelte Trinkgeld.«

Jocke schob Mia ins Auto, und dann rollten sie davon. Der Verkehr in der Innenstadt stand still, und das Taxameter war auf über fünfhundert gekrochen, als sich Danderyd näherte.

»Es tut mir furchtbar leid«, sagte die graumelierte Dame, die auf Jockes Klingeln antwortete. »Aber wir haben einfach keinen Platz. Nicht mal eine Besenkammer wäre frei.«

»Aber was sollen wir machen?« schrie Jocke. »Das Kind kann doch jeden Moment kommen!«

Die Graumelierte führte Mia in einen kleinen Untersuchungsraum und kam bald mit ihr zurück. »Der Muttermund ist erst drei Zentimeter offen. Aber ich habe mit der Klinik in Uppsala gesprochen, und die können Sie aufnehmen.«

»Uppsala?« brüllte Jocke. »Bis dahin sind es *hundert Kilometer*, verdammt noch mal!«

»Sie wissen doch, wie das geregelt ist«, sagte die Frau. »Jeder muß zu seinem eigenen Krankenhaus, und Sie gehören einfach nicht zu unserem Bezirk.«

Der Taxifahrer, der gerade eine weitere Zigarette ausgetreten hatte, witterte Morgenluft.

»Versuchen Sie es mit mir«, sagte er. »Ich habe mehreren Pferden und einer Kuh auf die Welt geholfen.«

Mia stöhnte laut.

»Wir fahren nach Hause«, flüsterte sie. »Oder gebt mir eine Narkose. Ich pfeife auf das Ganze!«

Jocke starrte sie an. Ihr Bauch bewegte sich in Wellen.

»Okay«, sagte er. »Uppsala.«

Stau bis zur E4 und dann bis nach Upplands Väsby. An Arlanda vorbei und ab in die Dunkelheit. Weit vor ihnen waren die Türme des Doms zu erahnen. Mia wimmerte in Jockes Schoß, und er spürte, wie sie sich verkrampfte. Das Taxameter blieb bei gut fünfzehnhundert stehen.

»Das wird ein Bub«, sagte der Fahrer lächelnd und überreichte ihnen eine elegante handgeschriebene Rechnung. »Sieht man am Bauch.«

Vor dem Eingang der Universitätsklinik Uppsala schrie Mia zum erstenmal, ein verzweifeltes Brüllen, das Jocke verstummen ließ. Dann schnaufte sie weiter, in sich gekehrt und unerreichbar.

»Ein Bett!« rief Jocke und packte die schwarzhaarige Schwesternhelferin mit dem Nasenpiercing. *»Jetzt!«*

»Ich glaub, seit eben gerade ist es voll«, sagte sie schleppend. »Da sind echt total viele Leute gekommen, aus Stockholm und so.«

»Ein Bett *jetzt*!« schrie Jocke, hob sie in die Luft und schüttelte sie, daß ihre Nasenringe nur so klirrten.

Im selben Moment kam eine rothaarige Hebamme im Wintermantel vorbei.

»Die Kammer ganz hinten im Korridor ist frei«, sagte sie. »Kommen Sie mit, dann erledigen wir die Aufnahmeformalitäten.«

Jocke nahm Mia um die Taille und schleppte sie mit sich durch den Gang.

»Bitte entschuldigen Sie die Unordnung«, sagte die Hebamme, als sie in einen kleinen fensterlosen Raum gekommen waren, in dem sich nichts befand außer einer Pritsche, einem Waschbecken aus Edelstahl und den Resten eines alten Weihnachtsstrohbocks in der Ecke.

»Es wird an allen Ecken und Enden gespart.«

»Narkose«, zischte Mia zwischen dem Keuchen. »Ich will weg hier!«

Die Hebamme sah Mia an. »Aha«, sagte sie.

»Das ist unser viertes Krankenhaus«, erklärte Jocke.

Die Hebamme maß Mias Blutdruck und holte ein Gerät, mit dem man die Herztöne des Kindes verfolgen kann. Dann zog sie sich sterile Handschuhe über und untersuchte Mia.

»Oh«, sagte sie. »Fünf Zentimeter. Gut gemacht, und das ganz ohne Hilfe.«

Mia antwortete mit einem ausgedehnten Stöhnen, das in einen Schrei überging.

»Und jetzt aufgestanden«, sagte die Hebamme. »Es geht besser im Stehen.« Dann zog sie ihren Mantel aus. »Ich wollte gerade gehen«, sagte sie. »Aber ich bleibe noch ein bißchen.«

Fasziniert sah Jocke zu, wie die Hebamme Mia zum Tanzen brachte. Sie ergriff ihre Hände über die Pritsche hinweg und forderte sie auf zu schreien, sich in den Schmerz hineinzubegeben und ihn für sich arbeiten zu lassen.

Die Stunden vergingen. Jocke verkroch sich in die Ecke der Kammer zwischen den Resten des Strohbocks. Mias abgewandter Blick war verschwunden und durch eine Urkraft ersetzt, die er noch nie zuvor gesehen hatte.

»Gut, weiter so!« rief die Hebamme.

»Ich kann nicht mehr!« brüllte Mia.

»Natürlich können Sie!« brüllte die Hebamme zurück.

Dann wandte sie sich an Jocke. »Übernehmen Sie mal bitte kurz«, sagte sie.

Mia klammerte sich an sie und hielt sie fest. »Lassen Sie mich nicht allein!« schrie sie.

»Ich muß meinen Mann anrufen«, sagte die Hebamme, »und ihm sagen, daß ich bei Ihnen bleibe.«

Zwanzig nach sechs am Weihnachtsmorgen lag Mia in Jockes Schoß auf dem Fußboden, und er sah, wie die Hebamme einen kleinen Jungen aus ihrem Körper holte. Er war blau und verschmiert und hatte die Augen zusammengekniffen, er protestierte wie ein Vogeljunges, und Jockes Augen füllten sich mit Tränen. Mia nahm das Kind in Empfang und sah dann die Hebamme an.

»Den Weihnachtsmann gibt es doch«, sagte Mia. »Sie ist rothaarig.«

KERSTIN EKMAN
Hätte ich Flügel

Von dem wunderbaren Licht im Wald oberhalb von Lusknäppan eines Nachmittags im vorweihnachtlichen Winter 1906:

Frida hatte dieses Licht gesehen.

Sie trottete durch den Wald oberhalb ihres einstigen Elternhauses. Die Kate bestand nur noch aus einem undeutlichen Kreis, da das Fundament eingesunken war, und aus der Waldstreu ragten überall wie Stöckchen spielender Kinder entlaubte Ebereschenschößlinge empor. Die Steine waren vom Betrachten abgenutzt. Frida war im Lauf der Jahre schon so oft hier vorbeigegangen. Wenn sie sich in den Kreis der eingesunkenen Grundsteine stellte, dann nur, um nachzuprüfen, ob das Bett, das sie damals in der Küche stehen hatten, tatsächlich an der Querwand Platz gehabt hatte. Es schien jedoch unvorstellbar, daß hier jemals Möbel gestanden und Fußböden gelegen hatten. Die Schale der Erinnerung war von all diesem Zehren mit müden Augen untief geworden und enthielt bald nichts mehr. Das leere Gesicht der Banvalls-Brita, Kindergeschrei, Unruhe, rüde Stimmen. Alles erschien nun abgesunken und unveränderlich.

Frida hatte keine geeigneten Schuhe, mit denen sie in den Wald gehen konnte. Aber noch war kein Schnee gefallen. Auch drang kein Wasser in ihre Stiefel, jedenfalls nicht nennenswert viel. Der Wald um sie herum war frisch dunkelgrün und duftete würzig. Das verblüffte sie richtig. Ansonsten war in dieser Jahreszeit im Ort ja alles grau: der Lehm der Straßen, der Putz der Häuser, die Gesichter der Menschen, Tücher und Bündel. Ein braungelber Pferdeapfel wirkte in dieser Umgebung schon wie ein kräftiger Farbfleck. Und der Wald, von dem sie angenommen hatte, er sei entlaubt und unheimlich – hier stand er also grüner denn je mit feuchtem Sternmoos, glänzenden Buckeln aus Preiselbeerblättern und Steinen voller Flechten, die ihre kleinen Becher frech gen Himmel reckten und einforderten, was zu bekommen war.

Als Kind hatte sie einmal ein Bild gesehen mit dem Titel »Finn, der grüne Jäger!«. So wie auf diesem Bild war es jetzt oberhalb von Lusknäppan, Grün in Grün, und es war unmöglich, den Rock des Jägers zu entdecken. In kleinen Tümpeln schimmerte es grün, und alles Moos stand frisch und weichborstig in der Feuchtigkeit. Sie sammelte Bärlapp, zumindest würde sie das sagen, falls jemand fragte. Sollte sie etwas Holz finden, so wollte sie es in ihren Korb legen und den Bärlapp obenauf. Es brauchte niemand zu wissen, daß es bei ihnen so sehr daran haperte. Ein bißchen was zum Heizen konnte man außerdem immer mit heimnehmen. Das ging niemanden etwas an. Wie frisch und üppig der Bärlapp stand! Wenn sie doch nur einen Spreukorb voll hätte mitnehmen und als Weihnachtsdekoration auf dem Markt verkaufen können! Doch das würde sich herumsprechen: Jetzt steht Frida Eriksson auf dem Markt und versucht Bärlapp zu verkaufen, die Ärmste! Eriksson hat wohl wieder keine Arbeit. Nein, sie würde nur etwas für ihren eigenen Rauchfang mitnehmen.

Wie sie gebückt so dahinging und die langen Streifen des steifen und verschlungenen Bärlapps ausriß, wurde ihr schwummerig. Sie hatte nicht mehr als zwei Scheiben Weißbrot gegessen und eine Tasse Roggenkaffee getrunken. Nun bekam sie einen Schwindelanfall und fiel beinahe vornüber, sie setzte sich aber noch rechtzeitig auf einen Baumstumpf, beugte den Oberkörper vor und merkte, wie die Blutwogen sich legten und ihre kalten Nasenflügel wieder normal wurden. Doch als sie sich erhob und die Augen aufschlug, war der Wald verwandelt.

Er war von einem weichen und goldenen Licht erfüllt, von dem sie zuerst glaubte, es sickere zwischen den Baumstämmen hindurch. Sie machte ein paar unsichere Schritte und blieb dann stehen. Sie fühlte sich selbst ganz von Licht durchdrungen. Ja, es waren eine solche Dichte und ein solcher Glanz in allen Blättern und in jedem Fiederchen der Bärlapptriebe, daß sie sie bis ins kleinste Detail sehen konnte. Nichts entging ihr dank dieses milden und innigen Lichts, das sie weder blendete noch erschreckte. Sie suchte zuerst nach Ursachen, und sie hatte den Eindruck, als sikkere das Licht aus verborgenen Quellen hinter den Steinen hervor, so daß das Moos auf ihren alten, grauen Rücken wie eine schimmernde Bräme aussah. Das Licht schien jedoch keine gewöhnliche Ursache zu haben. Die Sonne war längst hinter den feuchten Schleiern und Vorhängen des Novembers verborgen, und hinter den Bäumen und Steinen konnte nichts brennen. Es leuchtete ja auch gar nicht hinter ihnen, wie sie jetzt sah. Da waren keine müden grauen Steinrücken, keine knorrigen umgefallenen Stämme, die beleuchtet wurden. Alles war Licht, und das Licht kam von innen, aus dem Moos, aus den Zweigen und aus dem Stein. Alles, was wuchs, alles, was moderte, und jeder Stein in diesem dichten Wald waren im Begriff, sich vor Licht zu erheben, und dieses Licht kam aus dem Stein selbst, so, als hätte er sich plötzlich derart verdichtet, daß er strahlte. Und ebenso verhielt es sich mit allen Zweigen und mit jedem Zapfen auf der Erde. Frida nahm es auf und wußte, daß auch sie leuchtete.

Sie traute sich nur, still dazustehen. Ihre Augen waren wie mit klarstem Wasser gespült. Sie kannten alles im Wald und alle Augenblicke. Die Häßlichkeit und die Scham hatten sich für Frida verklärt, und ihre Handlungen waren rein wie Wasser und notwendig wie Brot. Sie wußte auch, daß sie allezeit lebte, daß es keine Zeit außerhalb der Zeit gab. Einen Augenblick lang merkte sie, daß sie vor Müdigkeit zitterte, daß sie einfach nicht die Kraft aufbrächte, dies zu sehen, wenn sie nicht für einen kleinen Moment den Kopf neigen und die Augen schließen könnte. Das tat sie auch, nicht länger als eine halbe Sekunde, doch als sie wieder aufsah, war der Wald wie immer, ja, es war schon fast dunkel.

Sie ging mit dem Bärlapp nach Hause. Die Holzstöckchen vergaß sie. Im Lauf des Jahres 1907 dachte sie oft an das, was sie im Wald erlebt hatte. Es fiel ihr schwer, sich genau daran zu erinnern. Das Licht war zu guter Letzt wie ein Wandbehang: Sie sah einen goldgestickten Wald vor sich. Es war nun anders, als es ursprünglich gewesen war, so viel wußte sie. Mit der Zeit dachte sie nicht mehr so oft daran. Es gab ja nichts Vergleichbares, und es kam nicht wieder. Sie kannte sonst niemanden, der einen Wald in einem solch eigenartigen Licht gesehen hatte.

Ein einziges Mal noch konnte sie sich ganz genau an das Gefühl erinnern. Das war in einer Sommernacht, und sie stand am offenen Fenster, da man nicht an die Herdwärme zu denken brauchte. Sie hielt ein Glas kaltes Wasser in der Hand und hatte soeben daran genippt. Sie sah in diesem Moment nichts Merkwürdiges. Draußen waren ja nur der Hof und die Bäume im Garten hinter den Mülltonnen, sonst nichts. Aber dieses Gefühl von Zeit und Notwendigkeit und von Ruhe war da.

In ihrer Angst dachte sie oft: Wenn man bloß mal unbesorgt sein könnte! Wenn man unbesorgt sein könnte ums Holz und Petroleum, um die Milch und ums Besohlen der Schuhe. Ein einziges Mal bloß! Sie bat es in keine bestimmte Richtung. Wenn ein Mensch bloß mal unbesorgt sein könnte.

Aber als sie am Fenster stand, dachte sie nicht daran. Sie dachte an überhaupt nichts, und der Augenblick ruhiger Erinnerung war keine Frucht, die in ihrem eigenen Leben erblüht, gewachsen und gereift war. Sie schien einfach hereingerollt zu sein, zufällig und ohne Verbindung zu Frida Eriksson in diesem Leben, in der Hovlundagatan 60. Manchmal stand sie am Fenster, hatte noch feuchte Lippen vom Wasser in ihrem Glas und war ruhig und unbesorgt. Dann war es bald wieder Morgen, und kein Mensch sprach je über so etwas. So verging ein Jahr ums andere. Sie erinnerte sich zwar an das Licht im Wald, aber nur so, wie man sich an etwas auf einer Fotografie oder aus der Erzählung eines anderen Menschen erinnert.

In Myrsjötorp hatte sie Verwandte, die religiös waren. Das machte Frida verlegen, aber sie sprachen nie darüber. Sie gehörten dem Schwedischen Missionsbund an, und das schien, soweit Frida das beobachten konnte, keine besonders aufdringliche Form der Religiosität zu sein. Sie besuchte sie manchmal. Dazu nahm sie den Zug in Richtung Norrköping. Die Fahrt dauerte nur zwanzig Minuten, dann stieg sie aus, und ihre Cousine Hilma stand in schwarzem Mantel und Hut vor dem kleinen roten Bahnhofsgebäude mit den schwarzen Ecken.

Sie konnte es Hilma und Ludvig nicht abschlagen, mit in die Kapelle zu gehen. Doch sie wurde dort immer schläfrig. Sie war es nicht gewohnt, so lange stillzusitzen, und das Gemurmel und das Knarren der Orgel wirkten einschläfernd. Hilma war nicht gerade unterhaltsam und Ludvig ebensowenig. Sie waren jedoch nette und ordentliche Leute, und sie stellten keine neugierigen Fragen nach den Kindern, nach David und Anna, um die sie sich solche Sorgen machte. Sie bekam bei ihnen auch gut zu essen. Aber natürlich brachte sie ihnen auch immer etwas mit, ein paar Laibe Brot oder einen Apfelkuchen. Seit sie in der Wäscherei arbeitete und es ihr so gut ging, daß sie sich eine Fahrkarte kaufen und ihnen etwas mitbringen konnte, wollte sie gern fahren. Ihrer Ansicht nach gehörte es dazu, jemanden auf dem Land zu haben, zu dem man auf Besuch fuhr. Die meisten hatten jemanden. Wenn auch Hilma und Ludvig nicht so unterhaltsam waren. Das hatte Tora Otter jedenfalls gesagt. »Ich bin auch nicht so unterhaltsam«, hatte Frida erwidert.

1929 war sie an einem Sonntag im Sommer dort. Da veränderte sich ihr Leben von Grund auf. Hinterher dachte sie daran, daß es so heiß gewesen war, daß sie nicht hatte Zug fahren wollen. Sie hatte befürchtet, ihr bestes Kleid würde Schweißflecken bekommen, so daß sie drauf und dran war, gar nicht zu fahren.

Doch sie fuhr. Ludvig und Hilma standen beide da und holten sie ab. Es war bald elf Uhr, und sie wollten zum Gottesdienst gehen. Ausnahmsweise waren sie ein bißchen eifrig. Es sei ein bemerkenswerter Prediger da, sagten sie. Er sei angereist gekommen. Viele sprächen von ihm.

Im Dorf war es völlig still. Wie schwarze Fliegen in einer Zuckerschale spazierten sie durch die Ansammlung der Häuschen und kamen genau in dem Moment bei der weißen Holzkapelle an, als die Glocke läutete. Sie war nicht größer als eine Vesperglocke, und ihr Ton glich dem Gebimmel an einer Bahnschranke.

Zunächst war alles wie gewohnt. Frida war fast noch schläfriger als sonst, denn es war so heiß. Sie sah, daß sich vor dem Fenster Wiesenkerbel bewegte. Er mußte sehr hoch sein. Die Sonne tastete sich zu den Holzbänken und schien den Firnis in Dampf aufzulösen, so daß es im Raum danach zu riechen begann.

Der Prediger war kein besonders großer oder stattlicher Mann. Seine Stimme war nicht so klangvoll, wie sie sich vorgestellt hatte, als die beiden gesagt hatten, er sei ein bemerkenswerter Prediger. Er surrte leise, und man mußte sich anstrengen, um alles mitzubekommen, was er sagte. Ein sonderbarer Prediger, hätte Frida gesagt. Er schien sie jedoch die ganze Zeit über nicht aus den Augen zu lassen. Sie konnte seinen Blick zu den Gesichtern der anderen wandern sehen. Dennoch hielt er den ihren fest. Er kehrte zurück und ließ erneut von ihr ab. Ihrer aller Gesichter waren offene Blüten, die er brummend besuchte. Sie wandten sich kein einziges Mal ab oder blickten zu Boden.

Er sprach über das Licht. Anfänglich verstand sie nicht alles, war er sagte. Vielleicht war sie auch zu sehr damit beschäftigt gewesen, seine schwarzen Kleider zu betrachten und seine Hände, die weiß und kräftig waren und sich unablässig bewegten. Dann hörte sie plötzlich, daß er mitten in der Beschreibung dessen war, was sie vor so langer Zeit, im vorweihnachtlichen Winter 1906 im Wald oberhalb von Lusknäppan, erlebt hatte.

Zuerst war sie nur erstaunt. Woher wußte er das? Dann hörte sie ihn sagen, das sei immer so. Immerzu, immerzu sei dieses Licht um sie alle; Lusknäppan oder den Wald dort oben erwähnte er nicht. Verwirrt sah sie sich in dem nach Firnis riechenden Raum um. Doch nirgends konnte sie so etwas wie ein Licht aus dem Innern des Weltenkörpers entdecken. HEILIG HEILIG IST DER HERR ZEBAOTH DIE GANZE ERDE IST ERFÜLLT VON SEINER HERRLICHKEIT stand in Goldbuchstaben über der Tür, und jetzt merkte sie, daß Hilma verlegen war, weil sie sich derart umdrehte. Sie fand auch selbst, daß sie sich kindisch benahm, und setzte sich ganz still und gerade hin.

Er sprach weiter, und es bestand kein Zweifel, daß er genau wußte, was sie damals erlebt hatte. Mehr noch: Die Erinnerung, die abgesunken und unter dem Schlamm von dreiundzwanzig Jahren Leben und Hasten und Essen und Reden begraben worden war, erstand wieder vor ihr wie in den allerersten Tagen nach ihrem Ausflug nach Lusknäppan. Sie wurde von der gleichen traurigen Süße und Klarheit erfüllt. Sie konnte sich das selbst nicht anders erklären, als daß er es genau wußte. Damals im Wald hatte sie alles gewußt und war völlig ruhig und unbesorgt gewesen, und es wäre freilich viel verlangt gewesen, das noch einmal erleben zu dürfen. Doch er, der jetzt da vorn stand und dessen Stimme so unaufhörlich summte und brummte, er wußte es. Er hätte sonst nicht so reden können, wie er redete.

Hinterher gab es Kaffee, und sie sah von weitem, wie er sich unterhielt. Er wirkte ganz und gar nicht gewöhnlich, obwohl er sich Gugelhupf auf den Teller legte und in seiner Tasse rührte.

Sie hätte gern mit ihm gesprochen, doch Hilma und Ludvig hätten sich ihretwegen geschämt, wenn sie darum gebeten hätte. Sie gehörte ja nicht einmal der Gemeinde an, und es würde in Myrsjötorp viel Gerede geben. Womöglich würden sie annehmen, sie habe eine schwere Sünde zu bekennen. Also sah sie ihn nur an, während sie Kaffee tranken.

Die Frage, die sie ihm stellen wollte, lautete: »Was ist dieses Licht?«

Und sie wußte, daß er das in seiner Predigt bereits gefragt und auch beantwortet hatte. Was war das? Was war das für ein Licht?

»Das war Jesus«, hatte er gesagt.

Sie kam sich auch ein bißchen dumm vor, weil sie immer geglaubt hatte, Jesus sehe wie ein Mensch aus, und in gewisser Hinsicht glaubte sie das wohl noch immer. So war es aber nur, wenn man an ihn dachte, nicht, wenn man ihn sah.

»Das war Jesus.«

Einen Augenblick lang war sie versucht, zu ihm hinzugehen, denn sie begriff plötzlich, daß ihr etwas sehr Bemerkenswertes widerfahren war. Es war etwas, was nur sehr wenige Menschen erleben durften. Doch dann dachte sie wieder, das würde zuviel Gerede geben. Manche würden ihr vielleicht nicht einmal glauben. Es war so schon schlimm genug. Hilma starrte beharrlich auf einen einzigen Fleck auf dem Fußboden, als wären dort die Goldbuchstaben von der Wand hingepurzelt, und weder sie noch Ludvig sprachen beim Kaffeetrinken ein Wort mit ihr. Da wurde ihr klar, daß sie anders war als sonst, doch wie, wußte sie nicht. Als sie »Oh, welch Wonne« sangen, konnte sie sich erneut ihrer Gewißheit und ihrer Dankbarkeit hingeben, und sie empfand dabei diese Ruhe, die sie bislang lediglich in einer einzigartigen Sommernacht am offenen Fenster flüchtig berührt hatte. Jetzt aber empfand sie diese Ruhe aus freien Stücken, so, als wäre sie in ein Haus gegangen und hätte die Tür hinter sich zugemacht.

Sie aßen bei Ludvig und Hilma zu Mittag und kauten schweigend das helle Schweinefleisch. Frida fand es schön, als sie endlich im Zug saß, und sie freute sich darauf, am Abend allein zu Hause zu sein.

Im Sommer 1929 war sie also Mitglied des Schwedischen Missionsbundes geworden. Aber natürlich in der Stadt. Da gab es eine richtige Kirche, wohin sie jeden Sonntag ging. Sie ging auch zu den Gruppentreffen und zu den Zusammenkünften des Nähkreises. Sie fand viele neue Freunde, wurde aber nicht so warm mit ihnen. Nach wie vor standen ihr Tora Otter, Tekla Johansson und die plärrige Ebba Julin doch am nächsten. Keine von ihnen nahm auch nur die Spur Notiz von Fridas Religiosität. Nein, sie verloren nicht mehr Worte darüber, als wenn sie sich einen neuen Rübenmusstampfer angeschafft hätte. Vielleicht war es ihnen peinlich. Woran sie bei Tekla war, wußte sie nicht genau, aber sowohl Tora als auch Ebba waren Menschen, die mit beiden Beinen fest in ihren Überschuhen standen, und mit irgendwelchen Gesichten hätten sie nichts anfangen können. Außerdem war Ebba auf Pfarrer gar nicht gut zu sprechen. Der Pastor, der sie einst mit dem betuchten alten Brauer Julin getraut hatte, der hatte irgend etwas Unerfreuliches zu ihr gesagt. »Der hätte mal ahnen sollen, wie alt dieser Tatterich werden würde!« sagte Ebba jetzt.

Am meisten verwunderte Frida an ihren neuen Freunden im Missionsbund, daß sie ein Leben ganz ohne Alkohol führten. Daß ausgewachsene Mannsbilder sich dareinfanden! Das hatte sie sich nun doch nicht vorstellen können. Weihnachten und Ostern, Ausflüge, Geburtstage, Mittsommer, Zahltage – alles verlief ohne einen Tropfen Schnaps.

In ihren Augen war das eine milde und barmherzige Welt. Eine Welt mit Gitarren- und Orgelmusik und ein bißchen Gesang. Sie tratschten. Aber sie tranken nicht. Viele von ihnen waren einflußreiche Männer. Fabrikant Wärnström höchstpersönlich hatte zuerst die Kapelle und dann die Kirche bauen lassen. Sie brächten Opfer, hieß das. Das tat Frida mittlerweile auch, doch sie hatte so wenig zu opfern. Sie nähte statt dessen alte Kleider um. Es gab ja so viele Bedürftige, wie ihr erst jetzt richtig klar wurde.

Von Berg' und Seen in Lappland
hoch in dem eis'gen Nord
der Südseeinseln Sandstrand
von Kongos dunklem Ort
von Chinas weiten Landen
der Wildnis Glut und Not
verzweifelt zu uns branden
Gebet und Ruf nach Brot.

Sie hatte bisher nur versucht, ein wenig gegen die Not in Norrland zu tun. Sie nähte Kinderkleider. Aber es gab so viele andere. Nicht alle Geschöpfe wurden satt an seinem Tisch. Sie könnten es aber. *Vergebens milde Gaben, der Himmel aus sich streut*. Es liege am Hader, daß dem so sei, sagte der Pastor. Möglicherweise war dem so. Frida verstand das nicht.

Sie brachte deswegen so gern Opfer, weil sie, wenn sie dort war, immer an das Erlebnis bei Lusknäppan erinnert wurde. Sie erfuhr außerdem vieles, worüber nie jemand mit ihr gesprochen hatte. Und trotzdem war ihr manchmal so, als ob sie sich von der Erinnerung an das Licht im Wald weit entfernte. Dann mußte sie nach Myrsjötorp fahren, dort ihre Cousine Hilma besuchen und mit ihr in die kleine Holzkapelle gehen. Sie hoffte, das Licht würde ihr irgendwann einmal wieder so nahekommen wie damals, als der bemerkenswerte Prediger gesprochen hatte.

Meistens fuhr sie im Winter hinaus, denn da fiel es ihr am schwersten, sich daran zu erinnern. Sie brachte ihre Brotlaibe oder den aus säuerlichem Apfelmus und Zwiebackbröseln gebackenen Kuchen nicht mehr Hilma mit, sondern trug sie in die Kaffeeküche der Kapelle, wo sich der dumpfe Geruch nach feuchten Geschirrtüchern mit dem Aroma von frisch gemahlenem Kaffee mischte. Hilma stand über den Kaffeekessel gebeugt und wischte ihn aus. Kein einziges

Kaffesatzkörnchen durfte zurückbleiben und kein schmieriger Rand von dem Kaffee, der nach langem Stehen schal geworden und wieder aufgekocht worden war. Frida legte ihr Brot in der Küche auf die Arbeitsplatte und bedeckte es mit einem Tuch, so wie die andern es getan hatten. Dort ruhten die noch geheimen Rundungen unter kariertem Stoff, und es roch nach wie vor nur nach feucht gewordenen Geschirrtüchern, die allmählich trockneten, und dann noch nach zerkleinerten Kaffeebohnen, ein Duft, bei dem Frida immer dachte: Wie gut man es doch jetzt hat. Sie sagte aber selten etwas dort draußen. Sie war voller Erwartung.

Dann trug sie Tassen und Teller hinein und half auf dem ausgebreiteten Tischtuch aufdecken. Vom Flur her war Getrampel zu hören. Diese Wintertage waren von grauem Licht und knirschendem Schnee erfüllt. Oft war es so kalt, daß Frida nicht wußte, was sie mit Wangen und Nase machen sollte, nachdem sie aus dem Zug gestiegen war. Sie war so dünn geworden, das Blut in ihren Adern floß nur noch langsam. Ihr war angst, wenn die Haut gefühllos wurde, und dann rieb sie sie kräftig. Rennen wäre das beste gewesen, doch das traute sie sich nicht, wußte nicht einmal, ob sie es noch konnte.

Hier drinnen züngelten die Flammen aller vierundzwanzig Kerzen. Sie flackerten spärlich und flatterten im winterlichen Dämmerlicht wie kleine blaue und blaßgelbe Flügel. Dann hörten sie den Prediger kommen. Die Stimmen erstarben zunächst, doch bald erhob sich ein Gemurmel von Grüßen, und Frida wurde etwas steif. Wie rauh er ums Kinn war, als er eintrat, so menschlich bloß und schuppig und der Kälte ausgeliefert! Bestimmt hatte er sich gerade erst rasiert. Wenn sie so etwas dachte, schämte sie sich jedoch.

Jemand hatte vorn gelbe Chrysanthemen in eine Vase gestellt, über die würde er sich dann beugen. Er sah sie schon und lobte alles: die Vanillehörnchen, die Hilma gebacken hatte, die Tischdecken mit der eingesetzten Spitze und die

Kinder mit ihren faltigen beigefarbenen Strümpfen über runden Knien.

Sie wurden still. Frida rückte neben Hilma und Ludvig in die Bank, setzte sich vorsichtig zurecht. Die Gesäßknochen schnitten hart in das gefirnißte Holz und würden ihr nach einiger Zeit weh tun.

Jetzt sollten diese Menschenkinder, die hier mit dem Rükken zur kalten Zugluft von der Tür saßen und steif von der Kälte draußen in den dünnen Seiten der Gesangbücher blätterten, von Gott umschlossen werden. Und sie würden Gott in sich beschließen, so wie der Kern das noch schlafende Leben in sich schließt und wie der Apfel Haus und Kern in sich schließt. Die Frau am Harmonium koppelte mit leisen Schlägen gegen das mit Filz überzogene Holz Vox coelestis, Prinzipal und Forte. Mit den Beinen spreizte sie die Kniehebel und begann auf der Kammerorgel zu spielen, dieser großen Mundharmonika, in die man Luft trampelte.

> Hätt' wie die Taube ich Flügel, ich flög'
> weit fort von hier, fort von hier,
> wohin weder Sünde noch Tod jemals zög',
> weit fort von hier, fort von hier.

Manche sangen, andere murmelten brummend und bewegten nach den Phrasen ihre Lippen, als wären sie erstarrt. Gold glänzte dunkel auf Wollkleidern, und die Bilder an den Wänden verblaßten im Winterlicht. Ägypten und das Land Kanaan wurden langsam ausgelöscht, in unendlich weite Ferne gerückt, ja fast inexistent.

> Hoch in das Land, wo der Sonne Pracht
> nie sich bewölkt und scheint Tag wie Nacht.

Jetzt sollte diese Versammlung, diese kleine Gemeinde in Myrsjötorp, mit den allerfeinsten ihrer Instrumente Gott suchen, mit Ganglien, Neuronen und Papillen, mit Transmittern, feinen Gehörknöchelchen und allem, was der Aufnahme und der Registrierung in einem Gedächtnis innerhalb des gewöhnlichen Gedächtnisses dienen konnte. Die Gerüche würden sich verflüchtigen, alle Gerüche außer dem von Gottes eigenem Körper in der Welt. Die Stimmen würden ersterben, das Geräusch der Kinderbeine, die auf die glanzgefirnißten Bänke und wieder herunterkrabbelten, würde aufhören, ebenso das Quäken des Harmoniums. Es würde still werden. Über der allerdünnsten, der unberührbaren Schicht der Hirnrinde würden Winterlicht und Blindheit liegen.

Der Prediger blickte über den Rand der Agende, als wollte er überwachen, daß dies geschehen sei. Sie waren jedoch bedeckte Gefäße. Sie empfingen Gott in der Stille dieses Januarsonntags nicht, trotz ihrer Bereitschaft. Sie waren zu derb. Auf diejenigen, die er schon einmal leicht berührt hatte, wirkten die Worte wie ein Lob für die Geduld, in der sie sich übten. Verharre im Verlangen. Du bist getreu. So, wie er vorhin ihre Vanillehörnchen, die gelben Blumen und die feinen Spitzen der Tischdecke gelobt hatte.

Hier waren sie nun, dreißig, vierzig Männer und Frauen, die mit Besen füreinander die Vortreppen gekehrt hatten, füreinander geheizt, gebacken, diesen starken guten Kaffee gekocht hatten und mit leisen Stimmen und sauberen Kleidern zusammengekommen waren. Eine kleine Weile hielt diese Traurigkeit noch vor. Der Prediger sprach so vorsichtig. Er sagte nicht, DER HERR IST in seinem heiligen Tempel. Er sprach leise und recht alltäglich über ihre Verpflichtungen, als wollte er die Traurigkeit, die bald vorüber wäre, vertiefen.

Sie war wohl noch wie ein dünner Rauch von spärlichen Flammen in der Zugluft von der Tür vorhanden, nachdem sie sich erhoben hatten. Doch dann lächelte der Prediger und wandte sich dem Tisch zu. Und ein kleiner Junge trappelte mit schnellen Schritten quer übers Linoleum. Da war der Gottesdienst in der Kapelle vorbei, und draußen waren der Schnee und der Winterhimmel mit seiner Blindheit und seinem Licht über jenen, die bald nach Hause gehen würden, auseinander.

MARIE HERMANSON
Hundert Teddybären und tausend Engelsgeläute

Schnee und Sonne. Sie hatten eine Reihe guter Tage hinter sich. Tage, die einfach dahingekullert waren, die sich ineinandergehakt hatten und zu einem Stück guten Lebens verschmolzen waren. Sie hatten eine Menge Geld und eine Menge Hasch gehabt. Jetzt war fast alles aufgebraucht, und ihnen war klar, daß dies der letzte Tag dieser strahlenden Kette war. Morgen würde etwas ganz anderes beginnen.

Aber noch waren die Straßen Kanäle, in denen sie aufrechten Ganges übermütig dahinströmten. Sie hatten sich im Weihnachtsgeschäft einen Weg durch das Gewühl gebahnt. Waren auseinandergetrieben worden und hatten einander wiedergefunden. Roy konnte Martin ganz einfach nicht verlieren. Dachte er einmal, nun sei er verschwunden, brauchte er sich nur umzudrehen, und schon stand Martin in seiner Cordjacke und mit dem langen Schal da, als hätte Roy ihn mit einer Zauberformel gerufen.

Sie gingen durch die Östra Hamngatan. In den Schaufenstern von NK gab es schneebedeckte Dachfirste, Gaubenfenster standen offen, aus denen, wie durch einen enormen inneren Druck, Geschenke hervorquollen: Kiefer, Angora, Aluminium. Dahinter sandten Lämpchen ihr Sternenlicht über einen dunkelblauen Plexiglashimmel. Die Marzipanschweinchen in Bräutigams Fenster bissen leicht auf ihre rosigen Äpfel und blinzelten mit stecknadelkopfgroßen silbrigen Augen. In Helene Mörcks Ladenfenster gab es schwarze BHs mit einem geheimnisvollen Schlüssel zwischen den Körbchen, und inmitten aller seidenschimmernden Sünde und Eitelkeit standen zwei groteske rotbackige Weihnachtsmänner und hielten, wie imbezille Bordellkunden grinsend, ein Strumpfband zwischen sich.

Sie nahmen die Straßenbahnlinie 5, ärgerten die Fahrgäste mit ihren unrasierten Wangen und ihrer übertri guten Laune und wurden vor dem Vergnügungspark l berg hinausgeschmissen. Dort standen sie am Eingang blinzelten mit lichtscheuen Dezemberaugen in die Sonne, während die rosa Türme ihre gezackten Spitzen in den Winterhimmel reckten. Als eine Schneefräse in den Park fuhr, nutzten sie die Gelegenheit, mit hineinzuschlüpfen, und hinter ihnen schlossen sich automatisch die Tore.

Zuerst liefen sie nur umher, doch dann begannen sie zu rennen. Sie jagten sich, bewarfen einander mit Schnee, und schließlich saßen sie einfach im Schnee und nahmen das Paradox in sich auf, das sie um gab: Winter in Liseberg.

Der Schnee lag schwer auf den Dächern der kleinen Stände. Die Statuen – Amoretten und posierende Frauen – waren mit einer feinen Frostschicht überzogen, die die Figuren fast beweglich machte, wenn sich in den Kristallen Sonne und Schatten abwechselten. »Das Liseberg-Orchester spielt täglich von 13°° bis 16°° Uhr«, stand auf einem Schild neben dem verlassenen Orchesterpavillon.

»Liseberg sollte auch im Winter geöffnet sein«, sagte Martin, und seine Worte wurden von weißem Dampf begleitet.

Auch Roy versuchte, Dampf aus seinem Mund zu blasen.

»In der Achterbahn könnte man mit warmen Schaffellen sitzen, die bis zum Kinn reichen«, fuhr Martin fort. »An den Karussells könnte man Fackeln anbringen. Und den Karussellpferden Schellen ans Geschirr hängen und ihre Wagen gegen Schlitten austauschen.«

Roy nickte eifrig und studierte seinen zu Dampf gewordenen Atem.

»Und stell dir vor, du sitzt in einer Riesenradgondel und steigst zwischen Schneeflocken in einen dunklen Himmel auf!«

»Ja«, erwiderte Roy und sah alles vor sich.

»Es gibt bestimmt noch mehr Leute außer uns, die das gut fänden. Warum ist bisher noch niemand darauf gekommen?« wunderte sich Martin.

Vielleicht, dachte Roy, weil der Sommer und Liseberg einfach ein und dasselbe sind. Für ihn waren die beiden jedenfalls schon immer miteinander verschmolzen, untrennbar. Er begriff, daß seine freudige Verwunderung hier darauf beruhte, daß er sich den Vergnügungspark im Winter nicht hatte vorstellen können. Was habe ich mir denn gedacht? fragte er sich. Daß Liseberg im Winter nicht existiert, daß hier ein leerer Fleck ist? Oder daß hier immer Sommer ist?

Sie standen auf und streiften umher. An den märchenhaften rosa Gebäuden glitzerte Rauhreif. Der Spiegelteich war zugefroren, und die Achterbahn ragte wie ein Gebirge auf. Es war atemberaubend schön. Gefroren, still. Aber nicht tot. Es war … Er fand das Wort nicht.

Beim Swing-Around stand ein städtischer Arbeiter auf dem Dach des Kassenhäuschens und schaufelte Schnee, und jede Schaufel voll stob wie eine zischende Kaskade ins Sonnenlicht. Das war echte Bewegung. Echtes Geglitzer. Echtes Licht. Da war das Wort, das er gesucht hatte. Echt. Und zu Liseberg schien es ebensowenig zu passen wie der Winter.

Mit elf Jahren hatte Roy plötzlich die Falschheit Lisebergs entdeckt. Das Banale gesehen. Das Grelle. Das Vulgäre. Er hörte alle knirschenden, kurzatmigen Nebentöne in der Drehorgelmusik. Ihn ekelte vor dem schmeichlerischen Rosa überall. Wenn er Karussell fuhr, konnte er sich lediglich auf die Illustrationen an der zylindrischen Wand rings um die Achse des Karussells konzentrieren. Dornröschen, Hänsel und Gretel und andere Märchenfiguren glitten an seinem Blick vorbei. Von ihren gedunsenen Gesichtern und ihrer beigelila Haut wurde ihm übel.

Früher hatte er immer die Schönheit der Damen bewundert, die Lose und Eintrittskarten verkauften. Besonders ihr Haar, das schwarz war wie Asphalt oder weiß wie gesponnener Zucker. Nun begriff er, daß sie geschminkt waren und ihre Haar gefärbt.

Je genauer er hinsah, desto mehr entdeckte er. Als er mit den Booten in den Liebestunnel fuhr, fielen ihm ein paar

Rohre auf, die dicht an der Oberfläche verliefen. Sie waren mit grünem, schleimigem Moos bewachsen. Er versuchte ihnen in der Dunkelheit dort drinnen die ganze Zeit über mit dem Blick zu folgen. Wenn sein Vater Eis kaufte, nutzte er die Gelegenheit, kurz hinter den Kiosk zu gucken. Wie vermutet, lagen dort Berge leerer Kartons und Gerümpel. Die schönen Damen hatten Schweißflecken unter den Achseln. Ihr Nagellack blätterte ab, der Lippenstift schmolz und zerfloß in den Runzeln ihrer Lippen. Voller Verachtung senkte er den Blick und bemerkte, daß der Boden mit Popcornkrümeln, Eispapier, leeren Flaschen und ausgedienten Losen übersät war.

Seine Einsicht erreichte ihren Höhepunkt, als er zufällig die Rückseite der Achterbahn zu Gesicht bekam. Er stand außerhalb des Geländes und sah die ungestrichenen Brettergerüste, die sich wie ein hölzernes Ungeheuer neben dem schmutzigen Wasser des Mölndalsån erhoben. Da erst erkannte er die Tragweite des riesigen Betrugs, der da drinnen ablief. Er empfand Mitleid mit den Menschen, die sich dort lustig an der Nase herumführen ließen. Vor allem aber empfand er Mitleid mit sich selbst, der er Jahr um Jahr so schmählich betrogen worden war, ohne etwas zu begreifen. So war das also, als Roy im Alter von elf Jahren Liseberg durchschaute.

Die nächste Stufe war, daß er den Betrug liebte, den er aufgedeckt hatte. Und seit dieser Zeit war seine Liebe zum schlechten Geschmack nur noch gewachsen.

Roy und Martin liefen in dem winterlichen Vergnügungspark umher und hatten das Gefühl, durch eine Eistorte zu wandern. Die Sonne sank, die Luft wurde blau, und sie dachten allmählich daran, nach Hause zu fahren. Daß die Tore geschlossen waren, bereitete ihnen keine Schwierigkeiten. Sie stapften durch den Schnee zum Zaun hinauf. (Das war, ehe der neue Zaun errichtet wurde, der wie ein Absperrgitter aussieht, allerdings fünfmal so hoch und von messerscharfen Spitzen gekrönt ist. Vorher war da nur ein

Maschendrahtzaun mit ein wenig Stacheldraht, und darüber waren Martin und Roy viele Male aus- und eingestiegen.)

In jener Zeit stand auch noch ein altes, verfallenes Holzhaus am Fuß des Berges. Martin und Roy kamen überein, in das Haus einzubrechen. Sie wußten nicht, was sie dort zu finden hofften.

Durch ein zerbrochenes Kellerfenster drangen sie ein. Der Keller stand voller uralter Spiele, die sie noch nie gesehen hatten: einarmige Banditen, die mit zehn Öre zu betreiben waren. Kicker mit Spielern aus Blech, zweidimensionalen Profilfiguren mit angewinkelten Armen wie auf ägyptischen Malereien. Ein Spiel mit verschiedenfarbigen Flugzeugen auf starren, aufrecht stehenden Stahldrähten – Roy konnte sich nicht vorstellen, wie es wohl funktioniert hatte. Es gab einen Clown, der den Mund nach Bällen aufriß, eine Art Kulisse, die einen Dschungel darstellte, Karussellpferde mit abgeschlagenen Beinen oder zerkratzten Mäulern, ein kleines, knubbeliges himmelblaues Sportauto, vermutlich auch aus einem Karussell.

Sie leuchteten sich mit Feuerzeugen und fanden die Treppe. Martin ging als erster hinauf.

Roy hatte sich manchmal gefragt, wo die Damen mit dem Asphalthaar und dem Zuckerwattehaar im Winter blieben. Hielten sie zusammen mit allen anderen Lisebergmenschen irgendwo Winterschlaf? Oder stopften sie ihr Haar unter rattenfarbene Perücken und wurden gewöhnliche Verkäuferinnen in Tabakgeschäften und Supermärkten? Letzteres war wohl am wahrscheinlichsten. Denn wenn Liseberg über ein Winterlager verfügte, dann war es hier.

Martin tobte wie ein kleines Kind umher und riß Kartons mit Teddybären auf.

»Das sind mindestens hundert Teddybären. Ganz neue, Roy! Wir haben das große Los gezogen. Das größte. Wir haben alle Glückslose Lisebergs auf einmal gezogen!« jauchzte er und warf mit pastellfarbenen Teddybären um sich.

Roy ging jedoch ein Stockwerk höher und entdeckte ringsum an den Wänden Lagerregale, und in den Regalen lagen ungeheuer viele Schachteln mit Engelsgeläuten. Solche Dinger mit vier Kerzen und Messingengelchen, die sich in der Kerzenwärme langsam im Kreis drehen und dabei an Glöckchen stoßen. Roy erinnerte sich, in der Schule beim Julklapp einmal so ein Ding bekommen zu haben. Er entsann sich, wie schön so ein Engelsgeläut war. Licht, Musik und Bewegung in einem. Und dabei so einfach konstruiert. Ein geniales Gebilde, dachte Roy. Wer das Engelsgeläut wohl erfunden hat?

Er öffnete eine der flachen Schachteln und baute die verschiedenen Teile zu einem Geläut zusammen. Dann zündete er mit seinem Feuerzeug die vier Kerzen an. Die aufgehängten Figuren erzitterten und begannen sich, von einem warmen, unsichtbaren Wind getrieben, im Kreis zu bewegen. Ihre Messingstäbe berührten die Glöckchen, und es erklang ein feines Klingeln wie von fernem Schellengeläut.

Roy gefiel dieses Klingeln. Er wollte noch mehr davon hören. Er öffnete eine weitere Schachtel und setzte auch dieses Engelsgeläut zusammen. Er zündete die dünnen Kerzen an und stellte es neben das erste Geläut. Dann griff er nach der nächsten Schachtel. Aus dem unteren Stockwerk hörte er das weiche Aufplumpsen der Teddybären, mit denen Martin um sich warf, doch er arbeitete in aller Ruhe ein Engelsgeläut nach dem anderen ab. Die leeren Schachteln stapelte er in der Ecke. Er konnte nicht abschätzen, wie viele Engelsgeläute sich in den Lagerregalen befanden. Tausend vielleicht. Er ging hinunter und bat Martin um Hilfe.

»Hier gibt es Unmengen von Engelsgeläuten. Die müssen wir alle aufbauen. Ich möchte sie alle auf einmal sehen. Und hören. Kannst du dir vorstellen, was für eine Musik von tausend Engelsgeläuten ausgeht? Kannst du dir das vorstellen, Martin?«

Martin hatte nicht einmal eine Vorstellung davon, was

ein Engelsgeläut überhaupt war, kam aber mit ins obere Stockwerk, und da war er es ihm völlig klar.

»Das sind also Engelsgeläute. Phantastisch!« rief er.

Sie bliesen die Kerzen aus, setzten sich beide auf den Fußboden und bauten Engelsgeläute zusammen. Anfangs war das schwierig, denn die Geläute waren sehr fragil. Beim geringsten Schubs fielen sie in sich zusammen. Die einzige Kraft, die sie ertrugen, war die Kerzenwärme. Nach etwa einer Stunde aber waren sie schon geschickter, und die Engelsgeläute wuchsen wie goldene Blumen zwischen ihren Fingern hervor. Wenn draußen die Straßenbahnen vorbeirauschten, erzitterten die hauchzarten Figuren an ihren Aufhängungen und schimmerten schwach in der Dunkelheit. Martin und Roy füllten den ganzen Raum mit Engelsgeläuten. Sie kamen sich so schöpferisch und allmächtig vor wie Gottvater höchstpersönlich.

»Wollen wir sie anzünden?« fragte Martin, als sie fertig waren.

»Warte. Zuerst brauchen wir noch Publikum«, sagte Roy und verschwand die Treppe hinunter. Er kehrte mit dem Arm voller Teddybären zurück und setzte sie in die Lagerregale, die ringsum an den Wänden standen.

Martin ging noch mehr Teddybären holen. Sie setzten alle in die Regale. Die Teddybären waren rosa und hellgrün und fliederfarben. Sie rochen nach Chemie, und ihr Fell war rauh.

Dann machten sie mit den Puppen weiter. Es waren diese Puppen, die allein dafür geschaffen sind, auf einem Bord mit Gewinnen zu sitzen und Sehnsucht zu erwecken. Ihre Lebensaufgabe ist in dem Augenblick erfüllt, da der zuckende Metallfinger des Glücksrades ihre Nummer anzeigt. Und der Gewinner steht mit der Puppe im Arm da wie mit einem ungeplanten Kind und weiß nicht, was er mit ihr anfangen soll.

Dann ging Roy mit dem Feuerzeug herum und zündete die Kerzen der Engelsgeläute an. Gebückt ging er die Reihen entlang, langsam und würdevoll wie ein Pfarrer, der das Abendmahl austeilt, und hinterließ eine Spur brennender Kerzen und schaukelnden Messings. Ein Engelsgeläut nach dem anderen begann sich zu drehen und zu klingeln. Das Kerzenlicht wurde stärker, das Geklingel lauter. Als das Gas des Feuerzeugs zu Ende war, machte er mit einer Kerze weiter. Und als alle Kerzen brannten und alle Engelchen tanzten, setzte sich Roy neben Martin auf den Fußboden, lehnte sich an die Wand und betrachtete sein Werk. Reihe um Reihe von Engelsgeläuten erhellte das dunkle Obergeschoß. Es war eine himmlische Heerschar von kreisenden Cherubinen, die ihre kleinen Posaunen erhoben und jeden vergessenen Winkel, jede Bodenritze und jedes Nagelloch mit überirdisch klingelnden Tönen erfüllten.

Die Puppen saßen in ihren schönen Zigeunerröcken in den Regalen und versuchten wie feine Damen in Opernlogen auszusehen. Unter Wimpern, so dicht und gerade wie Malerpinsel, blickten sie frostig vor sich hin, zogen ihren Erdbeermund zusammen und scherten sich nicht darum, daß sie Rummelplatzflittchen waren. Unter ihnen saßen die pastellfarbenen Acrylteddybären aufgereiht, diese unsicheren Cousins zerschlissener Kinderzimmerteddys. In ihren Augen spiegelten sich die Kerzenflammen, und in ihren Schaumgummihirnen rasselten die Gedanken wie Glücksräder im Kreis.

Roy und Martin tauschten Blicke, sagten aber nichts. Über die Decke und die Wände jagten, flackernd und flimmernd wie unter Wasser, die Schatten. Die vielen Kerzen erwärmten den Raum. Draußen jenseits des Berges ruhte der Vergnügungspark unterm Schnee.

Da saßen sie nun, schweigend, an die Wand gelehnt. Martin schlief ein. Roy dagegen wurde sich allmählich bewußt, daß es kein eintöniger Klang mehr war, den er hörte, sondern Musik. Ihr Rhythmus und ihre Melodie offenbarten sich seinem Gehör so, wie sie sich plötzlich in den Schlägen afrikanischer Trommeln, im Ticken einer Uhr oder im

Geräusch eines Zuges offenbaren können, der über Schienenstöße fährt. Und nach einer Weile fand er, daß es mehr war als Musik. Es waren Jubel, Jauchzer und Schluchzer. Es war etwas hier im Raum. Etwas, was die Augen der Puppen wahrnahmen und die Gumminasen der Teddybären witterten. Er glaubte zu begreifen, was es war. Sie hatten den Vergnügungspark im Winter so angetroffen, wie man eine gefallsüchtige Frau im Schlaf antrifft, unverstellt und abgeschminkt. Nun waren sie in deren Träume gestiegen, in ihre Erinnerungen und ihre Sehnsucht. Liseberg, ich verzeihe dir alles, dachte er.

Die ganze Nacht über saß er dort, die Kerzen brannten herunter und ertranken in ihren heißen Wachsseen auf den Messinguntersetzern. Ein Engelsgeläut nach dem anderen erlosch, die Figuren blieben stehen, und die Musik zog sich dorthin zurück, woher sie gekommen war. Am Ende entschwand auch die Wärme.

Der letzte gute Tag kullerte in aller Stille davon, und durch die Ritzen der Wände und die Fenster drang klar und hart ein neuer Tag herein.

MONIKA FAGERHOLM
Der Winterengel

Durch einen langen Umgang mit Engeln und Geistern habe ich die Einsicht erhalten und viele Beweise dafür bekommen, daß der Himmel nicht aus einigen von Anbeginn erschaffenen Engeln besteht und die Hölle nicht aus einem Teufel, der zu einem Engel des Lichts erschaffen und dann vom Himmel hinabgeworfen wurde, sondern daß sowohl Himmel als auch Hölle aus dem Menschengeschlecht bestehen, der Himmel aus denen, die in Liebe zum Guten entbrannt sind und infolgedessen Einsicht in das Wahre haben, und die Hölle aus denen, die in Liebe zum Bösen entbrannt sind und infolgedessen Erfahrung mit dem Falschen haben.

Emanuel Swedenborg

Lieber Gott. Hier ist Teresa, eine von deinen Teresas. Mein Engelsname stammt von Teresa von Ávila, einer Frau, die nach vielen Klostergründungen der Unbeschuhten Karmeliterinnen heiliggesprochen wurde.

Lieber Gott. Ich lebe jetzt allein. Ich wohne in einer Einzimmerwohnung mit Balkon im siebten Stock eines Hochhauses direkt außerhalb der großen Stadt. Meistens halte ich mich hier draußen auf meinem Balkon auf, wie jetzt, sitze einfach da, oben auf dem Geländer, lasse die Füße auf die andere Seite baumeln und berühre die rauhreifbedeckten starren Wäscheleinen; jede mit einer anderen Spannung. Pling pling plong, mein Saiteninstrument, ein magisches Geräusch, das die durch und durch kompakte Stille entzweit. Es ist wieder Weihnachten. Ich warte.

Ein Engel hungert nach Wissen, schreibt Emanuel Swedenborg. Er meint es ernst, aber meine Schwestern zitieren es lauthals und ironisch, wenn ich wieder einmal etwas

Dummes gefragt habe. Ich weiß schon selbst, daß es vieles gibt, was ich überhaupt nicht begreife. Vergib, daß ich so wenig weiß. Aber ich will mich bessern, ich will studieren, um mich zu entwickeln. Behalte mich nur als Teresa im Gedächtnis. Als diejenige, die die allerkleinsten Tiere schützt. Lieber Gott. Auch dies Jahr habe ich mich der Schildkröten angenommen.

Vor nicht allzulanger Zeit lebte ich mit meinen Schwestern in den hohen Zimmern einer großen Wohnung in einem Stadtteil voller Grün *(... die Wohnstätten von Engeln sind genau wie die Wohnstätten auf Erden, die wir Häuser nennen, nur viel schöner. In ihnen gibt es Salons und Eßzimmer, Bibliotheken und Arbeitszimmer sowie Schlafräume, alle in großer Anzahl ...)*, Pappeln und Espen umgaben das Haus und im Sommer ein duftender Fliederstrauch. Unsere Räume waren sechsundachtzig an der Zahl, und zu Beginn waren wir dort fünf Engelgeschwister.

Der erste, der uns verließ, war unser Bruder Addie, dem die Muße zum Wohnen fehlte. Die Ambivalenz, die auch Engel kennzeichnet, ist ihm in allerhöchstem Maß zu eigen. Addie Schwarz-Engel ist er und Addie Weiß-Engel zugleich. Wir begegnen uns nicht, aber wir sehen ihn, zum Beispiel in den Fernsehnachrichten. Addies vorrangiges Erscheinungsbild ist ein einziges: das des Kriegers. Addie prügelt sich, aber auf unterschiedlichen Seiten, an vielen Fronten. Addies Tätigkeit ist geheim, verdunkelt, für den Uneingeweihten unbegreiflich. Nicht einmal wir, seine Schwestern, können seine Motive herausfinden – wohin er unterwegs ist und weshalb. In jedem Engel wohnt ein Feuer. Addies Feuer ist groß, und es beunruhigt uns, wie groß es ist und woher es kommt.

»Er sollte mal eine richtige Frau treffen«, sagt Schwester Rafaela manchmal. »Sich Hals über Kopf verlieben. Plumps. Auf die Erde fallen.« Rafaela ist an und für sich dafür bekannt, daß sie eine einzige Lösung für so gut wie alle Arten von Problemen hat, nämlich eine leidenschaftliche. Aber in diesem Fall hat sie vielleicht recht. Manchen Engeln bekommt es am besten, wenn sie von sich selbst befreit werden. Manchen Engeln bekommt es am besten, wenn sie zu Menschen werden, ganz einfach.

Unsere dritte Schwester Ursula, ihre Zeit war der Sommer. Im Sommer war sie wild, trank Cidre und durchtanzte die hellen Nächte, die Zeit des Jahres, wenn der Abstand zwischen Erde und Himmel am kürzesten ist. Alles vermengt sich miteinander: Natur, Menschen, Engel und das Heilige. Aber der Herbst kam, und Ursula bekam Kopfschmerzen, die ewig anhielten. Ursula wurde unausstehlich, ein Alptraum für sich selbst und ihre Umgebung. »Wir erstarren zu Eis durch deine schlechte Laune«, sagte Rafaela feierlich, kurz bevor wir sie hinausschmissen (vergib uns, Gott!). Ursula begab sich in die Stadt hinaus und tat fürchterliche Dinge, meine Schwestern wußten alles bis ins Detail, aber wollten mir nichts Genaueres erzählen, weil ich die Kleinste war.

Im Haus blieben also ich und meine großen Schwestern Mikaela und die schöne Rafaela. Mikaela und Rafaela sind beide phantastisch, jede auf ihre Weise. Mikaela ist Diplomatin, Mikaela ist Journalistin, Mikaela ist Anwältin. Mikaela verabscheut Grübeleien, und eine ihrer Lieblingsbeschäftigungen ist es, mich zu verändern. Sie hat mir Bücher gegeben, die von großen Männern und Frauen handelten und von ihren Taten. Ich habe mich durch Bertrand Russells Memoiren in vier Bänden gearbeitet, aber ich befürchte, Gott, daß keine Veränderung eingetreten ist. Ich war genau wie vorher (vergib mir).

Aber ich bewundere Mikaela. Wenn sie bei ihren Spezialaufträgen unterwegs ist, Executive Class, falle ich vor Stolz fast in Ohnmacht. Oder wenn ich sie sehe, vertieft in ihre Papiere, während sie ihre Zettel sortiert, auf denen die allerwichtigsten Gebete der Menschen niedergeschrieben sind: die von Frieden, Freiheit und einer gerechten ökonomischen Weltordnung handeln.

Rafaela, sie ist die allerschönste. Rafaela, die immer verliebt ist, Rafaela, in die man sich verliebt – und zwar tödlich. Die Telefonleitungen in unserer Wohnung waren von den ganzen Männern blockiert, die Rafaela liebten und alle zur gleichen Zeit anriefen. Die sich nach ihr verzehrten, bis zum Abgrund des Selbstmords – und dort stand sie dann selbst und tröstete sie!

An Rafaela wendet man sich mit ganz bestimmten Anliegen: »Laß meine Oma einen neuen Kerl finden. Am liebsten einen Mann mit Stil.« Rafaela kennt sich mit beidem aus, mit Männern und mit Stil. Wie betörend sie ist, wenn sie sich für ein Fest schmückt, in einem ihrer wunderbaren Kleider *(… die klügsten Engel tragen Gewänder, die wie von Feuer blitzen, andere tragen Gewänder, die vor Licht erstrahlen …)*. Meine Bluse für festliche Anlässe, die weiße mit Pailletten *(… die weniger klugen Engel tragen glänzende weiße Gewänder oder weiße Gewänder ohne Glanz …)*, ist nichts dagegen. »Russian chic«, sagt Rafaela mit einem doppelbödigen Lächeln. An den Abenden, die Rafaela nicht auf einem Fest verbringt, liegt sie in ihrer großen Badewanne, den weißen Körper im weißen Schaum versenkt, der das rote Haar so hervorhebt, daß es wie Feuer zu brennen scheint, während es in Locken auf ihre Schultern hinabfällt. Rafaela nippt an einem Glas Wein und poliert ihre italienische Aussprache zur Linguaphone-Platte, die sich in der Stereoanlage dreht. »Italienisch ist die Sprache der Liebe«, erklärt Rafaela, und wer bin ich schon, daß ich wagen würde, etwas anderes zu behaupten? So verhext, wie ich von Rafaelas Erscheinung war, während ich auf dem Toilettendeckel ihres Badezimmers saß, stundenlang oder vielleicht monatelang, jahrelang?

Lieber Gott. Versteh mich nicht falsch. Ich liebe meine Engelsgeschwister, ich werde nicht müde, von ihnen zu sprechen und sie zu beschreiben. Aber als kleiner Engel habe ich mich in ihrer Gesellschaft häufig noch kleiner gefühlt. Fast so, als hätte ich mich selbst verloren.

Lieber Gott. Hier draußen auf dem Balkon in meinem eigenen Zuhause *(... es gibt auch Engel, die nicht in Gemeinschaften leben, sondern in Häusern, die weit auseinanderliegen. Diese Engel wohnen mitten im Himmel, weil sie die besten der Engel sind)* – ich liebe es, hier zu sein. Mitten in der Winternacht, denn mittlerweile ist es dunkel und wieder ganz still geworden. Die Winternacht, der Zeitpunkt des Jahres, wenn Himmel und Erde am weitesten voneinander entfernt sind. Aber Gabriella wird kommen und diese Entfernung überbrücken. Hier sitze ich nun und warte auf sie, meine allerherrlichste Schwester, den Winterengel. Auf sie, die von oben kommt, von den Sternen und vom Himmel, von Dir, mit dem Wunderwerk, das alles zum Leben erweckt. Nur zu diesem Zeitpunkt des Jahres ist sie für alle zu sehen, die sie sehen wollen – auch für einen Menschen. Und wer meine Schwester Gabriella gesehen hat, der wird es nicht vergessen – das verspreche ich.

Und wenn Gabriella die Erde verläßt und wieder zu Dir emporfliegt, führt sie alle unsere Briefe mit sich, alle Gebete – auch meines. Lieber Gott. Danke für die Tiere. Vor allem für die allerkleinsten. Ich bitte dich, segne die Hunde und Katzen, segne die Eidechsen und alle Papageien! Laß auch die Ratten leben, die kleinen wie die ziemlich großen. Und Pelles Schildkröte, laß auch sie hier auf Erden leben. »Jedenfalls solange ich lebe«, wie Pelle schreibt. Und er schließt: »Danke im voraus.«

VIVECA LÄRN
Der Mistelzweig in der Linnégatan

»Håkan!«

Diese helle, etwas forcierte Stimme erkannte er, auch wenn es sicher dreißig Jahre her war, daß er sie zuletzt gehört hatte. Er zuckte zusammen, was eine fast lebensgefährliche Reaktion war, denn der Zug legte sich gerade in eine enge Kurve, und die roten Papiergirlanden im Bistrowagen begannen hin und her zu schwingen. Dem Mädchen an der Kasse rutschte die Weihnachtsmannmütze herunter. Håkan sammelte sich und streckte lächelnd die Hand aus, während er sich vorsichtig auf dem kleinen runden Stuhl niederließ, der sich gern drehen wollte, obwohl er am Fußboden festgeschraubt war. Gleichzeitig schaffte er es, mit der linken Hand die Brokkoliquiche, die Weinflasche und das Glas auf dem winzigen eckigen Tisch abzustellen.

Auf dem Stuhl gegenüber saß Lollo vor einem Teller mit Weihnachtsspezialitäten. Sie lächelte ihn fast vertraulich an, als hätten sie sich kürzlich erst gesehen und würden einander sehr gut kennen.

Sie sah gut aus. Auffallend frisch.

Sie hatte immer noch diese schmalen braunen Augen, dieselbe kleine Nase (er hatte immer gedacht, Nasen würden im Lauf der Jahre noch wachsen, aber vielleicht waren das auch die Ohrläppchen). Um den Mund hatte sie eine Menge neuer Falten, zumeist Lachfalten. Das Haar war grau mit einem stumpf geschnittenen Pony, der noch mehr graue Strähnen aufwies. Kein Schmuck. Ein schwarzer Pullover mit Pelzkragen. Synthetik – Håkan konnte das beurteilen, denn er war Jäger und auf Safari in Kenia gewesen. Das Lächeln ließ ihre Augen schmal wie Schlitze werden.

»Mein Gott, Håkan. Das ist ja unglaublich!« rief sie. »Unglaublich.«

Mit einem Mal erinnerte er sich, wie undifferenziert dramatisch sie immer gewesen war. Einmal, als sie Teenager waren, hatte jeder von ihnen an seiner Haltestelle am Brunnsparken gestanden, und als seine Straßenbahn gekommen war, hatte sie ihm einen Handkuß zugeworfen. Einen Handkuß. In den sechziger Jahren. Zum Glück hatte in der Bahn niemand gesessen, der ihn kannte. Er ließ ihre Hand los (ihre war warm, seine kalt) und antwortete freundlich, vielleicht mit einem kleinen kritischen Unterton:

»Nun, so unglaublich ist das ja wohl nicht. Ich treffe fast immer alte Bekannte im Zug, vor allem vor Weihnachten. Die Leute fahren nun mal zum Weihnachtsfest heim nach Göteborg. Denn dort gibt es den guten Stockfisch. Und die Verwandten, zumindest in den meisten Fällen.«

Sie hörte erstaunt zu. Er war ja geradezu redselig geworden. In der Schulzeit hatte er fast nichts gesagt, zumindest nicht zu ihr. Aber das brauchte er eigentlich auch gar nicht, so süß, wie er war.

Jetzt lächelte er warm und freundlich.

»Als ich in Skövde zustieg, habe ich schon gedacht, mal sehen, ob ich heute irgendeinen alten Kumpel im Zug treffe.«

»Kumpel!«

Ihr Gesicht wirkte ein paar Sekunden lang sorgenvoll, doch sie erholte sich schnell und sah dann wieder fröhlich und aufgeweckt aus, während sie ihn betrachtete. Håkan hatte sich kaum verändert – immer noch das lange wohlbekannte Gesicht mit den ernsten grünen Augen und den intelligenten Sorgenfalten. Sein dunkles Haar war dünn und grau geworden, doch er trug denselben strengen Seitenscheitel wie früher.

Sie beugte sich vor.

»Du Dummkopf! Das Unglaubliche ist natürlich nicht, daß wir uns nach dreißig Jahren am Heiligabend zufällig im selben Zug befinden. Das Unglaubliche ist, daß du es geschafft hast, die Bewegung des Zuges auszugleichen, dich zu setzen, mich zu begrüßen und die Quiche abzustellen. Das nenne ich Simultankapazität. Aber ich nehme mal an, daß das für einen Schlagzeuger typisch ist, denn du spielst doch sicher noch, oder?«

Er sah geschmeichelt aus. (Auch das war neu.)

»Ein wenig, für den Hausgebrauch. Ab und zu samstags etwas Jazz. Wir sind ein paar alte Kumpel, die sich regelmäßig treffen. Eigentlich nur, um ein bißchen Spaß zu haben. Aber manchmal werden wir auch engagiert. Fünfzigste Geburtstage, Warenhauseinweihungen und solche Sachen. Im Sommer sind wir auf Jazzfestivals. Dieses Jahr haben wir an Silvester sogar einen Gig in Göteborg. Unsere Frauen sind nicht gerade erfreut.«

Sie lachte übertrieben laut. »Eure Frauen. Das klingt ja ganz schön gesetzt.«

»Na, das sind wir ja auch.«

»Können eure Frauen denn nicht mitkommen?«

»Wie würde das denn aussehen? Wir spielen in einem Club für Singles ab vierzig. Eine Kennenlernparty.«

Sie holte tief Luft und sah auf seinen Ehering. »Deine Frau, das ist ja wohl Pyttan, oder?«

Es sah sie erstaunt an, antwortete aber nicht, sondern schaute suchend aus dem Zugfenster, als hoffte er, dort in der Landschaft ein interessantes Detail zu entdecken, über das sie sprechen könnten. Schneebedeckte Felder. Kleine Bauernhöfe mit beleuchteten Tannenbäumen. Ein Wertstoffhof. Ein typisches Gymnasium in gelbem Ziegelstein, über Weihnachten geschlossen. Ein Silo. Ein verschneiter Fußballplatz.

Was sollte sie sagen? Warum antwortete er nicht? War er mit einer anderen verheiratet? Gab es etwas, was sie eigentlich wissen müßte?

Lollo drehte ihren Weihnachtsteller herum und machte sich vorsichtig an die Sülze. An ihren Fingern gab es keine Ringe. Ihre Nägel waren in blassem Perlmutt lackiert, abgesehen vom kleinen Finger, der kobaltblau glänzte.

Natürlich war sie wieder zu direkt gewesen. Plötzlich erinnerte sie sich, daß er einmal vor der Bäckerei in der Molinsgatan zu ihr gesagt hatte, es sei eine gute Idee, erst zu denken und dann zu reden. Das war im Februar 1965 gewesen und sollte wahrscheinlich eine Art Ratschlag sein.

Sie seufzte unwillkürlich, was Håkan aus der Landschaft wieder in die Gegenwart zurückkehren ließ.

Er sah sie freundlich an.

»Und wie steht es mit dir, Lollo? Du bist ja wohl kein Mauerblümchen geblieben, oder? Das kann ich mir nicht vorstellen.«

Sie schüttelte den Kopf, sah kurz auf seinen Ring und faßte dann einen schnellen Entschluß. Sie holte tief Luft und sah ihn fest an. Das Herz tat ihr weh, aber ihre Augen glitzerten genau so, wie sie es wollte.

»Nein, natürlich nicht. Ich habe meinen Traumprinzen gefunden. Es ist niemand, den du kennst. Voriges Jahr hatten wir Silberhochzeit. Keinen einzigen Streit in all den Jahren.«

Er zog für den Bruchteil einer Sekunde ironisch die Augenbraue hoch. »Keinen Streit?«

Sie lachte etwas zu laut. »Doch natürlich, den alljährlichen Streit um den Weihnachtsbaum, der gehört sozusagen dazu. Pierre will, daß wir einen aus Plastik kaufen, denn er ist ein wenig allergisch. Du weißt ja, was sie jedes Jahr in den Tageszeitungen schreiben, ›über das ganze Ungeziefer, das sich in Ihrem Christbaum verbirgt‹, und dazu Zeichnungen von fiesen Krabbeltieren. Aber ich finde, er kann ruhig etwas niesen. Schließlich ist nur einmal im Jahr Weihnachten, und wir haben immer eine wunderbare altmodische Tanne mit dicken Nadeln vom Gustav Adolfs torg. Riesig groß, denn wir wohnen in einer Altbauwohnung in der Linnégatan, ganz in der Nähe vom Järntorget. Bestimmt hat Pierre jetzt schon den Weihnachtsbaum geschmückt. Wenn er nur nicht von der Leiter fällt, wenn er den Stern draufsetzt. Dabei passieren ja die meisten Unfälle.«

»Wenn die Leute den Weihnachtsstern aufstecken?«

Sie schüttelte den Kopf. Sie hatte fast vergessen, wie genau, pingelig und sorgfältig er gewesen war. Ob er wohl immer noch Taschentücher mit Monogramm hatte? Sie besaß jedenfalls noch eines, das er auf dem Abiturfest verloren hatte. Blitzschnell war sie gewesen, und niemand hatte etwas gemerkt. Eine einzigartige Gelegenheit. Normalerweise verlor er nämlich nichts.

Wieder zu Hause, hatte sie an jenem Abend das Taschentuch sofort gewaschen. Sie hatte es in einem kleinen Topf auf dem Gasherd ausgekocht, und ihre Eltern waren in die Küche gekommen und hatten gefragt, was sie da eigentlich mache.

»Ich koche ein Taschentuch«, hatte Lollo geantwortet, und ihre Mutter hatte den Vater am Arm genommen und war mit ihm ins Schlafzimmer zurückgekehrt.

»So was verstehen nur Frauen«, hatte sie ihm erklärt.

Lollo hatte Håkans Taschentuch aufgehoben, es lag zwölfmal zusammengefaltet auf dem Boden eines Schmuckkästchens aus Palisanderholz.

»Wann haben wir uns eigentlich das letzte Mal gesehen?« fragte Håkan und runzelte die Stirn. »Irgendwann in den sechziger Jahren?«

»1966«, erwiderte Lollo. »Am 9. Mai, Viertel nach zwölf. Im Jugendclub. Du hattest ein weißes Hemd an.«

Er setzte wieder sein schiefes Lächeln auf. »Du hast vielleicht ein Elefantengedächtnis! Wie kannst du dich nur an so eine Kleinigkeit erinnern? Ich weiß ja kaum noch, welches Jahr es war, und schon gar nicht, wo. Wir haben uns nie besonders gut gekannt, oder? Manchmal haben wir uns dienstags im Rondo gesehen, bei mir an der Schule und auf dem Götaplatsen. Ich kann mich nicht einmal mehr an deinen Nachnamen erinnern. Larsson?«

Sie erstarrte, schob den Rotkohl von sich und sah hinaus. Der Vorhang aus Birken und Tannen direkt neben dem Gleis war jetzt undurchdringlich. Dann wandte sie den Blick wieder ihm zu und sah ihm direkt in die Augen. »Ich wußte alles von dir.«

Er sah erstaunt aus und fing schnell an, seine Brokkoliquiche klein zu schneiden. Dann öffnete er die kleine Weißweinflasche, während sie die Gabel im Rotkohl herumschob.

Das Schweigen war nicht angenehm, sondern eher belastend, fand Lollo.

»Das war natürlich nur ein Witz«, sagte sie schließlich und sah ihm ins Gesicht.

Er lachte erleichtert. »Keine Sorge, ich erinnere mich nicht einmal mehr, was du gesagt hast.«

Da mußte sie an all die frühen kalten Morgen denken, an denen sie auf der Vasagatan gestanden und so getan hatte, als würde sie die Bücher im Schaufenster betrachten, obwohl sie die Titel doch schon auswendig kannte. Manchmal stand sie eine halbe Stunde da, bis sie vor Kälte ganz steif war, in der Hoffnung, daß er auf dem Weg zur Vasaschule vorbeikommen würde.

Sie versuchte, sich ein paar spontane natürliche Sachen einfallen zu lassen, die sie sagen konnte, denn er hatte es morgens immer so eilig.

Er wohnte am Vasaplatsen, nur wenige Minuten von der Schule entfernt. Deshalb war er auch immer so spät dran.

Manchmal bemerkte er sie tatsächlich und sagte »hallo«, und dann war sie den ganzen Schultag lang erhitzt und glücklich, auch wenn sie seinetwegen einen Eintrag für ihr Zuspätkommen kriegte.

»Er hat hallo gesagt, er hat hallo gesagt«, sang es den ganzen Tag in ihr, und in der Schule beantwortete sie keine einzige Frage richtig.

Einmal, es war im Frühjahr 1965, da hatte er es nicht so eilig gehabt, sondern war stehengeblieben und hatte sie angelächelt. Die Sonne schien.

»Du mußt dich ja wirklich sehr für Bücher interessieren«, hatte er gesagt.

»O ja«, sagte sie. »Die Franzosen lese ich am liebsten, vor allem Camus und Sartre. Aber am besten wäre es natürlich, man würde sie auf Französisch lesen. Aber die Amerikaner sind auch unglaublich interessant. Wen findest du besser, Hemingway oder Steinbeck? Und die Schweden erst! Stig Dagerman ist der begabteste Autor, den ich kenne. Hast du ›Die Schlange‹ gelesen?«

»Nein«, hatte Håkan gesagt und auf die Uhr geschaut. »Ich lese nicht so viel. Keine Ahnung, wer dieser Dagerman ist. Jetzt muß ich mich beeilen.«

Wie männlich er ausgesehen hatte, als er auf die Uhr schaute. Er trug sie mit dem Zifferblatt nach unten, wie die Seeleute im Krieg. Håkan war einfach phantastisch.

Ihre Freundinnen fanden ihn unglaublich langweilig. Sie nannten ihn Hå-kann-nichts.

»Der hat noch nie ein Mädchen geküßt, das sieht man ihm meilenweit an«, sagten sie.

Eines Morgens, als er gerade die Vasagatan überquerte, faßte sie sich ein Herz und rief: »Håkan, gehst du am Samstag zum Jugendclub?«

Er drehte sich um und lächelte schief. »Klar, das würde ja sonst komisch aussehen, schließlich soll ich Schlagzeug spielen.«

Sie lachte laut. Er hatte wirklich Humor.

Lollo ging immer in den Jugendclub, wenn die Creepers spielten. Da saß sie dann sprühend vor Fröhlichkeit mit verliebt glänzenden Augen und wurde zu fast jedem Tanz aufgefordert. Doch sie ließ Håkan niemals aus den Augen, außer wenn sie nach unten auf die Toilette lief, wo sie sich im Spiegel anschaute und das Haar nachtoupierte.

Sie hoffte immer, daß er sie in der Pause, wenn die Musik vom Tonband gespielt wurde, einmal auffordern würde, aber dann saß er mit den anderen aus der Band zusammen, rauchte und trank Bier. Das muß man verstehen, sagte Lollo dann zu ihren Freundinnen, die reden jetzt über Arrangements und Harmonien und so was.

Die Freundinnen schüttelten nur den Kopf. »Du verschwendest dein Leben«, sagten sie ernst.

Lollo wurde immer am meisten aufgefordert. Aber sie paßte auf, daß sie niemals mehr als einmal mit ein und demselben Jungen tanzte, denn sonst könnte Håkan das vielleicht falsch verstehen.

Die Jungs, die nicht so gut führten, konnte sie immer in die Ecke schieben, wo das Schlagzeug stand, und dann lächelte sie Håkan über die Schulter des Kavaliers hinweg zu.

Manchmal, wenn auch nur ganz selten, erwiderte er ihr Lächeln. Meist machte er ganz einfach die Augen zu. Soweit sie informiert war, hatte er keine feste Freundin, aber sie hatte gesehen, wie er mit Pyttan, die aufs Rudebecks ging, zusammengestanden und geredet hatte. Einmal spätabends vorm Landesarchiv. Vielleicht waren sie verwandt.

»Daß du dir diesen drögen Langeweiler nicht aus dem Kopf schlagen kannst!« hatten Lollos Freundinnen gesagt. »Jetzt bist du bestimmt schon ein halbes Jahr unglücklich in ihn verliebt.«

»Sieben Monate, eine Woche und vier Tage«, hatte Lollo erwidert.

»Hå-kann-nichts«, hatten die Mädchen gesagt.

Das wirklich letzte Mal hatte sie ihn in Marstrand am Hafen gesehen. Es war Juni, und er war mit Pyttan zusammen gewesen, und da hatte sie plötzlich begriffen, daß die beiden keineswegs Verwandte waren. Sie waren Arm in Arm an der Promenade entlangspaziert, trugen die gleichen gestreiften Shetlandpullover und abgeschnittene Jeans und hatten braune Beine. Pyttans Haare waren sonnengelb gewesen und die von Håkan ordentlich gekämmt. Lollo, die eigentlich das ganze Wochenende lang in Marstrand bleiben wollte, hatte die nächste Straßenbahn nach Hause genommen. Ihr Vater war so glücklich gewesen.

»Unsere einzige Tochter ist achtzehn Jahre alt und

kommt nach Hause, um mit ihren alten Eltern Mittsommer zu feiern«, hatte er gesagt.

Aber ihre Mutter hatte nicht so froh ausgesehen.

Der Zug wurde langsamer und fuhr durch den Bahnhof von Alingsås.

Die Mädchen in den Weihnachtsmannmützen begannen, die Baguettes und die kalten Getränke aus dem Glasschrank zu nehmen. Dabei schielten sie zu dem öden Paar mittleren Alters hinüber, das so entsetzlich langsam aß. Wahrscheinlich hatten die keine Zähne. Am anderen Fenstertisch saßen zwei Fallschirmjäger in Tarnkleidung, die Karten spielten und ganz entschieden spannender aussahen.

An dem hohen Bartisch, der an der anderen Fensterfront verlief, stand ein junger Mann und schrieb unbekümmert auf einem kleinen Computer. Seit Flemingsberg stand er schon dort. Manchmal klingelte sein Handy, und dann schrie er: »Hallo, Lars!«

Und dann war die Verbindung offenbar immer gleich wieder unterbrochen.

Er trug sackartige graue Hosen, schlampig geschnürte braune Segelschuhe mit Salzrändern, und auf dem Rücken seines einigermaßen weißen T-Shirts war ein betrunkener dicker Wikinger abgebildet. Auf der Höhe von Floda ertönte wieder sein Handy.

»Hallo, Lars!« kreischte er, und dann war die Verbindung unterbrochen.

Håkan und Lollo sahen sich in plötzlichem Einvernehmen an.

»Haben diese jungen Leute eigentlich Spaß?« fragte Lollo. »Ich glaube, wir hatten es lustiger. Obwohl wir keine Computer und Handys hatten, meine ich.«

Håkan zuckte die Achseln.

»Jazz zu spielen, das hat Spaß gemacht«, erwiderte er, »vor allem Dixie. Ansonsten war es nichts Besonderes, jung zu sein. Ich erinnere mich kaum an irgend etwas. Und die besten Sachen in Göteborg gibt es immer noch, auch wenn man nicht jung ist. Göteborg Blauweiß, Maigirlanden und frische Krabben. Eine Mistel an Weihnachten, falls man romantisch veranlagt ist. Die Stadtbücherei. Das Angeln im Wallgraben an Himmelfahrt. Stockfisch.«

Sie schielte auf seinen Teller.

»Ich dachte schon, du wärest vielleicht Vegetarier.«

Er lachte.

»Nein, aber Schlachter. Ich arbeite in Skara. Da ist man Schweinefleisch dann irgendwann leid.«

»Und ich dachte, du würdest bestimmt Professor. Das haben alle gesagt. Du bist doch sogar auf ein College in den USA gegangen, oder? Und Griechisch konntest du auch. Sogar Altgriechisch, was so schwer ist. Daran muß ich immer denken, wenn ich auf Rhodos bin. Wir, meine ich. Jeden Januar fahre ich eine Woche dorthin. Also, wir. Ist Pyttan auch in der Branche?«

Er goß sich den Rest aus der kleinen Flasche Rioja ein.

»Ich habe alles hinter mir gelassen, was mit Wissenschaft und Karriere zu tun hatte, und bin Ende der siebziger Jahre aufs Land gezogen«, erklärte er. »Das ist jetzt schon lange her. Aber in meiner Freizeit lese ich, zumeist Romane. Das habe ich nie getan, als ich noch jung war. Ich bin ein Allesfresser: Klassiker und Moderne, immer abwechselnd. Zuletzt habe ich ›Die Schlange‹ von Stig Dagerman gelesen. Das kann ich wirklich empfehlen. Es heißt ja, daß die Leute nicht mehr lesen würden, da scheine ich also eine Ausnahme zu sein. Ich wohne auf einem kleinen Hof, den ich geerbt habe. Ich habe sogar ein paar Tiere.«

»Ich hoffe, du findest es nicht unangenehm, wenn ich hier sitze und Schinken esse.«

»Ganz und gar nicht, im Gegenteil. Außerdem kann ich sehen, daß es schwedisches Fleisch ist.«

Lollo sah auf. Das war offenbar kein Witz. »Und woran erkennst du das?«

»Jetzt komm dir bloß nicht dumm vor. Ein Laie kann das nicht sehen. Aber ich kann sofort den Schinken von einem Schwein, das Fenster mit Tageslicht in seinem Stall hatte, von dem eines Schweins unterscheiden, das frei herumwühlen und sich bewegen durfte und dem nicht der Schwanz kupiert wurde. Ein Schwein, das niemals Kadavermehl oder Antibiotika im Futter hatte.«

»Ich komme mir überhaupt nicht dumm vor«, erwiderte sie.

Er sah erstaunt aus.

»Aber natürlich imponiert mir das.«

Er betrachtete mit Wohlwollen ihren Teller. »Ein schwedisches Schwein. Ein Qualitätsschwein.«

Sie versteckte die Schinkenscheibe unter einigen Scheiben Roter Bete und dachte über das Leben der schwedischen Schweine nach, während der Zug an Aspen vorbeirauschte. Irgend jemand war auf den Sprungturm im Humlebad geklettert und hatte dort einen beleuchteten Tannenbaum angebracht.

»Und du?« fragte er. »Was arbeitest du?«

Sie zuckte die Achseln. »Hausfrau. Luxushausfrau!«

Er starrte sie an. »Jetzt machst du aber Witze. Du warst doch immer so extrovertiert. Das habe ich jedenfalls immer gedacht. Überall, wo ich war, habe ich dich gesehen. Sogar im Fußballstadion, und da gingen fast nie irgendwelche Mädchen hin.«

Er schüttelte den Kopf und fuhr fort, die inzwischen gummiartige Quiche kreuz und quer zu zerschneiden.

»Na ja, eigentlich war ich nur Hausfrau, als die Kinder klein waren. Jetzt arbeite ich auf dem Finanzamt.« Sie holte tief Luft und schielte auf seinen Ehering. »Dann bist du also glücklich verheiratet, Håkan?«

»Ich war dreizehn Jahre lang glücklich verheiratet. Mit Pyttan. Kanntest du sie?«

»Sie ging in meine Parallelklasse«, sagte Lollo leicht säuerlich und schob den Teller von sich. »Dann hast du also Pyttan geheiratet. Na, klar, Pyttan mit den Grübchen und dem goldgelben Haar.«

»Ja, wir haben geheiratet, als Pyttan ein Kind erwartete«, sagte Håkan. »Mein Kind. Ein Mädchen, das Hanna hieß. Es ist gestorben. Pyttan auch. Sie sind zusammen bei einem Autounfall ums Leben gekommen, an einem Hang, drei Kilometer vom Hof meines Schwiegervaters entfernt. Da war so ein Baum ...« Seine Stimme hatte sich verändert. »Jetzt sind alle aus der Familie tot.«

Sie griff nach seiner Hand, die trocken und kalt war. »Das tut mir leid«, sagte sie.

»Mir auch.«

In Sävedalen leuchteten die Tannenbäume und die Adventsleuchter in den Fenstern, und in den Gärten standen beleuchtete Bäume in viel zu vielen Farben. Warum hatte sie ihn nicht gleich gefragt? Jetzt war alles zu spät.

»Du mußt nicht so traurig aussehen«, sagte Håkan. »Es ist ziemlich lange her. Und ich fühle mich auf dem Hof zu Hause.«

»In Kürze erreichen wir Göteborg Hauptbahnhof«, sagte eine der Weihnachtsfrauen durch den Lautsprecher. Die Stimme bedankte sich im Namen der Schwedischen Eisenbahn SJ, daß die Passagiere SJ gewählt hatten, und wünschte ihnen schöne Weihnachten und hoffte, sie bald wieder bei SJ begrüßen zu dürfen.

Håkan und Lollo blieben auf dem Bahnsteig zurück.

»Was für eine kleine Tasche du hast!«

»Ja, das Schlagzeug steht bei Love, einem Kumpel aus der Band. Ich brauche ja nicht viel Gepäck, wenn ich nur auf den Fischmarkt gehe, zum Grab meiner Eltern und zur Frühmette in die Oskar-Fredrik-Kirche. Soll heißen: Jedes Jahr beschließe ich, zur Frühmette dorthin zu gehen, wie wir es immer gemacht haben, als ich noch klein war, aber inzwischen gibt es niemanden mehr, der mich rechtzeitig weckt, und deshalb verschlafe ich immer. Nach Neujahr, wenn wir auf der Party der einsamen Herzen gespielt haben, fahre ich wieder nach Hause. Das Leben ist für einen alten Einsiedler doch ganz erträglich geworden.«

»Du hast also nicht wieder geheiratet oder jemand anders kennengelernt?«

Er schüttelte lächelnd den Kopf. »Nein«, sagte er. »Aber es ist schön zu hören, daß du glücklich verheiratet bist. Ich finde, du solltest Marcel einen Plastikbaum kaufen. Das Leben ist kurz. Sorge für ihn.«

»Er heißt Pierre.« Sie biß sich auf die Unterlippe.

Wenn sie ihn nur noch etwas festhalten könnte.

»Du siehst überhaupt nicht aus wie ein Schlachter, Håkan. Du bist weder breit noch blutig. Du bist wirklich wie früher. Immer noch schick.«

Er sah auf die Uhr. Das Zifferblatt war nach unten gedreht. »Ich muß mich beeilen, damit ich es noch zum Fischmarkt schaffe. Die machen heute sicher früh zu. Oder vielleicht sollte ich besser zur Markthalle gehen? Also, ich muß los. War schön, dich zu sehen, Lollo. Vielleicht laufen wir uns so in dreißig Jahren mal wieder über den Weg.«

Er umarmte sie etwas linkisch, zog dann die Handschuhe an und eilte davon.

»Håkan, warte!« rief sie.

Er hielt inne und ging ein paar Schritte auf sie zu. »Ja, was ist denn?«

Lollo biß sich auf die Unterlippe.

»Nichts. Oder doch. Sieh mal.« Sie stellte sich breitbeinig hin, mit den Armen in der Luft. »Erkennst du mich?«

Er sah etwas nervös aus und schüttelte leicht verwirrt den Kopf, während die Leute Lollo anstarrten.

»Ich bin die Frau aus dem Fernsehen, weißt du. Die, die mit Mann und Kindern in das kleine Dorf in den Alpen kommt. Und dann scheuern der Mann und die Kinder die Gartenmöbel, während sie im Haus saubermacht. Und irgendwann sind sie alle fertig, und dann lachen sie, und sie stellt sich so hin wie ein X, und dann verwandelt sie sich in eine Flasche Ajax. Mein Mann ist der mit dem karierten

Hemd, also Pierre, und der kleine Junge ist unser Kleiner. Oder vielleicht auch unser Enkel, ich erinnere mich nicht mehr so genau.«

Er sah sie traurig an.

»Ich habe keinen Fernseher. Aber eine anständige CD-Sammlung. Ziemlich viel Jazz und Dixie. Tschüß, Lollo. Schöne Weihnachten.«

»Schöne Weihnachten, Håkan«, erwiderte Lollo, streckte sich und umarmte ihn fest.

Sie sah aus, als sei sie den Tränen nahe. Die Vorweihnachtszeit ist schon stressig für die Frauen, dachte Håkan. Vor allem, wenn sie halbtags auf dem Finanzamt arbeiten. Und dann nach Hause und Plätzchen backen und alles weihnachtlich dekorieren.

»Nimm doch mal deinen Mann im karierten Hemd mit und komm mal, wenn wir spielen«, schlug er freundlich vor. »Wir heißen die ›Old Rotten Blue Eyed Boys‹.«

»Soll das der Name einer Band sein?«

Er nickte und legte ein schiefes Lächeln auf. »Du könntest ja auch an Silvester zum Ball der einsamen Herzen kommen. Aber das ist nur für Singles, geht also nicht.«

Jetzt ging er mit festen Schritten davon.

In der Straßenbahn setzte sie sich auf den ersten Platz an der Tür, obwohl sie überhaupt nicht gehbehindert war, und plötzlich entdeckte sie den »Hallo-Lars-Typ« aus dem Zug, diesmal von vorn. Er sah ganz und gar nicht so langweilig aus, wie sie gedacht hatte. Unterm Arm trug er seinen Laptop und sah gedankenverloren mit fast durchsichtigen Augen über den Brunnsparken. Kürzlich hatte sie solche Augen im Fernsehen gesehen, bei einer Schriftstellerin, die über Norrbotten geschrieben hatte. Und Håkan hatte keinen Fernseher. Und keine Frau. Warum hatte er das nicht gleich von Anfang an gesagt? Warum trug er auch einen Ring? Alles war schiefgegangen. Und warum hatte sie diese dumme Ajax-Nummer abgezogen? Sie hätte doch wissen müssen, daß er es haßte, Aufsehen zu erregen. In dieser Hinsicht hatte er sich offenbar überhaupt nicht verändert.

Der Weihnachtsbaum auf dem Gustav Adolfs torg schwankte bedenklich im starken Wind. Auf der Löwentreppe brannten ganz viele kleine Lichter, obwohl es nicht einmal zu dämmern begonnen hatte. In der Brust tat es genauso weh wie damals am Kai in Marstrand.

Wenn er sie nun gebeten hätte, mit einkaufen zu gehen und vielleicht ins Bräutigams, um einen Cappuccino zu trinken. Wie unrealistisch sie doch war. Die Konditorei gab es ja gar nicht mehr.

Als der Wagen von der Avenyn abbog und vor der Kunstakademie Valand anhielt, stieg der junge Mann mit dem Laptop aus und fiel direkt in die Arme eines Mädchens, das vor dem Kaufhaus Nordlöfs wartete. Sie küßten sich immer noch, als die Bahn wieder anruckte und in Richtung Vasaplatsen weiterfuhr. Lollo schloß die Augen, als die Bahn an der Stelle vorbeifuhr, wo die Buchhandlung gewesen war, als Håkan aufs Vasagymnasium ging und sie selbst aufs Rudebecks.

Am Brunnen beim Järntorget hatte sich eine kleine Gesellschaft von Saufbrüdern versammelt, um Weihnachten zu feiern. Lollo kaufte im Kiosk eine Zeitschrift mit Fernsehprogramm, um bloß keinen einzigen Teil der Verfilmung von Selma Lagerlöfs »Jerusalem« zu verpassen. In diesem Jahr würde sie sich ganz fest auf »Jerusalem« konzentrieren, auf »Dinner for one«, das ihr schon immer gut gefallen hatte, und auf Margareta Krook, die Tennyson lesen würde. Sowie sie zur Tür hereinkam, würde sie einen Glühwein trinken, um die Zugfahrt so schnell wie möglich zu verdrängen.

Einem plötzlichen Impuls folgend kaufte sie im Laden an der Ecke den ersten Mistelzweig ihres Lebens und war schon bald vor dem Haus in der Linnégatan angekommen, in dem sie, von elf Monaten abgesehen, ihr ganzes Leben verbracht hatte. Obwohl sie nicht müde war, ging sie mit bedächtigen Schritten die Treppe hinauf. Irgend jemand hatte in alle Fenster, die zum Hof hinaus lagen, rote und weiße Weihnachtssterne in Töpfen mit grünen Kreppapiermanschetten gestellt. Lollo haßte Weihnachtssterne.

Sie schloß auf, nahm die beiden Tageszeitungen und die Werbesendungen aus dem Kasten, die sich in den zwei Tagen angesammelt hatten, in denen sie zum Computerkurs in Stockholm gewesen war. Auf dem Anrufbeantworter waren zwei Nachrichten, die eine war von einem Cousin, der die Adresse von gemeinsamen Verwandten in Stavanger wollte, und die andere von einem Mann, der eine Rentenversicherung verkaufen wollte.

Sie beschloß, nicht zu weinen, und zündete statt dessen alle Kerzen an, die sie finden konnte, bis die Wohnung wie der Altar in einer katholischen Kirche aussah.

Dann machte sie die CD mit Mystos Hot Lips an und drehte voll auf. Tin Roof Blues. Sie lächelte sich probehalber im Flurspiegel an. Und als sie dann den Plastiktannenbaum zusammenschraubte, fühlte sie sich schon etwas besser.

Håkan ging mit langen, federnden Schritten durch die Stadt. Er verspürte einen wehmütigen Stich in der Brust, als er an Buttericks vorbeikam, wo Pyttan einmal in den Sommerferien gearbeitet hatte. Am Dom entlang, wo er vor vielen Jahren einmal im Knabenchor gesungen hatte. Dann die Markthalle. Die Schlange am Fischstand war lang, aber er hatte es nicht eilig. Regenbogenlachs. Norwegischer Fjordlachs. Geräucherter Aal. Gebeizter Lachs. Krabben, frisch geräucherte Krabben. Jakobsmuscheln. Eingesalzener Lengfisch, Stockfisch, Senfhering. Geräucherte Makrele. Es war wie Musik. Und zwar nicht Lasse Dahlquist. Nicht Rock 'n' Roll. Das hier war Dixie. Er konnte nicht umhin zu lächeln. Und dabei war er ansonsten ein Mann, der seine Gesichtsmuskulatur im Griff hatte.

Am Fleischstand nebenan drängten sich noch mehr Kunden, abgehetzte Hausfrauen, verliebte Paare, feine Herren, die einen Kochkurs besucht hatten, einsame winzigkleine alte Tanten.

»Wenn Sie das heute marinieren, dann haben Sie am Weihnachtstag einen wunderbaren Braten«, rief die junge Angestellte mit dem Pferdeschwanz über den hohen Glastresen der kleinen Dame im braunen Mantel und Angorabaskenmütze zu.

»Marinieren«, erwiderte sie. »Dummes Geschwätz. Ich will einfach einen Braten machen, so wie ich es immer gemacht habe. Ich will doch keine Grillparty veranstalten.«

Manchmal vermißte Håkan den Göteborger Dialekt, die rauhen Worte in der Markthalle oder auf dem Fischmarkt.

Der falsche Kaviar von diesem Jahr war eingetroffen. Er kaufte eine ganze Dose davon, einen halben Hummer, ein Netz Muscheln, ein paar Scheiben Lachs und ging dann pfeifend aufs Kungstorget hinaus, das unter seiner funkelnden riesigen Königskrone so weihnachtlich hübsch aussah. Zuerst wußte er nicht einmal, was er da pfiff, doch am Wallgraben fiel es ihm ein: Tin Roof Blues. Bis zum nächsten Wallgrabenangeln würde er sich eine neue Angel anschaffen. Eine lange japanische. Er wollte nicht unbedingt gewinnen, nur sich selbst besiegen, und im vorigen Jahr hatte er Glück gehabt. Die Luft fühlte sich salzig und wunderbar an. Es gefiel ihm auf dem Land, aber er war fast ein wenig aufgeregt, wenn er heim nach Göteborg kam.

Plötzlich mußte er an Lollo denken, die hier ganz in der Nähe gewohnt hatte. Wahrscheinlich hatte er seit den sechziger Jahren nicht an sie gedacht, und davor auch nicht besonders oft. Sie war immer so umschwärmt gewesen. Süß, aber entsetzlich laut und redselig, sie hatte immer alle Lacher auf ihrer Seite. Er selbst hatte immer schweißnasse Hände gehabt, außer wenn er Schlagzeug spielte natürlich.

Pyttan war nie so anstrengend gewesen, sondern weiblich, still und folgsam. Und naturblond.

Er hörte auf zu pfeifen. Plötzlich war er am Fischmarkt und warf einen sehnsüchtigen Blick auf die Stelle, wo man beim Wallgrabenangeln seinen Fang messen und wiegen lassen konnte. Er lächelte in sich hinein, als er sich an den glücklichen Fischzug des Vorjahres erinnerte, und er konnte sich nicht verkneifen, in den Fischmarkt zu gehen, obwohl er ja bereits eingekauft hatte.

Die Fische waren wie Musik für ihn, wenn sie so glitzernd, verführerisch, duftend und salzig frisch dalagen. Er ging von Stand zu Stand. Ein Anglerfisch, welch ein Prachtexemplar, und wie die Lachsscheiben glänzten! Die Weißlinge glitzerten. Die Schollen lagen ordentlich aufgereiht, und beim Anblick der riesigen Heilbutte lief ihm eine Gänsehaut über den Rücken. (Ob er vielleicht anfangen sollte zu tauchen?) Über die importierten Riesengarnelen konnte er hingegen nur die Nase rümpfen. Er warf einen letzten Blick auf die Haie, den Thunfisch und die wendigen Händler mit ihren scharfen Filetiermessern, und dann ging er wieder hinaus.

Er wünschte sich eine große Familie, Verwandtschaft, einen Freundeskreis. Der kleine Hof seiner Schwiegereltern war sehr abgelegen. Eigentlich war er nur während der Jagdsaison mit Freunden zusammen, draußen in der Natur. Beim Musikmachen traf er auch Leute, aber dafür mußte er immer in die Stadt fahren. Gäste hatte er niemals.

Auf dem Järntorget ging ein kalter Wind, doch schon bald kam er in die Fjärde Långgatan und holte die Lesebrille hervor, um den Notizzettel mit dem Türcode lesen zu können, den er in seinem Portemonnaie trug. Er stieg mit langen Schritten die Treppe hinauf und steckte den Schlüssel ins Schloß. Love würde erst zwischen den Jahren von Gran Canaria zurückkommen und hatte das Schlagzeug schon vorsorglich in die Mitte des Wohnzimmers gerückt. Sein Freund wußte, wie Håkan Weihnachten zu verbringen gedachte.

Håkan legte die Weißweinflasche ins Tiefkühlfach, denn er wollte schon am Nachmittag essen, und da sollte der Wein kalt sein und der Käse Zimmertemperatur haben.

Dann setzte er sich ans Schlagzeug. Etwas später deckte er sich mit Loves chinesischem Porzellan den Tisch in der Küche. Er holte den falschen Kaviar aus dem Kühlschrank und füllte ihn in eine finnische Glasschale, den Hummer legte er auf ein silbernes Tablett. Den Wein goß er in einen grünen Krug.

Dann sah er lange die Plattensammlung durch, ehe er einen passenden Chris Barber fand und damit begann, in der Küche die roten Zwiebeln zu hacken.

Es war noch nicht dunkel.

Doch plötzlich fiel ihm ein, daß er vergessen hatte, Käse zu kaufen. Brie mußte er haben. Und Bel Paese. Etwas Gorgonzola. In Loves Kühlschrank gab es nur einen mit rotem Plastik umwickelten gewöhnlichen Schnittkäse. Håkan verzog das Gesicht und sah auf die Uhr.

Fünf vor drei. War nicht unten an der alten Feuerwache eine gute kleine Markthalle eröffnet worden, die Briggen hieß? Bestimmt machte die um drei Uhr zu. Er ließ die Musik laufen, warf sich die Jacke über und rannte die Treppe hinunter.

Lollo saß auf dem Sofa und starrte auf ihren Tannenbaum. Vielleicht sollte sie später den Fernseher anstellen, aber Donald Duck hatte sie eigentlich noch nie gemocht. Er war so ein cholerischer Typ. Sie zog ruhige, nette, etwas langweilige Männer vor. So wie Håkan oder ihr Vater. Sie holte das Bild von ihrem Vater, das sie in der Küche an der Pinnwand hängen hatte. Während ihrer letzten gemeinsamen Reise hatte sie ihn mehrmals fotografiert. Sie waren zusammen nach New Orleans gefahren, und jetzt war sie froh, daß sie das noch geschafft hatten.

Sieben Monate und vier Tage war es jetzt her, daß er gestorben war. Das erste Weihnachten ohne Papa. Er war es gewesen, der richtige Tannenbäume gewollt hatte, denn er kam ja selbst vom Land. Aus Norrland. Wenn sie nieste, fand er, sie solle sich nicht so anstellen.

Er war im Vasa Sjukhus gestorben, und sie hatte auf einem Holzstuhl neben dem Bett gesessen. Am Morgen hatte er zum letzten Mal unter großer Anstrengung gesprochen.

»Ich habe einen großen Fehler gemacht, Louise«, hatte er gesagt. »Es ist die tragische, aber absolut lebensnotwendige Aufgabe der Eltern, sich selbst überflüssig zu machen, sobald die Kinder groß sind. So wie die Tiere es tun: Sie schubsen ihre Jungen aus dem Bau, wenn sie groß genug sind. Sie machen sich den Jungen zuliebe überflüssig. Sie zwingen sie dazu, allein klarzukommen, weil sie sie lieben. Das habe ich nie über mich gebracht.«

Lollo strich ihm über die Wange. »Es ist in Ordnung, Papa«, sagte sie, »ich komme trotzdem klar.«

»Aber ich wünschte, du wärest nicht allein geblieben. Du bist jetzt eine Frau mittleren Alters, und du hast nie richtig gelebt.«

»Doch, das habe ich, Papa. Und ich habe massenhaft Freunde. Erinnerst du dich noch an New Orleans?«

»Und daß du nie über diesen Jungen hinweggekommen bist, in den du so verliebt warst. Mama und ich haben viel darüber geredet.«

Am selben Abend um fünf Minuten nach acht war er gestorben, und er hatte sehr friedlich ausgesehen. Sie hatte ihm versprochen, höchstens zehn Tage lang Schwarz zu tragen (das war ziemlich schwierig, denn sie trug fast immer schwarze Kleidung) und die kleine Beerdigungsgesellschaft zum Kaffee ins Vita Bandet im Slottsskogen einzuladen.

Früher hatte sie ihn immer verärgert verbessert, wenn er das sagte. Viele Lokale, darunter auch das Vita Bandet, trugen seit langem einen anderen Namen. Man sagte also nicht mehr Vita Bandet, ebenso wie man nicht mehr vom Vasa sprach, sondern vom Schillergymnasium (auch wenn Håkan natürlich am Vasa Abitur gemacht hatte).

Doch als ihr Vater im Sterben lag, hatte sie ihn Vita Bandet sagen lassen, ohne zu widersprechen, und er hatte mit glitzernden Augen gelächelt, denn er wußte sehr wohl, daß er es falsch sagte.

Sie hängte das Foto zurück an die Pinnwand und holte das Fotoalbum, in dem es ein Bild von einer Klasse am Vasagymnasium gab. Die Lateinklasse, altsprachlich, ein Klassenfoto, das sie in den sechziger Jahren in aller Heimlichkeit zu einem sehr hohen Preis einem von Håkans Klassenkameraden abgekauft hatte.

Håkan war der einzige, der auf dem Bild ernst aussah, und ihr Herz schlug höher.

Lollos Mutter war vor über zwanzig Jahren gestorben, und da war die Tochter nach einem kurzen Zwischenspiel in einer Abbruchwohnung im Stadtteil Haga wieder nach Hause gezogen. Zurück zu ihrem Papa.

Was spielte das schon für eine Rolle? Sie war ja sowieso allein. Sie hatten einander respektiert, und jeder hatte seine eingespielten Gewohnheiten gehabt. Einige davon wollte sie beibehalten, andere nicht. Misteln hatten sie nie gehabt.

Die Tradition verlangte gepökelten Schinken, Käse und Hering am Heiligabend um drei Uhr. Gouda, Västerbotten, Cheddar. Bier und einen Johannisbeerschnaps zum Schinken und zur Sülze. Sie ging in die Küche und begann den Tisch zu decken. Vielleicht sollte sie Håkan, falls sie sich jemals wiedersahen, einfach sagen, daß sie gelogen hatte. Sie hatte ohnehin nichts zu verlieren.

Für den Fall, daß sie möglicherweise eventuell vielleicht ziemlich wahrscheinlich auf die Silvesterparty für Singles bei den Einsamen Herzen ging, würde sie direkt auf das Schlagzeug zugehen, ihm befehlen, sie anzusehen, und gestehen, daß sie keinen Mann im karierten Hemd hatte und auch keine kleinen Kinder, die Gartenmöbel schrubbten. Sie lächelte vor sich hin, während sie den Hering aus dem Kühlschrank holte. Und da fiel ihr auf, daß sie völlig vergessen hatte, Käse zu kaufen. Es war zehn vor drei.

Bestimmt würde sie es schaffen, noch schnell zur Markthalle Briggen an der alten Feuerwache zu laufen, ehe sie zumachte.

Sie zog den Mantel an und lächelte sich selbst im Flurspiegel zu. Als sie den Mistelzweig auf dem Tisch sah, blieb sie stehen und steckte ihn in den Kronleuchter im Flur. Dann drückte sie zweimal auf die Wiederholungstaste des CD-Spielers. Sie wollte zu den Klängen von Tin Roof Blues nach Hause kommen.

Im Treppenhaus war es beinahe stickig.

Obwohl sie es eilig hatte, blieb sie im zweiten Stock stehen und öffnete ein Fenster zum Hof.

Auf einem Blechdach saß eine Elster und lachte rhythmisch. Lollo lehnte sich so weit hinaus, daß einer der Weihnachtssterne aus dem Fenster fiel. Lächelnd holte sie tief Luft, ehe sie weiter die Treppe hinunterlief. War da nicht ein Hauch von Frühling in der Luft?

MAJGULL AXELSSON
Schwindel

Die Stadt kreiste gemächlich um ihre Achse. Sie rotierte sacht und etwas ruckartig, als wären ihre Kugellager verbraucht und müßten geölt werden.

Will nicht, dachte sie und schloß die Augen, nur um sie gleich wieder aufzumachen. Muß. Will aber nicht.

Nicht noch eine fremde Stadt.

Nicht noch ein fremdes Zimmer.

Nicht noch mehr fremde Menschen.

Will nach Hause.

Aber zu Hause gab es nicht. Es war die heimatlose Zeit des Lebens.

Also hörte sie auf zu blinzeln und bezwang den Schwindel, wurde wieder sie selbst oder zumindest die, für die sie sich hielt. Zwang sich dazu, sich umzusehen. Ja. Auf der gegenüberliegenden Straßenseite war eine Zimmervermittlung. Sie war angekommen.

Der Winter kniff ihr in die Oberschenkel, während sie über die Drottninggatan ging. Es war Dezember 1967, und ihr Rock war sehr kurz.

Alle neuen Städte rotieren. Das ist nichts, worüber man sich Gedanken machen müßte. Das wußte sie schon.

In zwei Jahren hatte sie zwei Länder, vier Städte, acht gemietete Zimmer und Hunderte von Menschen abgearbeitet, darunter drei fröhliche englische Putzfrauen, zwei übelgelaunte walisische Köche, einen sauertöpfischen italienischen Chef, fünfundfünfzig naserümpfende schwedische Telefonistinnen, eine böse Zeitungsverlegerin, einen faulen und einen freikirchlichen Chefredakteur, drei nervöse Gymnasiasten auf dem Weg zum linken Rand des politischen Spektrums sowie achtzehn småländische Journalisten unterschiedlichen Charakters. Sie erinnerte sich an keine Adressen, keine Telefonnummern und keine Namen. Es hatte keinen Sinn, sich etwas merken zu wollen.

Jetzt war sie dabei, sich ein neues Zimmer in einer neuen Stadt zu mieten. Am liebsten unmöbliert.

Die Frau in der Zimmervermittlung lachte. Unmöbliert? Na, schönen Dank. Womöglich noch mit einer eigenen Küche? Und Balkon?

Das war nicht nötig. Etwas Einfaches reichte ihr.

Es gab weder etwas Feines noch etwas Einfaches. Wenn es unmöbliert sein sollte. Was es gab, war ein möbliertes Zimmer oben in Ektorp. Aber es war schön, sehr schön. Modern. Mit eigenem Eingang und eigener Toilette. Und einer richtigen Kochecke. Für nur dreihundert Kronen im Monat.

Dem Mädchen schwindelte. Dreihundert? Gab es nichts Billigeres?

Nein. Was anderes gab es nicht.

Und ein Ofenzimmer? Sie hatte gehört, daß es in dieser Stadt etwas geben sollte, was »Ofenzimmer« genannt wurde, einfache unmöblierte Zimmer, nur mit einem Ofen.

Ja, sicher. Es gab solche Ofenzimmer. In Massen. Aber keins davon war frei. Sie waren belegt mit entlassenen Textilarbeitern und Mädchen, die das Vorschullehrerinnenseminar oder Lennings Textilinstitut besuchten. Das einzige, was es gab, war ein möbliertes Zimmer oben in Ektorp. Für dreihundert Kronen im Monat.

Da mußte sie es wohl nehmen. Ab dem Fünfzehnten.

Als sie herauskam, war es schon dunkel, obwohl es erst früher Nachmittag war. Sie blieb stehen, knöpfte ihren Dufflecoat zu und sah sich die Weihnachtsdekoration über der Drottninggatan an. Die Straßenlaternen leuchteten und schwangen leicht hin und her, während sie der Bewegung der Stadt folgten. Eine Straßenbahn mit gelben Fenstern ratterte vorbei, es sah gemütlich aus und erinnerte sie an »Die

Räuber von Kardemomme«, ein Theaterstück aus Kinderzeiten. Vielleicht würde gleich Wachtmeister Bastian vorbeipatrouillieren. Und vielleicht bereiteten irgendwo in der Nähe Kasper, Jesper und Jonatan ihren nächtlichen Raubzug vor.

Ach. Sie sah sich rasch um und befürchtete plötzlich, jemand könne sehen, was sie dachte. Man darf doch nicht kindisch sein, wenn man zwanzig ist. Mit siebenundzwanzig, achtunddreißig oder dreiundsiebzig ist das völlig in Ordnung, aber nicht mit zwanzig. Da ist die Kindheit noch zu nah, da muß sie auf Abstand gehalten und verachtet werden.

Andrerseits, dachte sie, während sie die Straße hinunterging, wäre es gar nicht so dumm, ein paar Räubern zu begegnen. Tatsache war, daß sie einen Räuber oder zwei gut gebrauchen konnte, daß sie froh und dankbar gewesen wäre, wenn sie in diesem Moment jemanden sehen würde, der einen Stein in ein Schaufenster warf und von allem etwas an sich raffte. Da hätte sie ihren Block aus der Handtasche ziehen, sich ein paar Notizen machen und am nächsten Morgen mit einer starken Ich-war-dabei-Schilderung in die Redaktion rauschen können. Vielleicht würde sie dann endlich eine Antwort auf die Frage erhalten, die sie am ersten Tag in ihrem neuen Job nicht zu stellen gewagt hatte. Gab es bei der Zeitung einen Kriminalreporter? Oder könnte sie vielleicht ihr Interesse für diesen Job anmelden?

Sie schrieb gern über Verbrechen. Während ihrer Zeit als Volontärin in zwei völlig anderen Städten hatte sie sich ausgehungert auf jede Gelegenheit gestürzt, die Polizei wegen der neuesten Ermittlungen anzurufen, und wenn sie einmal über einen Prozeß hatte berichten dürfen, dann war sie so dankbar gewesen, daß sie vor dem Redaktionsleiter fast einen Knicks gemacht hatte.

Sie begriff selbst nicht, was an der Sache so verlockend war, sondern wußte nur, daß es ein ganz besonderes Gefühl war, nach einem Ausflug zum Gericht in die Redaktion zurückzukehren. Dann breitete sich, wenn sie das Papier in die Schreibmaschine spannte, ein süßer Geschmack in ihrem Mund aus. Erst viele Jahre später sollte sie lernen, diese Süße als den ganz eigenen Geschmack des Erzählens zu erkennen. Damals hatte sie sich noch nicht klargemacht, daß sie wegen des Erzählens hatte Journalistin werden wollen. Sie hatte sich lediglich darein gefügt, daß der alltägliche Kleinkram mit Protokollen, Umfragen und kleinen Interviews seine festen Formen hatte und daß Abweichungen nicht toleriert wurden. Aber im Gericht war sie frei, da konnte alles mögliche geschehen, und falls nicht, konnte doch der kleinste Diebstahl wie ein Schicksalsdrama geschildert werden. Aber das änderte nichts daran, daß ganz oben auf ihrer Wunschliste zu Weihnachten ein richtiger bluttriefender Mord stand. Doch sollte er nicht vor dem Fünfzehnten geschehen. Erst mußte sie ihr neues Zimmer beziehen.

Die Stadt drehte sich weiter, die Kugellager knirschten, und die Drottninggatan verwandelte sich mit einemmal in eine völlig andere Straße. Die Jungreporterin seufzte über die Unbegreiflichkeit der Welt und beschloß im selben Augenblick, das einfach zu ignorieren, steckte die Hände in die Taschen ihres Dufflecoats und ging los. Jetzt, da die Frage der Unterkunft geklärt war, würde sie den Rest des Nachmittags auf die Suche nach drei weiteren Notwendigkeiten verwenden: einem Lokal zum Essen, einer Gelegenheit zum Telefonieren und einer Pfandleihanstalt. Wenn sie Glück hatte, dann würde sie auch noch die Nabe finden, die Nabe, die es geben mußte, die es in jeder Stadt gab. Neue Städte hören nie auf zu rotieren, ehe man die Nabe gefunden hat.

An einem Wintertag viele Jahre später sitze ich an meinem Schreibtisch und beobachte sie, wie sie sich mit nassen Gummischuhen und zerschlissenem Dufflecoat durch den Schneematsch kämpft. Ich kenne sie nicht mehr, aber ich weiß doch alles über sie. Ich weiß, daß sie unter dem Dufflecoat ein Mantelkleid aus Pfeffer-und-Salz-Tweed trägt und daß sie einen Hüfthalter hat, der an der Taille scheuert, und außerdem weiß ich, daß zwischen dem Strumpf und dem unteren Rand der Unterhose ein Spalt entstanden ist, ein Stück nackter Haut, die sich in der Kälte langsam rötet und zu schmerzen beginnt.

Sie macht mich ungeheuer wütend, obwohl sie so weit weg ist. Ich will sie packen, in den nächsten Eingang zerren und sie schütteln. Was ist los mit ihr? Was? Warum kapiert sie nichts? Warum hat sie sich nicht ein paar ordentliche Wollhosen gekauft? Warum haben ihre Handschuhe Löcher? Und warum läuft sie herum und phantasiert von bluttriefenden Morden, wo sie doch lieber die neue Stadt kennenlernen sollte? Warum sucht sie statt einer Pfandleihanstalt nicht die Bibliothek oder das Museum?

Andererseits sehe ich natürlich ein, daß sie auf ihre Weise pragmatisch handelt. Sie braucht ein Lokal zum Essen, wenn sie überhaupt etwas zu essen bekommen will. Und sie braucht ein Telefon, um diesen Gefreiten im Infanterieregiment in Eksjö anrufen zu können, der ihr Anker ist und bleibt und der notdürftig verhindert, daß sie sich völlig in einem Nebel aus Träumen und Phantasien auflöst. Außerdem muß sie eine Pfandleihanstalt finden, denn wir wissen beide nur zu gut, daß sie in ungefähr einer Woche in ein völlig leeres Portemonnaie blicken wird, weil sie nach dem Prinzip lebt, daß es am sichersten ist, das Geld auszugeben, bevor es alle ist. Folglich trägt sie ihren Schmuck immer nur in der ersten Monatshälfte, verpfändet ihn am zehnten und löst ihn am fünfundzwanzigsten wieder aus. Monat für Monat, Jahr für Jahr. Das macht ihr gar nichts aus.

Aber die neue Redaktion, die macht ihr etwas aus. Die beunruhigt sie. Um ehrlich zu sein, macht sie ihr angst. Das fing schon beim Einstellungsgespräch an, als sie in ihrem allerbesten braunen Flanellkleid (im Anschluß an den Besuch bei der Pfandleihe in Jönköping erstanden) das neuerbaute Zeitungsgebäude in der Idrottsgatan in Norrköping betrat. Das war also das »Folkbladet Östgöten«, eine sozialdemokratische Nachmittagszeitung mit einer Auflage von ungefähr 25 000 Exemplaren, ein modernes Tabloid mit großen Bildern und schicken Vignetten.

Das Haus ähnelte in keiner Weise den Zeitungsgebäuden, in denen sie Volontärin gewesen war. Hier gab es weder die etwas laienhafte He-komm-doch-mal-eben-und-hilf-mir-Atmosphäre in den beiden vollgestellten Zimmern, aus denen die »Tranås-Posten« bestanden hatte, noch die leicht depressive mürrische Art, die die Arbeit beim »Smålands Folkblad« in Jönköping so schwer gemacht hatte. Dies war ein richtiges Zeitungshaus, ein modernistischer Kubus mit vielen Fenstern, so neu, daß es glänzte. Außerdem schien es richtige Journalisten zu beherbergen, nicht nur eine Menge hergelaufener Leute, die man angestellt hatte, weil sie zufällig vorbeigekommen waren.

Richtig war ein wichtiges Wort für dieses Mädchen. In ihrem Leben sollte alles richtig laufen, auch wenn sie selbst noch nicht einmal wußte, was sie damit meinte. Wenn ich ihr jetzt, viele Jahre später, dieses Wort entwinde und es betrachte, dann kann ich sehen, daß es dabei kaum um Gewissensnot oder die Sehnsucht nach Echtheit ging. Es ging vielmehr um die Sehnsucht danach, sich Zutritt zur großen Erzählung zu verschaffen, die Tür zum richtigen Leben aufzuschieben, zu dem, was erstaunlicherweise nur in der Fiktion zu leben schien. Sie wollte eine geträumte Welt real machen, die Welt der Erzählungen, in der richtige Menschen zwischen richtigen Dingen umhergingen und richtige Antworten gaben. Gleichzeitig wollte sie eine andere Tür zutreten, eine Tür, die alles aus ihrem Leben ausschließen sollte, was zwar real war, aber nicht richtig: kaputte Handschuhe und Löcher in den Zähnen, alten Streit und neue Einsamkeit, öde Zimmer und eine Stummheit, die sogar ihr selbst unbegreiflich war.

Sie fand, daß sie sich sehr lange nach dem richtigen Leben gesehnt hatte, daß sie schon eine Ewigkeit auf der Schwelle stand. Die anderthalb Jahre als Volontärin hatte sie sich wie ein verirrtes Haustier gefühlt, wie eine Hofkatze, der es zufällig geglückt war, ins Wohnhaus zu schlüpfen, und die hinauszuscheuchen sich niemand mehr die Mühe machte. Sie hatte darauf geachtet, keine Probleme zu verursachen. Wenn man ihr sagte, sie solle Kaffee kochen, dann kochte sie Kaffee, sagte man ihr, sie solle über Versammlungen und Konferenzen an Abenden und Wochenenden berichten, dann berichtete sie über Versammlungen und Konferenzen an Abenden und Wochenenden. Sagte man ihr, sie solle in die Telefonzentrale gehen, um die Berichte der Schreiberlinge über die Sitzungen der Gemeinderäte in Malmbäck und Gislaved in Empfang zu nehmen, dann tat sie das dankend. Ansonsten ließ man sie in Ruhe, und manchmal, wenn der Kaffee gekocht, die Redaktionssekretärin guter Laune und ein Fotograf in der Nähe war, dann durfte sie raus und eigene Reportagen machen. Es wurden keine Meisterwerke, aber das machte nichts, denn offenbar las sie sowieso niemand. Das störte sie nicht. Sie war ja nicht darauf aus, gelesen zu werden. Sie war darauf aus, schreiben zu dürfen.

Doch jetzt sollte alles anders werden, denn nun wurde eine Tür in einem richtigen Zeitungshaus geöffnet, und zwar von einem richtigen Redaktionschef, der rothaarig und laut war, so wie es sich für richtige Redaktionsleiter gehörte. Er hieß Håkan Hanson und konnte ebenso schnell handeln wie reden. Jetzt ließ er sich hinter seinen Schreibtisch fallen und stellte ein paar Fragen in breitestem Schonisch, ehe er die Hände hinter dem Nacken faltete, sich ausstreckte und erklärte, daß ihre Schreibproben zwar ein wenig unreif, aber doch ganz eindeutig brauchbar seien und er sich vorstellen könne, sie anzustellen. Und das Gehalt? Nun ja, ein Gehalt nach den Richtlinien der Journalistengewerkschaft. Einverstanden?

Einverstanden.

Hinterher hatte er sie durch die große Bürolandschaft geführt, von den Arbeitsgewohnheiten in der Hauptredaktion berichtet, die Türen zum Telexraum geöffnet, wo aus vier Geräten die neuesten Nachrichten per Telex hervortickerten, hatte mit den Schubladen im Bildarchiv geknallt und Sundström, Carlsson, Nilsson, Blomberg, Rönnby, Larsson, Bonnevier, Birath, Bergenfors, Antonson, Duvander und Hertz mit einer derartigen Bestimmtheit vorgestellt, daß ihr schwindelte und sie sofort wieder vergaß, wer wer war. Und als sie den Dufflecoat übergezogen hatte, um wieder zu gehen, hatte er ihr einen blauen Ordner in die Hand gedrückt. Unsere Schreib- und Redaktionsregeln. Bitte schön!

Sowie sie außer Sichtweite des Zeitungshauses war, mußte sie stehenbleiben und erst mal Atem schöpfen. Himmelherrgott. Was war bloß passiert? Hatte sie den Job wirklich? Einen richtigen Journalistenjob, den allerersten ohne Volontärstatus und ohne Kaffeekochen und Dienst in der Telefonzentrale?

Ja. So war es. Zum ersten Mal war etwas passiert, was sowohl real als auch richtig war.

Im Zug zurück nach Jönköping öffnete sie den Ordner mit den Schreib- und Redaktionsregeln.

So etwas hatte sie noch nie gesehen. Weder bei der »Tranås-Posten« noch beim »Smålands Folkblad« hatte sich irgend jemand die Mühe gemacht, die Regeln für die Arbeit zu formulieren. Man setzte voraus, daß alle ungefähr wußten, wie es ging, und ansonsten lief es eben, wie es lief. Bei der neuen Zeitung verfuhr man offensichtlich anders.

»Wir müssen uns selbst auf die Jagd nach Neuigkeiten begeben und Probleme aktualisieren«, schrieb der rothaarige Redaktionschef. »Wir Journalisten vom ›Folkbladet Östgöten‹ dürfen nicht dasitzen und darauf warten, daß die Leute bei uns anrufen und uns sagen, was wir zu schreiben hätten, denn auf dem Gebiet ist die Konkurrenz überwältigend. Nein, wir brauchen so viel eigenes Material, daß der Leser sicher sein kann, bei uns nicht dieselben Nachrichten wie in den Morgenzeitungen zu lesen.«

Das Mädchen ließ den Ordner sinken. Sich auf die Jagd nach eigenen Neuigkeiten begeben? Wie machte man das denn? Und was war eigentlich eine Neuigkeit? Ein Mord natürlich, aber so oft konnte man darauf ja nicht hoffen.

Doch der Aktenordner wies sie ernsthaft zurecht: »Verbrechen und Strafe sind immer interessant, doch man sollte bedenken, daß es dabei um Menschen geht, die eine sehr geringe Möglichkeit haben, sich gegen negative Berichterstattung zu verteidigen. Die Informationen der Zeitungen bei einer Kriminalreportage stammen fast zu hundert Prozent von der Klägerseite. Straffällige und andere sozial unangepaßte Menschen lächerlich zu machen, das überlassen wir weniger begabten Schreiberlingen, ebenso das Entsetzen über sexuell kranke Personen. Gewöhnliche Exhibitionisten sind somit nichts, worüber wir schreiben …«

Ich habe mich noch nie über jemanden lustig gemacht, dachte das Mädchen und blätterte weiter. Zumindest nicht wissentlich. Zumindest nicht in meinen Texten.

»Objektivität ist wichtig«, hieß es weiter im Text. »Es müssen unterschiedliche Seiten zur Sprache kommen. Lassen Sie niemals zu, daß beispielsweise Ihre Berichte von Gemeinderatssitzungen oder öffentlichen Diskussionen von Ihren persönlichen Ansichten geprägt sind. Journalisten, die in ihrer Berichterstattung eine private Meinungszensur ausüben, schaden der Demokratie.«

Das gilt nicht für mich, dachte das Mädchen und blätterte weiter. Es sind immer die Männer, die über Politiker berichten. Sie las: »Es gibt viele Vorurteile. Die Aufgabe des Journalisten ist es, sie aufzudecken – und nicht, sie durch schlampig recherchierte Behauptungen und überkommene Klischees zu stützen.«

Sie wand sich unruhig. Hatte sie Vorurteile? Bestimmt hatte sie die, aber es lag doch in der Natur der Sache, daß sie nicht wußte, welche es waren. Wenn man ein Vorurteil als Vorurteil entlarvt, dann hat man es ja nicht mehr. Und Klischees? Na ja. Sie erkannte in der Liste verbotener Wörter durchaus einige ihrer Lieblingsausdrücke wieder. Aber aller Vergehen hatte sie sich nicht schuldig gemacht, zum Beispiel hatte sie Norrköping noch niemals »Peking« genannt, aber das lag wohl hauptsächlich daran, daß sie in ihren Texten bisher weder Peking noch Norrköping jemals erwähnt hatte. Ansonsten hätte sie es, in einem falsch verstandenen Versuch, den Text etwas aufzulockern, sicher gemacht.

»Aber Peking liegt nicht in Östergötland, sondern mitten in China«, erklärte der Aktenordner streng. Das Mädchen seufzte und blätterte weiter. Ihr Blick blieb an einem Ausruf hängen: »Der Ehrgeiz sollte Sie ständig dazu antreiben, sich selbst zu übertreffen, den einzigen Menschen, mit dem es sich zu konkurrieren lohnt.«

Meine Güte, dachte das Mädchen. Jede Menge Forderungen und Erwartungen. Das schaffe ich nie!

Der erste Tag bei der Zeitung hatte ihr in keiner Weise die Angst nehmen können.

Wie alle anderen kam sie morgens um sechs Uhr in die Redaktion und wurde an einen Schreibtisch neben mehrere andere Reporter gesetzt, erhielt einen Stapel Notizen, die jemand aus »Norrköpings Tidningar« ausgeschnitten hatte, und dazu die Anweisung, sie umzuschreiben. Das war nichts Neues – in Jönköping hatte sie immer die Notizen aus der »Jönköpings-Posten« umschreiben müssen. Manchmal war ihr das so gut gelungen, daß die Redaktion der »Jönköpings-Posten« ihre eigenen Notizen nicht wiedererkannt hatte, sondern sie wiederum aus dem »Smålands Folkblad« klaute. Auf diese Weise konnten kleinere Nachrichten über Versammlungen der Antialkoholiker oder Fahrraddiebstähle mehrere Tage lang zwischen den Zeitungen hin und her geschoben werden. In Norrköping verhielt es sich offenbar ebenso, was eine Erleichterung war. Vielleicht hatte der Ehrgeiz ja trotz allem auch seine Grenzen.

Eine halbe Stunde später stand sie auf, um die Texte der Zentralredaktion zu übergeben.

Kurz vor ihr ging Helge Duvander in dieselbe Richtung, ein runder und rosiger Mann in den besten Jahren, mit freundlichem Lächeln im Gesicht und einer ganz frischen Reportage über eine Seniorenreise in der Hand. Er kam vor ihr bei der Zentralredaktion an, legte sein Manuskript dem Chefredakteur vor, faltete die Hände über dem Bauch und wartete auf dessen Reaktion. Der Chefredakteur überflog den Text, knüllte dann das Manuskript zu einem kleinen Ball zusammen und brüllte: »Mist! Mist! Mist! Umschreiben!«

Nach diesem Erlebnis hatte die Jungreporterin einen derart trockenen Hals, daß sie kaum mehr antworten konnte, als der elegante Mann am Schreibtisch neben ihr sein Frühstücksbrot ausgewickelt und versucht hatte, ein freundliches Gespräch mit ihr zu beginnen. Wie alt war sie? Woher kam sie eigentlich, wenn sie weder aus Stockholm noch aus Tranås oder aus Jönköping kam? Und was wußte sie über Norrköping?

Die Jungreporterin räusperte sich nach der letzten Frage und krächzte die Wahrheit heraus: fast nichts. Nicht mehr jedenfalls, als was vom Erdkundeunterricht in der Schule hängengeblieben war. Die viertgrößte Stadt des Landes. Textilindustrie. Tuppens Leinewebereien. Und – ach ja! – da war doch was mit Louis De Geer, dem ersten und jüngsten Premierminister Schwedens.

Der Gentleman lächelte unter seinem weißen Schnauzbart. Er hieß Nils Hertz und war ein alter Hase. Tatsache war, daß er sage und schreibe der erste Reporter bei dieser Zeitung gewesen war, der eine Schreibmaschine benutzte. Als er irgendwann Ende der zwanziger Jahre bei dem Blatt anfing, schrieben nämlich alle älteren Journalisten ihre Artikel immer noch von Hand. Wenn sie etwas über die Stadt wissen wollte, dann brauchte sie ihn einfach nur zu fragen. Er war schließlich hier geboren. Hatte sein ganzes Leben hier verbracht. Hatte hier sogar das Hungerjahr 1917 miterlebt.

»Aber da war ich ja noch ein Kind«, sagte er und nahm einen Schluck von seinem Morgenkaffee.

»Und wie war das?« erkundigte sich die Jungreporterin.

»Eintönig. Rüben, Rüben und noch mal Rüben. Aber einmal...«

Er verstummte und richtete den Blick in die Dunkelheit vorm Fenster. Noch war die Sonne nicht aufgegangen.

»Was war da?« fragte die Jungreporterin atemlos.

Nils Hertz fing sich wieder und biß von seinem Käsebrot ab.

»Ich lag auf dem Bett und las ein Buch, das ich schon viele Male vorher gelesen hatte. Ein Abenteuerbuch. Und plötzlich entdeckte ich, daß zwischen den Seiten Knäckebrotkrümel lagen. Ganz weit innen, fast in der Bindung. Ich befeuchtete meinen Zeigefinger und strich darüber, und dann steckte ich den Finger in den Mund und spürte den Geschmack. Nussig. Scharf gebackenes Knäckebrot schmeckt fast wie Nüsse, haben Sie das schon einmal bemerkt?«

Die Jungreporterin nickte schweigend, aber Nils Hertz bemerkte es nicht, denn sein Blick war in die Ferne geschweift.

»Ich weiß noch, daß ich damals gedacht habe, wie komisch es doch war, daß es eine Zeit gegeben hatte, in der man Knäckebrot aß, und zwar einfach nur, weil es gut schmeckte.«

Das Telefon klingelte. Nils Hertz ließ seinen Blick zurückkehren, nahm den Hörer ab und war wieder in den sechziger Jahren.

Mehr nicht. Nur ein paar Sätze. Keine Moral. Keine Pointe.

Wie kommt es dann, daß ich diese kleine Erzählung nie vergessen konnte, daß das Bild des hungrigen Jungen auch dreißig Jahre später noch in einer meiner Gehirnwindungen gespeichert ist? Ich weiß es nicht. Ich weiß nur, daß ich mir beim Schreiben meines Romans »Die Aprilhexe«, einer Erzählung über die letzten Opfer der letzten Hungerkatastrophe in Schweden, vornahm, ihn zum Teil auch im Norrköping des Jahres 1917 spielen zu lassen, und natürlich würde jemand an einer unerwarteten Stelle Knäckebrotkrümel finden.

So geht es zu, wenn man Romane schreibt. Manchmal.

Auch die Pfandleihanstalt sollte in der »Aprilhexe« vorkommen, aber davon wußte das Mädchen noch nichts, als es noch am selben Tag endlich eine entdeckte – im schwarzen Loch dunkler kleiner Straßen, die sich hinter dem Rathaus ausbreiteten. Sie ging nicht hinein, nicht an diesem ersten Tag, sondern schaute erst einmal durchs Fenster. Drinnen sah alles alt aus: das gelbe Licht von den drei kugelförmigen Lampen unter der Decke, die bräunlichen Wände und der magere Mann hinter der Theke, der sich vorbeugte und kurzsichtig einen Gegenstand betrachtete, den eine Frau in schwarzem Mantel ihm zuschob.

Danach war es auch nicht mehr schwer, das Telegrafenamt zu finden, es tauchte einfach aus dem Nichts auf, als sie wieder in die beleuchtete Drottningatan zurückkehrte.

Bei einer älteren Telefonistin bestellte sie ihr Inlandsgespräch und mußte plötzlich an eine andere Telefonistin denken, die richtig wütend geworden war, als sie letztes Jahr ihre Arbeit bei der Telefongesellschaft gekündigt hatte, um als Volontärin anzufangen. Früher sei das ein Beruf gewesen! Aber für die jungen Mädchen von heute sei er ja nicht gut genug!

Sie setzte sich auf eine Holzbank und wartete, bis die Verbindung zum Gefreiten hergestellt war. Draußen vor dem Fenster wand sich die Stadt immer noch, ein Lokal war zu sehen. Wenn sie Glück hatte, war es immer noch dort, wenn sie herauskam, und dann würde sie hineingehen und etwas essen. In den letzten Tagen hatte es nur Butterbrote gegeben, und langsam fühlte sie sich etwas schwach auf den Beinen. Fleisch. Ja. Sie würde sich ein Stück richtiges Fleisch gönnen …

»Das Gespräch nach Eksjö«, sagte eine Lautsprecherstimme. »Zelle Nummer drei.«

Die Jungreporterin betrat die Zelle Nummer drei. Sie strich mit dem Zeigefinger über die gelochte Resopalwand, während sie darauf wartete, daß jemand den Gefreiten holte. In weiter Ferne hallten junge Stimmen durch einen Aufenthaltsraum.

Hinterher fiel es ihr schwer, dorthin zurückzufinden, was nicht ihr Zuhause war. Sie wußte, daß die Straße im westlichen Teil der Stadt lag, nahe der Kungsgatan, doch plötzlich schien es ihr unmöglich, sie zu finden. Ein schwarzes Industriegelände war im Weg. Sie irrte durch die finsteren Viertel, nur um festzustellen, daß die Straßen sich drehten und ihr Spielchen mit ihr trieben und sie immer wieder zurück auf die Drottninggatan lockten. Zum dritten Mal fand sie sich vor etwas wieder, was sie für eine Kirche gehalten hatte. Eine Kirche, die außerdem gegenüber von einem ziemlich heruntergekommenen Domus-Kaufhaus lag. Im Schaukasten hing ein Schild: »Einladung zum Adventskonzert mit dem Symphonieorchester Norrköping im Hörsaal.«

Die Jungreporterin nickte – das war also keine Kirche, sondern ein Konzertsaal. Einen Moment später warf sie einen Blick auf die Weihnachtsdekorationen über der Drottninggatan. Sie bewegten sich nicht mehr. Die Stadt hatte aufgehört zu rotieren. Sie hatte die Nabe gefunden.

Trotzdem war es noch immer nicht einfach, den Weg zu finden. Als sie endlich die richtige Straße und das richtige Haus entdeckt hatte, war es fast Abend, und Birgitta, die Freundin und Kollegin der Frau des Redaktionschefs, war gerade nach Hause gekommen. Birgitta hatte in ihrer Dreizimmerwohnung ein freies Zimmer, wo die Jungreporterin wohnen durfte, bis sie etwas Eigenes gefunden hatte.

»Ich habe ein Zimmer gefunden«, sagte sie eilig, während

sie die Gummischuhe auszog. »Ich bleibe also bis zum Fünfzehnten. Wenn das in Ordnung ist.«

Birgitta lehnte sich an die Wand im Flur und lächelte. Sie war dunkelhaarig und sehr hübsch. Und auch noch Studienrätin mit einer eigenen Dreizimmerwohnung. Einer richtigen.

»Du hättest dich nicht so beeilen müssen«, sagte sie. »Ich finde es ganz schön, etwas Gesellschaft zu haben. Möchtest du eine Tasse Tee?«

Die Jungreporterin nickte stumm.

»Wir setzen uns ins Wohnzimmer«, sagte Birgitta.

Die Jungreporterin schlich ins Wohnzimmer, setzte sich aufs Sofa und sah sich um. Gedämpftes Licht. Überquellende Bücherregale. Und hinter der kleinen Eßecke hatte Birgitta ein geblümtes Tuch vom Boden bis zur Decke gespannt. Das war ungewöhnlich, aber schick.

So werde ich es auch einmal haben, dachte die Jungreporterin. Wenn alles real und richtig geworden ist, dann werde ich es genauso haben.

Birgitta kam mit einem Tablett aus der Küche.

»Und?« fragte sie. »Wie gefällt dir Norrköping?«

»Gut«, erwiderte die junge Reporterin und sank etwas tiefer ins Sofa. »Sehr gut sogar.«

MARIA KÜCHEN
Morgenstunden bei der Jagd

Er tritt einen Schritt nach hinten ins Moos, sssshhhh! Ein Poltern geht durchs Universum, nein, es dröhnt nur in ihm selbst. Die bedachtsame Körperbewegung, der Fuß, der gehoben und aufgesetzt wird: ein lautes Knakken in Muskeln und Bändern, als zöge eine Treibjagd mit Gebell durch die Wildnis. Als polterte ein Elch, in dessen Augen man das Weiße sieht, aus dem Waldrand hervor und knickte Äste und Zweige ab auf seinem Weg ins Freie.

Als käme ein Elch mit dem gesamten Treiben im Gefolge angepoltert, denkt er. Für ihn ist dieser Gedanke alt und gewohnt, schon lange mit ebendiesem Geräusch verknüpft: dem inneren Dröhnen bei einem kurzen Stellungswechsel nach langer Konzentration in Reglosigkeit.

Die Horizontlinie ist ungebrochen. Über der Siedlung schwebt ein Bussard, das ist alles. Ansonsten nicht einmal ein Rascheln im Unterholz.

Über dem Gestrüpp und den Reisighaufen, über Steinen und liegengebliebenen Stämmen hängt weiß wie Fischmilch der Nebel. Schwarz vor weißem Himmel ragt daraus vereinzelt stehengebliebenes Totholz hervor. Er steht in Grauabstufungen. Für einen fernen Beobachter schriee seine Jacke ein schrilles Warnsignal in ein schwarzweißes Nichts: NICHT SCHIESSEN...

Er wischt sich einen Schweißtropfen aus dem Haaransatz, staunt, daß er bei diesen Minusgraden schwitzt, fragt sich dann, wie einsam er eigentlich ist. Ob sie wohl kommen und ihn nach Hause holen wird? *Sie müßte sich ausrechnen können, daß ich hier bin, sie weiß das doch. Sie kennt mich doch.* Sie kann auf der Forststraße mit dem Auto fast bis hierher fahren, auch wenn da und dort Schnee liegt. Auch wenn sie obendrein Alkohol im Blut hat. Auch wenn er ahnt, daß sie nicht…

Nein, sie kommt nicht. Mit Rune und Johnny ist er oft im Pick-up zur Ausweichstelle gefahren, hat ihn bei dem rostigen Schild geparkt (ein weißes M für »Mötesplats« auf blauem Grund, das an Zeiten erinnert, in denen hier noch Gegenverkehr möglich war):

Der Pick-up, rot und weit aufgerissen, die warmen Rehkörper drinnen auf dem Boden und die Krähen, die aus dem Nirgendwo herabsanken, die sich selbst unmittelbar aus dem Himmelsgrau erschufen, um sich die Überreste zu schnappen. So wird es nie wieder sein. Mit der rauhen Oberseite seines Handschuhs wischt er einen klaren Schleimtropfen weg, der ihm aus der Nase läuft, und er denkt: *Wenn du hierher kommst, du verdammte Hure.*

Ein einziger Schritt nach hinten ins Moos. Dann steht er wieder still, mitten im Jagdbogen, normalerweise ist das hier ein guter Anstand. Ein phantastischer Anstand, an solchen Morgen. Morgenstunden bei der Jagd. Dieser Morgen ist anders, wenn auch ebenso grau wie damals, als er mit Rune und Johnny… *Wie auf einer japanischen Tuschemalerei, wo die lavierten Flächen zu einem Nebel ineinanderfließen, in dem nichts zu sehen ist und alles deutlich wird*, denkt er nicht.

Er hat sein Gewehr nicht dabei. Er hat nicht vor, sich zu erschießen. Hätte er die Büchse mitgenommen, wäre er womöglich versucht gewesen, sich doch noch zu erschießen, richtig, *sich eine Elchkugel direkt ins Herz oder so zu jagen, aber das ist sie nicht wert.* Also hat er die Jagdwaffe bewußt zu Hause gelassen. So ist er. Er:

Er ist dreiunddreißig Jahre und einen Tag alt. Exakt. Er ist im Morgengrauen zur Welt gekommen. Sein Vater stand in dem Augenblick, als er geboren wurde, auf ebendiesem Anstand. Der Vater erlegte – zur selben Zeit, als er seinen ersten Schrei tat – einen Vierzehnender, derlei geschieht natürlich nur in der Wirklichkeit. In Erzählungen sollte so etwas tunlichst nicht vorkommen. Er ist also wirklich. Wo die Grenze zwischen Wirklichkeit und Phantasie verläuft, weiß er nicht, niemand von uns weiß das. Er lebt mit einer Frau, die nie einen anderen Mann gehabt hat, auch das weiß er nicht.

Im Polizeibericht wird irgendwann stehen, er sei von seinem eigenen Geburtstagsfest verschwunden, und niemand habe bemerkt, wann genau.

Seine Frau wird mit roten Augen auf einem harten Plastikstuhl auf dem Revier sitzen und dem Blick eines alten Freundes begegnen. Sie wird dem Wachhabenden in die Augen starren, und ihr Blick wird betteln: *Mach alles wieder gut! Bring mich zurück in längst vergangene Zeiten! Wir waren noch Kinder, entsinnst du dich? Wir wußten nichts. Erinnerst du dich noch an all die Kästen Bier, die wir getragen und geschleppt haben, an das Grillfeuer am Strand, daran, daß wir einen Ghettoblaster hatten und getanzt haben? Daß ich ihn schon damals geliebt habe, daß alle glücklich waren? Damals?* Der Wachhabende dieses Abends ist ein ehemaliger Klassenkamerad von ihr und ihrem verschwundenen Mann. Einige verlassen die Gegend nie. Andere kehren zurück. Den Polizeibericht wird der Verschwundene niemals lesen. Er hat sich nicht vorgestellt, daß es so enden würde.

Er ist in den Wald gegangen, um den Kopf freizubekommen und um sich zu beruhigen, weiter nichts: Das Gewehr ist also zu Hause, ganz dem Regelbuch gemäß eingeschlossen, er tritt noch einen Schritt nach hinten.

Wohin will er?

Wohin wird er gehen?

Allerlei Dinge dröhnen aus seinen Erinnerungen herauf. Ein Wust von Musik und anderem treibt nach oben, die schweren Gitarrenriffs von Deep Purple, die eine Stahlschneise zwischen seine Pubertät und die Gegenwart schlagen, »Smoke on the Water«, zu dieser Musik hat er zum erstenmal mit ihr geschlafen. Das ist jetzt achtzehn Jahre her. Deep Purple und das andere: das Lachen einer Frau. Ihr Lachen. *Wenn du begreifen würdest, wie sehr ich dich liebe. Wenn du das kapieren würdest ...*

Die Schuld tragen wird sie, wie üblich. Sie wuchtet sie sich selbst vom Boden auf den Arm, mit der guten Hilfestellung alter Nachbarn, guter Freunde. *Wo Rauch ist, ist auch Feuer*, es gibt kein Pardon, keine Befreiung von den Regeln hier am Ort und an vielen anderen Orten, niemals. Sie schluchzt: »Wenn ich mich nur anders verhalten hätte! Wenn ich mich auf dem Fest nicht so viel mit Johnny unterhalten hätte! Man weiß doch, wie mein Alter ist. Wie er war. Wie eifersüchtig er ist. Wo ist er bloß? Am schlimmsten ist diese Ungewißheit. Wenn ich nur wüßte ... Wenn ich nur gemerkt hätte, wann er gegangen ist, und ihn aufgehalten hätte oder ihm gefolgt wäre oder wenigstens ... Er ist nicht er selbst, wenn er viel getrunken hat, das wissen doch alle, ich hätte daran denken müssen, ich hätte anders sein müssen. Ich müßte anders sein.«

Sie wird ganz und gar untröstlich sein. Bei ihrer besten Freundin wird sie am Küchentisch mit der Wachstuchdecke sitzen und weinen, während die Kinder im Garten Ninja Turtles spielen, während die Kinder im Büro Computerspiele spielen, während die Kartoffeln vor sich hin köcheln und die Freundin immer wieder nickt und denkt: *Kannst du nicht bald mal gehen? Ich weiß, es ist furchtbar, aber ich habe das alles schon so oft gehört, er ist jetzt drei Jahre fort, sechs Jahre, elf Jahre, kannst du nicht schleunigst gehen.*

Während er im Schlag steht, während er Schritt für Schritt nach hinten auf das Unbekannte zugeht, ist sie noch nicht untröstlich. Das Fest ist gerade zu Ende, sie hat eben erst angefangen, ihn zu vermissen. Es ist genügend Zeit.

In Erzählungen möchte man eine Erklärung finden. Dazu sind sie da, zu erklärendem Trost. Nein! Ich erzähle den Mann nicht. Er steht dort, existiert, du kannst ihn doch selbst sehen: wie ihm der Schleim aus der Nase tropft, wie ihm die Tränen aus den Augen fließen, wie sein Helly-Hansen-

Handschuh vor Nässe glänzt. All das siehst du, während er langsam rückwärts geht, jetzt macht er noch einen Schritt. Ich rufe ihm zu:

Sie hat nie einen anderen als dich berührt, rufe ich. *Kein anderer hat seine Zähne sanft um dieses Ohrläppchen geschlossen, um diese drängende Brustwarze, kein anderer ist mit seiner rauhen Zunge über die Haut dieses Halses gefahren. Wenn du begreifen würdest, wie sehr sie dich liebt. Wenn du das kapieren würdest ...*

Er hört nichts, denn er ist unterwegs, mit den Gedanken in einer anderen Welt. Nichts wird sie trösten; nichts tröstet auch uns. Wohin er geht, weiß ich nicht. Ob er einen Steilhang hinunterfällt, sich das Bein bricht und in der Kälte liegenbleibt. Ob er an einer abgelegenen Stelle der Waldung ein Polyäthylenseil findet, das jemand vergessen hat, und sich umbringt. Ob er sein Leben unter anderem Namen irgendwo anders verbringen wird. (Es gibt Momente, in denen Menschen sich völlig ändern und dann Hals über Kopf verschwinden. Für solche Menschen gibt es Landschaften wie Patagonien und die kleinen Dörfer entlang des Karakorum-Highways. Auch für die Toten gibt es solche Orte, allerdings geträumte.)

Im Dorf wird man über das eine oder andere munkeln, was vielleicht von Bedeutung gewesen ist, vielleicht auch nicht. Menschen werden in Grüppchen beisammenstehen, dunkle Silhouetten vor hellem Schnee und weißem Himmel, und nahezu – nicht ganz – flüstern. Wenn sie vorbeigeht, werden die Leute verstummen.

Johnny, in ihrer Gegenwart der Schweigsamste von allen, wird fürchterliche Dinge von ihr behaupten, wenn sie es nicht hört. Warum? Ich weiß: Die Liebe kennt keine Grenzen. Die Liebe wohnt nicht da, wo die stärksten Farben lodern, bleibt nicht in den am kühnsten tapezierten Räumen. Liebe hat nichts mit Werbefilmen zu tun. Er haßt sie, weil er sie liebt, und wenn er erreicht hätte, was er wollte, bei dieser Geburtstagsfeier, die immer weiter in die Zeit zurücksinken, aber niemals aus ihrer Erinnerung gelöscht werden wird … Wenn er, Johnny, bei ihr erreicht hätte, was sein Körper und Herz wollten …

Die Gemeinde ist nicht groß. Niemand hat ein Jahreseinkommen von mehr als 250 000 Kronen, das läßt sich bei der örtlichen Finanzbehörde nachprüfen. Niemand ist besonders schön, das entscheide ich ganz despotisch. Durch diesen Ort (in einem Waldgebiet gelegen, wo Kilometer um Kilometer Fichten an der Landstraße die Besucher leicht düster machen) schießen elektrische Schläge von Zehntausenden von Volt. *Liebe*, schwerer ist es nicht. So viel weiß ich, aber wohin geht er?

Ich werde mich an ihn erinnern, aber wohin er verschwindet, läßt sich nicht feststellen. Das finden auch die Suchtrupps einige Tage später nicht heraus, die ihn weder erfroren noch in die Irre gegangen und wohlbehalten unter einer alten Fichte finden. Das Telefon klingelt nicht nach etwa einem Jahr oder nach zehn Jahren nachts bei seinem Bruder: eine vertraute Stimme aus einem fremden Land, einem sonnigeren Land, Schweigen seitens des Bruders und dann: *Wo, zum Teufel, bist du? Verdammt noch mal, wo steckst du denn?!*

Nichts dergleichen. Sein älterer Bruder wird öfter davon träumen, im Wachzustand wie im Schlaf, das ist alles. Genug jetzt. Wir müssen nun auf Wiedersehen sagen, weil er sich von uns verabschiedet. Ansonsten ist seine Geschichte lang. Er heißt Mikael. Er wurde mit einer Glückshaube im Zeichen des Steinbocks geboren, an einem Montagmorgen.

HELENE TURSTEN
Mittwintermord

Kriminalinspektorin Irene Huss ließ sich vom zähen Verkehrsstrom Richtung Zentrum treiben. Fast fünf Zentimeter Schnee waren gefallen, was in Göteborg sofortiges Verkehrschaos zur Folge hatte. Die Lichtreklame eines Baumarkts an der Autobahn informierte sie darüber, daß die Temperatur nun minus acht Grad betrug.

Dank des Schnees hatte die Kälte, die die Westküste tagelang in ihrem eisigen Griff gehalten hatte, nachgelassen. Irene sah gerade noch, daß es 7.23 Uhr war, da wurde die angenehme Stille vom Marseillaise-Gedudel ihres Handys unterbrochen, das sie wie immer auf den Beifahrersitz gelegt hatte.

»Irene Huss.«

Noch ehe er ein Wort gesagt hatte, wußte Irene, daß ihr Chef am Apparat war. Sein asthmatisches Röcheln verriet ihn.

»Hier ist Andersson. Fahr direkt zum Guldhedstorget. Man hat eine Frauenleiche gefunden. Ein Streifenwagen ist bereits dort. Ich habe Persson hingeschickt.«

»Verstanden. Keine näheren Angaben?«

»Nein. Die Jungs von der Streife wissen mehr.«

»Okay.«

Die Kollegen hatten bereits ein ansehnliches Gebiet abgesperrt. Ein paar Schaulustige standen in der Kälte herum, traten von einem Bein aufs andere und versuchten, in der kleinen Grünanlage etwas zu erspähen, konnten aber nichts erkennen. Die dichten Büsche verbargen das Opfer, und außerdem war es immer noch ziemlich dunkel.

Tommy Persson war einige Minuten vor Irene eingetroffen und hatte auf sie gewartet. Als Irene aus ihrem Wagen stieg, kam eine der Streifenpolizistinnen auf sie zu, eine junge Frau, groß und kräftig mit einem knallroten Zopf, der auf ihren Rücken herabhing. Tommy wandte sich an sie und stellte sich vor: »Hallo, Tommy Persson und Irene Huss vom Dezernat für Gewaltverbrechen.«

»Hallo. Ich bin Annika Steen.«

Sie nickten sich zu und gingen dann zur Absperrung. Dabei schwiegen sie, denn die sensationshungrigen Zuschauer standen zu nahe.

Als sie sich dem Gebüsch näherten, blieb Annika Steen stehen. Sie räusperte sich nervös, ehe sie mit ihrem Bericht begann: »Der Alarm kam kurz nach sieben; wir befanden uns gerade am Krankenhaus. Da wir am nächsten dran waren, fuhren wir hin. Eine ältere Frau ... genauer gesagt ihr Hund ... hatte die Leiche gefunden.«

Die Beamtin drehte sich um und deutete auf den Laden am anderen Ende des Platzes.

»Sie wohnt im ersten Stock über dem Geschäft. Ich habe ihren Namen und die Adresse ...«

Sie fischte einen Block aus einer der unzähligen tiefen Innentaschen ihrer Uniformjacke. Vorsichtig riß sie das oberste Blatt ab und reichte es Irene. »Astrid Larsson« stand darauf sowie Adresse und Telefonnummer.

»Sie durfte nach Hause gehen, weil sie behauptete, ihr Köter habe sich den grausigen Fund so zu Herzen genommen.«

Annika Steen lächelte ein wenig. Irene erwiderte ihr Lächeln und nickte.

»Schon okay. Wir kümmern uns nachher um ihre Aussage. Können wir uns jetzt die Leiche ansehen?«

Das Lächeln von Annika Steen verschwand.

»Klar. Da drüben«, sagte sie.

Mit ein paar großen Schritten war sie beim Rhododendrongebüsch. Der Weg dahin war verschneit, aber die Fußspuren ließen erkennen, daß mehrere Leute dort entlanggegangen waren.

Sie gingen um das Gebüsch herum. Direkt dahinter erblickten sie eine Frauenleiche.

Sie lag mitten auf dem schmalen Weg. Der Schnee hatte sie fast ganz zugedeckt. Das Licht der Straßenlaternen, das durch die Äste der Bäume fiel, glitzerte in ihrem langen blonden Haar. Irene bemerkte, daß die schicken schwarzen Lederstiefel neu aussahen und die Daunenjacke einen hübschen taubenblauen Farbton hatte.

Als sich Irene und Tommy neben die Leiche knieten, sahen sie, daß die Frau bereits ein paar Stunden tot war. Ihr Gesicht war alabasterweiß, und die Augenhöhlen waren voller Schnee. Der oberste Knopf ihrer Jacke war geöffnet, und darunter sah ein hellblauer Wollpullover mit einem breiten Rollkragen hervor. Oberhalb des Kragens war die Haut stark verfärbt.

Mit dem Ende eines Kugelschreibers schob Irene vorsichtig den Kragen nach unten.

»Erwürgt«, stellte sie fest.

»Mit einer Schlinge oder etwas Ähnlichem«, ergänzte Tommy.

»Jetzt kommt die Spurensicherung«, sagte Annika Steen, und die Inspektoren erhoben sich.

»Und wir vernehmen die Dame, die sie gefunden hat«, meinte Irene.

Ein wunderbarer Kaffeeduft strömte ihnen entgegen, als Astrid Larsson die Tür ihrer Wohnung öffnete. Ein kleiner schwarzer Pudel umkreiste die Schuhe der Besucher. Der schreckliche Fund des Vormittags schien ihn nicht sonderlich mitgenommen zu haben.

Tommy stellte sich und Irene der eleganten weißhaarigen Dame vor.

»Treten Sie doch ein. Ich habe Sie erwartet. Sie trinken doch eine Tasse Kaffee?« sagte Astrid Larsson und führte sie in ihr gemütliches Wohnzimmer, wo der Couchtisch bereits mit Kaffeetassen und einem Teller Plätzchen gedeckt war.

Sie bat die Beamten, Platz zu nehmen, und ging dann in die Küche, um den Kaffee zu holen.

Nachdem sie eingeschenkt hatte, blieb sie nachdenklich mit der Glaskanne in der Hand stehen.

»Ich bin mir ganz sicher, daß ich das Mädchen, das ich … heute morgen gefunden habe … daß ich sie gestern spätabends schon mal gesehen habe«, sagte sie.

»Wann?« fragte Tommy.

Astrid Larsson runzelte die Stirn und dachte nach.

»Vermutlich kurz vor elf. Meine Freundin Ninni war gestern abend hier. Es wurde später, als wir geplant hatten, und ich erinnere mich, daß wir Viertel vor elf ein Taxi riefen. Meine Freundin soll nach Neujahr ein künstliches Hüftgelenk bekommen, zur Zeit ist sie auf einen Rollator angewiesen. Das Taxi sollte schon bald kommen, wir zogen also gleich unsere Mäntel an. Ninni braucht für die Treppe immer ziemlich lang, und ich mußte ihr mit dem Rollator helfen.«

Astrid Larsson unterbrach sich und stellte die Kaffeekanne auf einen Korkuntersetzer. Sie setzte sich auf einen kleinen roten Samtsessel mit hohem Rücken und fuhr dann fort: »Das Taxi war noch nicht da, aber kaum waren wir unten angelangt, kam ein rotes Auto, ein Ford Escort, und hielt am Gehsteig. Kurz darauf wurde die Beifahrertür geöffnet, und sie … die tote junge Frau … obwohl sie ja zu dem Zeitpunkt noch lebte … Ich bin mir ganz sicher, daß sie es war, denn die Kleider waren dieselben und die Frisur …«

Sie schwieg verwirrt. Um sie zum Weitersprechen zu bewegen, fragte Irene: »Sind Sie sich sicher, was das Automodell angeht?«

Astrid Larsson nickte.

»Ja. Ein Ford Escort. Vor ein paar Jahren hatte ich selbst so einen.«

»Was geschah, nachdem die junge Frau aus dem Auto gestiegen war?«

»Sie beugte sich vor und sprach mit dem Fahrer. Sie sagte,

er solle noch die Frau ausführen oder so ähnlich ... Denn sie habe es vergessen.«

»Hat sie das gesagt? Führ noch die Frau aus, denn ich habe es vergessen?« fragte Tommy.

»Ja. Zumindest habe ich es so verstanden. Aber in dem Moment kam das Taxi, und dann hatten wir mit Ninni und ihrem Rollator alle Hände voll zu tun. Als das Taxi wegfuhr, sah ich, daß sich der rote Escort auch gerade entfernte. Er hatte gewendet und war auf dem Weg zurück zum Wavrinskys plats.

»Er?«

»Ja. Es handelte sich um einen jungen Mann. Ich habe ihn jedoch nur flüchtig gesehen. Er hatte dunkles Haar, so eine modische Stoppelfrisur. Ich glaube, er trug eine dunkle Daunenjacke.«

»Und das Mädchen? Haben Sie gesehen, wo sie hingegangen ist?«

»Sie ging den Hügel hinauf zur Grünanlage.«

»Haben Sie gesehen, daß sie hineingegangen ist?«

»Nein. Aber es gibt mehrere Wege und Treppen, die vom Bürgersteig aus hinführen.«

»Fällt Ihnen sonst noch etwas ein?«

Astrid Larsson schüttelte mit aufrichtigem Bedauern den Kopf.

»Nein.«

Plötzlich setzte sie sich kerzengerade auf.

»Doch! Jetzt erinnere ich mich! Ehe sie die Beifahrertür zumachte, warf sie etwas auf den Beifahrersitz. Dabei klirrte es. Ich habe es nur gehört, konnte aber nichts sehen.«

Bei der Abendbesprechung mit Kommissar Sven Andersson, ihrem Chef, hatten Irene Huss und Tommy Persson bereits eine ganze Menge über die Tote in den Büschen in Erfahrung gebracht.

»Wir haben ihre Identität festgestellt, es handelt sich um

Stella van Haydoorn, vierundzwanzig, studiert im vorletzten Semester Zahnmedizin hier in Göteborg«, berichtete Tommy Persson. »Wohnhaft in der Sankt Pauligatan. Der Gerichtsmediziner gibt als Zeitpunkt ihres Todes vorläufig Mitternacht an, plusminus eine Stunde. Ihre Eltern, die in Kungsbacka wohnen, haben sie identifiziert. Sie sind natürlich sehr mitgenommen, aber ich habe sie trotzdem gefragt, ob ihnen jemand im Bekanntenkreis ihrer Tochter einfällt, der einen roten Ford Escort besitzt. Und siehe da: Ihr Exfreund Patrik Eriksson hat einen. Wir wollen uns noch heute abend mit ihm unterhalten. Wir haben uns für neunzehn Uhr bei ihm angemeldet. Offenbar betreibt er an der Technischen Hochschule Chalmers irgendwelche Forschungen. Wir haben nicht mit ihm persönlich geredet, sondern mit seiner Lebensgefährtin. Sie meinte, er müsse bis dahin zu Hause sein.«

Die junge Frau, die ihnen öffnete, wies eine erstaunliche Ähnlichkeit mit Stella van Haydoorn auf, trug aber kürzeres Haar. Sie warf ihnen einen ziemlich unfreundlichen Blick zu und sagte mit nervöser Stimme: »Er ist zu Hause. Ihre Eltern haben angerufen. Wir wissen, was passiert ist. Hier wird jetzt getrauert.«

Sie biß sich auf die Unterlippe und schien den letzten Satz zu bereuen. Irene fiel ihr bitterer Ton auf. Es konnte sich nicht um eine von Stellas besten Freundinnen handeln, so viel war klar.

Ohne ein weiteres Wort führte die Frau sie in die Wohnung.

Patrik saß am Küchentisch, stand aber auf, als die Polizisten die Küche betraten. Er war groß und geradezu südländisch dunkelhaarig. Seine graublauen Augen dagegen waren überraschend hell. Jetzt waren sie gerötet. Offenbar hatte er geweint.

Sie begrüßten ihn und stellten sich vor. Patrik schlug vor, ins Wohnzimmer zu gehen, und bat seine Lebensgefährtin,

Kaffee zu kochen. Sie preßte die Lippen zusammen, sagte aber nichts.

»Uns liegen Angaben vor, daß ein roter Ford Escort gestern abend eine junge Frau am Guldhedstorget abgesetzt hat. Der Personenbeschreibung nach könnte es sich durchaus um Stella gehandelt haben. War es Ihr Auto, und war es Stella?« begann Irene die Vernehmung ohne Umschweife.

Patrik nickte und erwiderte leise: »Ja, es war mein Auto, und es war Stella. Sie rief mich gestern abend gegen halb elf an und bat mich, sie mit dem Auto zum Guldhedstorget zu bringen. Sie hat keinen eigenen Wagen, deswegen fahre ich sie manchmal.«

Irene dachte an die wütende junge Dame in der Küche und fragte: »Wann haben Sie und Stella Schluß gemacht?«

»Vor etwas über einem Jahr.«

»Wie lange wohnen Sie schon mit der Frau in der Küche zusammen? Wie heißt sie übrigens?«

»Marie. Wir wohnen erst seit ein paar Monaten zusammen ... seit zwei.«

»Wann haben Sie sie kennengelernt?«

Patrik runzelte die Stirn. Er wirkte verärgert. Darauf ließ auch sein Tonfall schließen, als er wissen wollte: »Was hat das mit Stella und dem, was ihr zugestoßen ist, zu tun?«

»Das wissen wir nicht. Aber Sie und Ihr Wagen sind in der Zeit vor dem Mord am Tatort gesehen worden. Deswegen ist Ihr Verhältnis sowohl zu Stella als auch zu Marie von Interesse. Also, wann haben Sie Marie kennengelernt?«

»Letzten Sommer. Am Mittsommerabend«, antwortete Patrik mürrisch.

»Wie lange waren Stella und Sie ein Paar?«

»Neun Monate.«

»Sind Sie der Meinung, daß Sie noch immer ein gutes Verhältnis hatten? Ich meine, schließlich haben Sie sie mit dem Auto gebracht und ...«

»Ja. Wir sind ... waren sehr gut befreundet.«

In diesem Augenblick trat Marie ins Zimmer. Scheppernd

stellte sie die blauen Kaffeebecher hin, drehte sich wortlos auf dem Absatz um und verschwand in die Küche.

Irene wartete, bis sie das Zimmer verlassen hatte, ehe sie die nächste Frage stellte: »Eine Zeugin hat zusammen mit einer anderen Dame auf ein Taxi gewartet. Diese Zeugin will gehört haben, wie Stella gesagt hat: Führ noch die Frau aus, denn das habe ich vergessen. Was hat Stella eigentlich genau gesagt?«

Zu Irenes Erstaunen verzog sich Patriks Mund zu einem leichten Lächeln, seine Augen blieben aber traurig.

»Nicht die Frau. Sondern Pharao. Sie bat mich, mit Pharao vors Haus zu gehen. Mit ihrem Kater. Sie hatte vergessen, mit ihm Gassi zu gehen.«

»Sind Sie dann zu ihr nach Hause gefahren und mit dem Kater Gassi gegangen?«

»Ja. Ich fuhr sofort hin, nachdem ich Stella abgesetzt hatte.«

Marie trat erneut ein. Mitten im Zimmer baute sie sich breitbeinig und mit verschränkten Armen auf. Mit unterdrückter Wut sagte sie: »Stella bittet den kleinen Patrik, sie mitten in der Nacht irgendwohin zu fahren. Obwohl es um Verabredungen mit anderen Männern geht, fährt sie der kleine Patrik. Stella bittet ihn, durch die halbe Stadt zu fahren, damit das Katzenvieh an die frische Luft kommt. Eine heilige ägyptische, preisgekrönte Ausstellungskatze! Aber selbstverständlich hilft ihr der kleine Patrik! Und einen Schlüssel zu ihrer Wohnung hat er natürlich auch! Schließlich ist er ihr bester Freund! Solange er nur in ihrer Nähe sein darf. Obwohl sie zu ihm gesagt hat, er soll sich verpissen! Total gestört!«

Die letzten Sätze spuckte sie nur so aus.

»Wo waren Sie gestern abend zwischen elf und kurz nach Mitternacht?« fragte Tommy mit verräterisch milder Stimme.

Marie zuckte zusammen, sah ihm aber direkt in die Augen.

»Als Stella gestern anrief und ihren Privatchauffeur bestellte, hatte ich genug. Ich habe Patrik mitgeteilt, daß Schluß sein würde mit uns, wenn er sie führe. Da ist er einfach gegangen. Ich habe meine Schwester angerufen und bin zu ihr gefahren.«

»Wie spät war es da?«

»Kurz nach halb elf. Wir waren bis drei Uhr auf und haben uns unterhalten. Ich habe mich entschieden. Ich ziehe zu ihr, bis ich eine Wohnung finde. Daß Stella tot ist, spielt keine Rolle. Hier wird es auf jeden Fall unerträglich sein! Er wird einen Altar für sie errichten und für die heilige Stella Andachten abhalten!«

Marie war zu weit gegangen. Patriks Gesicht erstarrte zu einer weißen Gipsmaske. Aber seine haßerfüllt funkelnden Augen verrieten seine Gefühle.

»Ich packe noch fertig. Meine Schwester kommt in einer Viertelstunde und holt mich und meine Sachen ab. Patrik kann Ihnen ihre Adresse geben.«

Ohne sie eines weiteren Blickes zu würdigen, verließ sie mit raschen Schritten das Zimmer.

Dann herrschte eine Weile Schweigen. Irene brach es mit einer Frage: »Was warf Stella zu Ihnen ins Auto, bevor Sie losfuhren?«

»Wie bitte? Ins Auto …?« Patrik schien verwirrt.

»Die Zeugin, die Sie und Stella gestern gesehen hat, sagte, sie hätte etwas auf den Beifahrersitz geworfen, und dabei hätte es geklirrt.«

Patrik runzelte die Stirn und dachte nach.

»Geklirrt … was kann das … Genau! Die Schlüssel! Sie hat ihre Schlüssel auf den Beifahrersitz geworfen. Damit ich Pharao rauslassen konnte.«

»Und sie hat Sie nicht gebeten, zu warten und sie wieder nach Hause zu fahren?«

Statt einer Antwort schüttelte er nur den Kopf.

»Hat sie irgendwie angedeutet, mit wem sie verabredet war?«

»Nein.«

Irene hatte den Eindruck, daß sein Blick flackerte, war sich aber nicht ganz sicher.

»Wissen Sie, ob sie Bekannte in dieser Gegend hatte?«

Patrik zögerte und erwiderte dann: »Der einzige, der mir einfällt, ist ihr Professor. Sie hatte einen Job als studentische Hilfskraft bei den Gebißphysiologen. Professor Liviander wohnt ein Stück vom Guldhedstorget entfernt... in Landala, in einem der Egna-Hem-Siedlungshäuser. Ich weiß aber nicht, wie die Straße heißt.«

Als Irene Huss ihr Dienstzimmer betrat, das sie sich mit Tommy Persson teilte, klingelte das Telefon.

»Guten Morgen. Mein Name ist Svante Nilsson. Ich wohne am Guldhedstorget gegenüber von der Grünanlage, wo der Mord an der jungen Frau verübt worden ist. Gestern bin ich schon früh nach Kopenhagen gefahren, noch bevor sie entdeckt wurde, und auch erst spätnachts zurückgekommen. Ich wußte nichts von dem Mord, bevor ich heute morgen aus der Zeitung davon erfuhr. Wenn ich den Artikel recht verstehe, geht die Polizei davon aus, daß sie gegen Mitternacht umgebracht wurde.«

Es war die Stimme eines älteren Mannes, sehr korrekt und redegewandt.

»Das stimmt«, sagte Irene.

»Dann habe ich vielleicht etwas Wichtiges gesehen. Aber das war eine Stunde vor Mitternacht, gegen elf. Ich hatte gerade das Licht in meinem Schlafzimmer ausgemacht und wollte das Rollo herunterlassen, da sah ich einen Mann mit einem großen Hund in die Grünanlage gehen. Vielleicht hätte mich das nicht weiter gekümmert, wenn nicht gleichzeitig eine Frau mit langen blonden Haaren aus einem Gebüsch gekommen wäre. Meines Erachtens handelt es sich um das Gebüsch, hinter dem man sie später fand.«

Irene schrieb rasend schnell mit. Sie warf eine Frage ein: »Wissen Sie, was das für ein Hund war? Welche Rasse?«

»So einer, wie ihn die Kinder im Astrid-Lindgren-Film ›Ferien auf Saltkrokan‹ hatten, falls Sie sich daran erinnern.«

»Ein Bernhardiner.«

»Genau. Jedenfalls ließ der Mann den Hund von der Leine und ging auf die Frau zu.«

»Sah es aus, als ob sie sich kannten?«

»Ja. Denn sie küßten sich lang und innig.«

Irene spürte, wie sich ihr Puls beschleunigte, und versuchte ihre Stimme weiterhin ruhig klingen zu lassen.

»Sie gingen also aufeinander zu, und dann küßten sie sich?«

»Genau. Jedenfalls begann der Hund irgend etwas zu jagen und lief zwischen den Bäumen und um den Teich herum. Wahrscheinlich eine Katze oder eine Ratte. Der Mann und die Frau verschwanden hinter dem Gebüsch, und ich konnte sie nicht mehr sehen. Aber der Hund amüsierte mich. Ich blieb also am Fenster stehen. Schließlich mußte der Mann wieder hervorkommen, um dem Hund hinterherzulaufen. Seine Beute hatte sich unter den Weihnachtsbaum mitten auf dem Guldhedstorget geflüchtet, und der Hund tobte bellend darum herum.«

»Wie lange waren er und die Frau im Gebüsch?«

»Nicht länger als zwei oder drei Minuten.«

Das war nicht viel Zeit, um Stella zu erdrosseln, aber durchaus genug. Andererseits klang es etwas sonderbar, daß sie sich nur wenige Minuten zuvor innig geküßt hatten, dachte Irene.

»Der Mann nahm den Hund an die Leine und ging mit ihm weiter zum Wavrinskys plats«, fuhr Svante Nilsson fort.

»Er ging also nicht zu der Frau zurück?«

»Nein. Und als ich noch einmal zum Gebüsch hinübersah, bevor ich das Rollo herunterzog, konnte ich sie nicht mehr sehen. Ich nahm an, daß sie auf einem der kleinen Wege verschwunden war.«

»Wie sah der Mann aus?«

»Schwer zu sagen. Er trug eine dunkle Strickmütze und eine dicke Jacke in einer dunklen Farbe. Schließlich war es fünfzehn Grad unter Null. Ich wohne im dritten Stock und sah sie schräg von oben.«

Als sie auflegte, schaute Tommy Persson ins Zimmer.

»Ich habe diesen Professor ausfindig gemacht«, sagte er. »Greger Liviander heißt er und arbeitet in der Zahnklinik.«

»Okay. Wir fahren hin und reden mit ihm.«

Als sie am Empfang nach dem Professor fragten, wurden sie in die Verwaltung im obersten Stockwerk verwiesen.

Sie klopften an eine Tür mit der Aufschrift »Prof. Greger Liviander«. Eine Männerstimme forderte sie auf einzutreten.

Der Professor sah überhaupt nicht so aus, wie man es von einem Professor erwartet hätte. Er war höchstens ein paar Jahre älter als Irene und Tommy, sein dickes blondes Haar war an den Schläfen leicht ergraut, aber sein Gesicht wirkte jugendlich. Greger Liviander war schlank und sah durchtrainiert aus. Irene fand den Professor im Fach Gebißphysiologie ausgesprochen gutaussehend.

Sie stellten sich vor, und Greger Liviander bat sie, auf seinen Besucherstühlen vor seinem Schreibtisch Platz zu nehmen. Irene wollte gerade die erste Routinefrage stellen, als ihr Blick auf ein großes gerahmtes Farbfoto an der Wand fiel. Zwei etwa zehnjährige Jungen saßen neben einem Bernhardiner und hatten ihm die Arme um den Hals gelegt.

Nach den üblichen Routinefragen deutete Irene plötzlich auf das Foto und sagte: »Was haben Sie vorgestern abend gegen elf auf dem Guldhedstorget gemacht? Ein Zeuge hat Sie mit Ihrem Hund und mit Stella gesehen.«

Jegliche Farbe wich aus dem gutaussehenden Gesicht, und es gelang Liviander nicht, seine Angst zu verbergen.

»Ich war nicht am Guldhedstorget ...«, sagte er versuchsweise, konnte aber nicht einmal sich selbst überzeugen.

Der Professor ließ seine Schultern sinken und legte das Gesicht in seine Hände.

»Herrgott! Ich wußte, daß es rauskommen würde!« sagte er seufzend.

»Der Zeuge hat gesehen, wie Sie und Stella sich geküßt haben«, fuhr Irene unberührt fort.

Liviander schluckte, bevor er sich zu einer Antwort durchrang.

»Wir hatten uns in der Grünanlage verabredet. Ich gehe um diese Zeit immer noch mal mit dem Hund raus.«

»Wie lange hatten Sie und Stella ein Verhältnis?«

»Seit Mai. Sie bedeutete mir viel, aber ... ich wollte Schluß machen. Ich bin verheiratet und habe Kinder. Aber jedesmal, wenn wir uns trafen, war es wieder genauso schwer, Schluß zu machen.«

»Haben Sie sie deswegen mit der Hundeleine erdrosselt? Um Schluß zu machen?«

Greger Liviander sprang auf und starrte Irene wütend an.

»Sie erdrosselt! Sind Sie nicht mehr ganz bei Trost? Ich habe sie geliebt! Ich hätte sie nie ... hätte sie nie ...«

Irene sah mit Erschrecken, daß er in Tränen ausbrach. Weder Tommy noch sie wußten, wie sie Liviander beruhigen sollten. Sie ließen ihn weinen. Schließlich gelang es ihm, sich zusammenzunehmen.

»Wir hatten uns verabredet, weil sie mir etwas Wichtiges zu sagen hatte. Ich nehme an, daß das bei der ... Obduktion ohnehin herauskommt. Sie war im dritten Monat schwanger. Das Kind war von mir.«

»Hatten Sie vor, sich von Ihrer Frau scheiden zu lassen und sie zu heiraten?«

»Ich weiß es nicht. Der Bescheid schockierte mich. Ich war verwirrt! Und ausgerechnet da bekam Tjabo einen Anfall und begann zu bellen. Ich rannte runter zum Guldhedstorget und erwischte ihn. Mir ist klar, daß das sehr seltsam klingen muß ... aber als ich den Hund wieder an der Leine hatte, hatte ich plötzlich das Gefühl, so schnell wie möglich nach Hause zu müssen. Schließlich war es kalt, und es wäre mir schwergefallen, meiner Frau zu erklären, warum wir so lange draußen waren. Vielleicht war es auch der Schock, der mich dazu veranlaßte... Ich ging mit Tjabo quer über den Wavrinskys plats und dann in Richtung Egnahemsvägen. Ich wohne oben in Landala.«

»Haben Sie sich noch einmal umgedreht und nach Stella gesehen, ehe Sie gingen?«

»Ja. Schließlich war mir nicht ganz wohl dabei, einfach so davonzulaufen. Als ich eingesehen hatte, daß ich schnell nach Hause mußte, drehte ich mich um, um ihr zuzuwinken, aber sie war nirgends zu sehen. Ich dachte, sie sei sauer, weil ich einfach abgehauen war, und sei in eine andere Richtung gegangen. Vielleicht kämpfte sie in diesem Augenblick schon um ihr Leben! Wenn ich doch nur zurückgegangen wäre!«

Patrik Eriksson war zu Hause in seiner Wohnung. Sein Gesichtsausdruck wirkte geradezu apathisch, als er ihnen die Tür öffnete und sie hereinließ. Als sie das Wohnzimmer betraten, sprang eine magere und elegante Katze vom Sofa. Sie setzte sich in der Mitte des Zimmers auf den Boden und betrachtete sie mit unergründlichen smaragdgrünen Augen. Ihr Fell war nougatbraun, die Musterung ihres Gesichts und ihre Schwanzspitze fast schwarz. Pharao war sehr schön und schien sich dessen bewußt zu sein.

»Stellas Mutter hat eine Katzenallergie, deswegen kümmere ich mich um ihn«, sagte Patrik trotzig.

»Pharao ist ein sehr schöner und teurer Kater, verstehe ich das richtig?« fragte Irene.

»Ja. Er ist ein internationaler Champion.«

»Genau. So eine Katze läßt man doch wohl nicht frei herumlaufen?«

»Nein«, erwiderte Patrik erstaunt.

»So eine Katze hat man an der Leine. Kann ich mir die Leine von Pharao mal ansehen?«

Erst wurde Patrik leichenblaß, dann puterrot. Er öffnete den Mund, um etwas zu sagen, aber kein Laut kam über seine Lippen.

Irene ging selbst in die Diele. Die Leine hing an der Hutablage. Sie war einer solchen Katze wirklich würdig. Das kleine Lederhalsband war über und über mit kleinen Anhängern besetzt. Es handelte sich um ein Modell aus geschmeidigem Leder, das von einem vergoldeten Kettchen zusammengezogen wurde. Die eigentliche Leine bestand aus goldglänzendem geflochtenen Nylon. Vorsichtig trug Irene sie ins Wohnzimmer.

Als Irene die Leine aufs Sofa fallen ließ, war ein rasselndes und klirrendes Geräusch zu hören. Langsam sagte sie: »Dieses Geräusch war zu hören, als Stella etwas auf den Beifahrersitz warf. Nicht das Klappern eines Schlüsselbunds. Marie sagte doch, daß Sie bereits Schlüssel zu Stellas Wohnung hatten. Nicht wahr?«

Entsetzt starrte Patrik auf die Leine. Sie lag da wie eine angriffslustige Kobra.

»Die Spurensicherung wird natürlich die Leine untersuchen«, fuhr Irene sachlich fort.

Mit einem halberstickten Schluchzer ließ sich Patrik in einen Sessel fallen.

»Ich habe sie getötet. Ich wollte das nicht! Ich stand hinter den Büschen und hörte, wie sie ihm erzählte, sie erwarte ein Kind. Sein Kind! Da zerbrach etwas in mir. Als er zum Platz hinunterrannte, schlich ich auf sie zu. Von hinten. Sie sah mich nicht. Ich hatte die Leine in der Hand und legte sie um ihren Hals und ...«

»Als der Professor erzählte, er sei über den Wavrinskys plats zum Egnahemsvägen gegangen, ging mir auf, daß man da auch mit dem Auto entlangfahren kann. Man fährt durch den Kreisverkehr auf die Überführung und von dort hinter die Grünanlage am Guldhedstorget. Von dort führen mehrere Treppen hinunter in die Grünanlage. Das hat Patrik getan. Er hat irgendwo oben auf der Überführung geparkt und ist zwischen den Büschen hindurchgeschlichen«, sagte Irene.

»Der Hund hätte ihn doch hören müssen?« warf Tommy ein.

»Leider tat er das nicht. Wahrscheinlich kam der Wind aus der falschen Richtung, und er nahm nie irgendeine Witterung auf. Außerdem war er ja voll und ganz damit beschäftigt, ein Tier über den Platz und um den Teich zu jagen. Patrik kam ihnen so nahe, daß er das Gespräch von Liviander und Stella mitanhören konnte. Und ihm war natürlich klar, daß seine Hoffnungen auf eine neuerliche Beziehung mit Stella für immer zerstört waren.«

»Vielleicht hat er sich auch gedemütigt gefühlt, weil sie ihn als Privatchauffeur und Gehilfen ausnutzte. Er hat erkannt, daß sie ihn nur benutzt hat, um Liviander treffen zu können. Der Tropfen, der das Faß zum Überlaufen brachte, war wohl der Moment, als sie die Leine auf den Beifahrersitz warf und ihm geradezu befahl, Pharao auszuführen.«

ÅSA NILSONNE
Helleren Zeiten entgegen

»Wir können einfach nicht weiter zulassen, daß man uns belügt!« hatte sich Amtsrichter Bernt Ljunggren empört. Nachdem er sich ein wenig beruhigt hatte, hatte er seiner Auffassung mit gewählteren Worten Ausdruck verliehen. »Unser Rechtssystem muß der Abgabe bewußter Falschaussagen Einhalt gebieten!«

Rückblickend war er mit sich zufrieden. Sein Schlußwort auf der Konferenz war nachdrücklich gewesen. Er hatte eine klare Zielsetzung formuliert und deutliche Entschlossenheit ausgestrahlt. Die übrigen Teilnehmer der Arbeitsgruppe, ein paar Polizisten, ein weiterer Richter und zwei Staatsanwälte, waren auf seiner Seite, davon war er überzeugt. Jeder von ihnen hätte sicher auf einen oder zwei Monatslöhne verzichtet, um nicht mehr »ich habe nichts gesehen«, »ich war nicht dort« oder »ich war's nicht« hören zu müssen.

Bernt bereitete ein Treffen mit dem Justizminister vor. Er wollte auf Grundlage geltenden Rechts diejenigen bestrafen lassen, die bei einer Untersuchung der Polizei oder der Staatsanwaltschaft wissentlich Dinge verschwiegen. Heutzutage wußte jeder kleine Ganove, daß es ratsam war, erst einmal alles zu leugnen. Das war mit keinerlei Risiken verbunden, und überdies funktionierte es meistens.

Bernt wollte, daß es die Betroffenen teuer zu stehen kam, am besten teurer als die eigentliche Straftat. Dann würden sie es sich zweimal überlegen, ehe sie grinsten, mit den Schultern zuckten und behaupteten, sie wüßten gar nicht, weshalb sie überhaupt vorgeladen worden seien. Sie hätten nicht die geringste Ahnung, was der Kumpan neben ihnen verbrochen habe.

Er war der festen Überzeugung, daß die Zeit reif für eine

Veränderung sei, die eine bessere, schönere Gesellschaft mit sich bringen würde.

Leichten Schrittes verließ er das Polizeipräsidium. Es war tiefster Winter. Die dunkle Zeit dauerte schon lange. Bernt gefiel es, wie die Halbjahre abwechselnd der Helligkeit und der Dunkelheit entgegenstrebten. Es gefiel ihm, daß nun der dunkelste Tag des Jahres nahte, daß es schneite und daß dicke Schneeflocken um ihn wirbelten wie umherschwirrende Sterne. Es gefiel ihm auch, daß die erleuchteten Häuser auf der gegenüberliegenden Straßenseite aussahen wie Adventskalender mit geöffneten Fensterchen.

Er war überaus zufrieden. Zufrieden mit seinem Beruf, seinem Beitrag zur Gesellschaft und den Dingen, die er an diesem Tag vollbracht hatte.

Er bog links ab, denn er war auf dem Weg zu seiner Wohnung am Drottningholmsvägen, die nur wenige Minuten vom Polizeipräsidium entfernt lag, wenn er die Abkürzung durch den kleinen hügeligen Kronobergsparken nahm. Während er gemächlich nach Hause schlenderte, sann er über die Dunkelheit nach. Die Finsternis als Metapher für die Übermacht des Stärkeren, für die unterdrückenden, aussaugenden Kräfte, die auf Straßen, in Schulen und in unseren Beziehungen ständig die Macht zu erlangen suchten. Immer hatte er sich selbst als Lichtbringer des Gesetzes im Dunkel der Gesetzlosigkeit erachtet.

Plötzlich wurden seine angenehmen Gedanken von einem Keuchen hinter seinem Rücken unterbrochen. Er drehte sich um und entspannte sich. Ein Jogger näherte sich mit leichten, federnden Schritten. Das Keuchen stammte von zwei Schäferhunden, die sich diszipliniert an seiner Seite hielten.

Bernt trat nach rechts, um Platz zu machen. Nun waren die rhythmischen Schritte des Läufers deutlich zu vernehmen, und ihm kam der Gedanke, daß die Intervalle zwischen seinen Schritten eine neue Zeiteinheit darstellten und daß die Person, die durch das Schneegestöber lief, das Metronom allen Lebens war. Er stellte fest, daß das Tempo seiner neuen Zeitrechnung zunahm, der Läufer rannte offenbar schneller.

Jetzt hörte er die Schritte dicht hinter sich. Er trat noch weiter zur Seite.

Dann ging es schnell.

Ein kurzes Wort aus dem Mund des Läufers, deutlich hörbar in der kalten Luft, aber unverständlich.

Dann tauchten zwei Schnauzen zu seiner Rechten auf, abseits des Weges. Die Rücken der Hunde hoben und senkten sich, während sie zügig an ihm vorbeiliefen. Der Läufer überholte ihn von links, und Bernt knickte ein, als die dünne Leine zwischen Läufer und Hunden seine Kniekehlen traf.

Er kippte haltlos nach hinten, seine Füße wurden nach vorn gezogen, und einen kurzen Moment hing sein Körper in der Luft, bevor er auf dem Kiesweg aufprallte. Sein Hinterkopf schlug mit einem Knall auf, der einen Sternenregen kleiner, blitzender Pünktchen unter seinen geschlossenen Lidern auslöste.

Er hörte ein Pfeifen, das aus der Ferne zu kommen schien, dann wurde er auf die Seite gerollt, seine linke Hand nach oben gezerrt und sein Gesicht in das nach Urin und Verwesung stinkende Gras gedrückt. Er erhaschte einen Blick auf einen Hundehaufen und einen rotgestreiften Joggingschuh. Dann strahlte ein stechender, brennender Schmerz von seiner linken Hand zum Körper hin aus.

Das letzte, was er hörte, bevor ein weiterer Schlag seinen Kopf traf, war: »Du dummes, dummes Schwein.«

Was folgte, hätte ihm vertraut vorkommen müssen, schließlich war es sein Metier, spielte sich in dem Umfeld ab, in dem er jahrzehntelang hart und uneigennützig gearbeitet hatte. Allerdings war er dieses Mal das Opfer, und das Prozedere erschien aus dieser neuen Perspektive seltsam unbekannt.

Außerdem kam ihm das Geschehene irgendwie übertrieben und unwirklich vor. Man hatte ihn fast sofort gefunden. Er hatte auf dem Weg gelegen, seine Linke buchstäblich an einen Baum genagelt.

Der dünne Pfeil einer kleinen Armbrust war zuerst durch seinen Lederhandschuh, dann durch seine Hand, wieder durch den Handschuh und schließlich tief in den dicken Baumstamm gedrungen. Es hatte ein Weilchen gedauert, ihn loszubekommen, und er hatte die Nacht im Krankenhaus verbracht, wo der diensthabende Orthopäde glücklicherweise auf Handchirurgie spezialisiert war und ihn unverzüglich zusammengeflickt hatte.

Der erste junge Polizist, den er am nächsten Morgen traf, hatte Probleme mit seinem Computer und interessierte sich mehr für seine technischen Sorgen als für Bernts Bericht. Bernt, dessen Herz seit seinem Krankenhausaufenthalt mit unangenehm hoher Pulsfrequenz schlug, hatte schließlich resigniert und sich seiner Beziehungen bedient.

Er hatte den jungen Polizisten darauf hingewiesen, daß er als Richter häufig mit der Kriminalpolizei zusammenarbeite, und schließlich um ein Gespräch mit Monika Pedersen gebeten, einer Inspektorin, der er vertraute. Monika hatte den Fall übernommen, ihm einen Kaffee angeboten und gefragt, ob die Hand schmerze – was er bejahte –, ihm dann aufmerksam zugehört und schließlich gefolgert: »So wie's aussieht, gibt es zwei Möglichkeiten. Entweder hat dich jemand beschossen, der sich auf gut Glück ein Opfer ausgesucht hat, oder es war jemand, der es auf dich persönlich abgesehen hat.«

Bernt fand, daß Monikas blasses, alltägliches Gesicht eine beruhigende Kraft und Energie ausstrahlte. Er fühlte sich wieder zuversichtlicher.

Nachdenklich fuhr sie fort: »Ein unglücklicher Zufall, ein Versuch, dir Angst einzujagen, oder Rache. Was glaubst du?«

Stundenlang hatte er sich schon mit dieser Frage herumgequält. Er erwiderte: »Es fällt mir schwer, an einen Zufall zu glauben, daß jemand einfach seine neue Armbrust ausprobieren wollte, wo er schon mal mit den Hunden draußen war.«

»Bleibt also nur, daß es jemand auf dich abgesehen hat. Bist du in letzter Zeit von jemandem bedroht worden?«

»Ich verhänge tagtäglich Urteile, da werden schon manchmal Drohungen laut. Manche Leute scheinen zu glauben, ich verurteile Menschen aus reiner Gehässigkeit, aber soweit ich mich erinnern kann, ist in letzter Zeit nichts Besonderes vorgefallen. Außerdem kommt es mir einigermaßen sinnlos vor, mich erschrecken oder sich an mir rächen zu wollen, wenn ich nicht weiß, wer der Täter ist, nicht wahr?«

Monika nickte. Sie merkte, daß er noch etwas auf dem Herzen hatte, und wartete ab. Auch das wußte er sehr an ihr zu schätzen. Sie konnte gut zuhören. Schließlich sprach er seine Befürchtung aus: »Vielleicht war das ja nur der Anfang. Nächstes Mal erschießen sie mich vielleicht – an einem anderen Ort und ohne Vorwarnung?«

»Du mußt in den nächsten Tagen auf der Hut sein. Wir konzentrieren uns jetzt darauf, den Jogger ausfindig zu machen. Ein Mensch, der mit zwei großen Hunden joggt, fällt auf, und der Kronobergsparken ist nicht groß. Schlimmstenfalls müssen wir die Presse um Hilfe bitten. Außerdem wollen wir mal sehen, was das Labor auf deinem Mantel findet, Hunde hinterlassen ja mehr als nur Pfotenabdrücke, ein Wunder, daß die noch ein Fell haben, so wie die haaren.«

Zum ersten Mal wagte Bernt ein schwaches Lächeln.

Gerade als Monika sich erhob, fiel ihm noch etwas ein: »Mir ist da etwas Seltsames an der Stimme aufgefallen. Sie klang so eintönig und leise, wie durch einen Filter.«

Monika sank auf ihren Stuhl zurück.

»Kannst du versuchen, die Stimme nachzuahmen?«

Er flüsterte: »Du dummes, dummes... Nein, so leise klang es nicht.«

Er versuchte es eine Oktave höher: »Du dummes, dummes... Nein, auch falsch...«

Monika schien diese Situation nicht neu zu sein, denn sie

hatte einen konkreten Vorschlag: »Das könnte wichtig sein. Ich schlage vor, daß wir eine Logopädin hinzuziehen. Vielleicht kann sie uns etwas über die Stimme sagen. Wir werden alles Erdenkliche tun, und du solltest währenddessen nach Hause fahren und dich ausruhen, du siehst ganz schön erledigt aus. Ich melde mich, sobald wir etwas in Erfahrung gebracht haben.«

Bernt stieg vor dem Polizeipräsidium in ein Taxi, was er auf seine verletzte Hand schob, aber im Grunde genommen fürchtete er sich davor, auf die Straße zu gehen. Wenn man im Kronobergsparken auf ihn schießen konnte, dann konnte es auch sonst überall geschehen.

Als er wieder zu Hause war, stellte er fest, daß er weder schlafen noch lesen konnte. Sein Herz hatte offenbar immer noch nicht eingesehen, daß keine Gefahr mehr bestand, es pochte fest und schnell, was ihn noch mehr ängstigte.

Er tigerte durch die Wohnung und versuchte einen klaren Gedanken zu fassen, doch es gelang ihm nicht.

Als ihn Monika gegen fünf Uhr nachmittags anrief, hatte sie zu allem Überfluß nichts Neues zu berichten, abgesehen von den Gesprächen der Polizei mit den Anwohnern.

»Komischerweise gibt es immer noch keine Zeugen, obwohl ein Läufer mit zwei Schäferhunden meiner Meinung nach irgend jemandem aufgefallen sein müßte.«

»Hat denn niemand aus dem Fenster geschaut? Aus Hunderten von Zimmern des Polizeipräsidiums hätte man mit ansehen können, wie ich angeschossen wurde!«

»Wir sind dem nachgegangen, doch niemand hat was gesehen. Die nächsten Straßenlaternen stehen ungefähr dreißig Meter vom Tatort entfernt, und die Sicht war wegen des starken Schneefalls ziemlich schlecht. Aber immerhin haben wir die Logopädin erreicht, könntest du sie morgen hier treffen?«

Der bloße Gedanke, sich wieder in Richtung Polizeipräsidium begeben zu müssen, ließ sein Herz noch schneller schlagen. Er fragte, ob die Logopädin statt dessen zu ihm nach Hause kommen könne, und hoffte, daß er jemals wieder fähig sein würde, seine Wohnung zu verlassen.

Beziehungen zahlen sich aus: Monika versprach, ihm die Logopädin am nächsten Tag um neun vorbeizuschicken.

Als sie am nächsten Morgen pünktlich vor der Tür stand, fühlte er sich womöglich noch müder als am Tag zuvor. Seine Hand schmerzte, und er hatte die Nacht vor allem mit Alpträumen zugebracht.

Die Logopädin erwies sich als eine zielstrebige ältere Dame, die den angebotenen Kaffee ausschlug und gleich zur Sache kam. Er beschrieb das Gehörte, sie stellte ein paar kurze Fragen, dann atmete sie aus und zählte beim Einatmen bis zehn. Fast genau so hatte die Stimme geklungen, an die er sich erinnerte.

»Ja! Genau so klang es! Wie haben Sie das gemacht?«

»Ich habe beim Einatmen gesprochen. Soweit ich weiß, sprechen vor allem finnische Frauen so.«

Eine Frau? Bernt vergegenwärtigte sich die starken Hände und die Entschlossenheit. Konnte es eine Frau gewesen sein? Ihm kam das in vielerlei Hinsicht unwahrscheinlich vor.

Die Logopädin betrachtete ihren Auftrag offenbar als beendet, denn sie zog ihren Mantel an und ging. Das Ganze hatte eine knappe Viertelstunde gedauert.

Bernt ging auf und ab und ließ sich dann erschöpft in seinen Lieblingssessel fallen. Er versuchte systematisch nachzudenken. Es mußte eine Erklärung für das Vorgefallene geben, und er zwang sein müdes Gehirn, nach Zusammenhängen und Hinweisen zu suchen.

Plötzlich fiel es ihm ein. Hunde und finnische Frauen – in ihm wurde eine schwache Erinnerung an eine lang zurückliegende Verhandlung wachgerufen. Eine junge Finnin hatte ihren gewalttätigen bewaffneten Freund in einer Winternacht auf einer leeren Stockholmer Straße erschossen. Der junge Mann war, statistisch gesehen, ein typisches Mordopfer gewesen. Er war vorbestraft, unter anderem wegen Erpressung und Körperverletzung.

An den ersten Prozeß gegen den Mann wegen Körperverletzung konnte sich Bernt noch gut erinnern. Er hatte seine damalige Freundin schwer verletzt und war verurteilt worden. Der Prozeß war ihm so gut im Gedächtnis geblieben, weil die Frau mit Nachnamen Abel geheißen hatte und sein junger Referendar weder von Kain noch von Abel je etwas gehört hatte.

Der Gedanke an das arme Mädchen, deren Gesicht nie wieder wie vorher aussehen würde, schien einen bisher ruhenden Teil seines Gehirns zu neuem Leben erweckt zu haben, denn plötzlich konnte er sich deutlich an den Tathergang erinnern.

Der Mann war bereits wenige Minuten nach dem Schuß aufgefunden worden, die Waffe hatte auf dem Gehsteig gelegen, und die neue Freundin hatte daneben gestanden. Sie hatte behauptet, der Mann sei zuerst von einem großen schwarzen Hund umgeworfen und dann vom Hundehalter erschossen worden.

Bernt hatte ihr nicht geglaubt. Es gab auch keine Zeugen, die einen Mann mit einem Hund gesehen hatten, und auf der Waffe fehlten sowohl Fingerabdrücke als auch Fasern, die auf eine Verbindung zu irgendeinem anderen Täter hätten hindeuten können. Keiner aus dem Umfeld des Opfers hatte einen Hund besessen, auf den die Beschreibung zutraf.

Die Staatsanwältin war davon ausgegangen, daß ein Mann, der die eine Freundin schlug, dies auch bei der anderen tat und daß ein bewaffneter Mann nicht so ohne weiteres erschossen wurde. Ein unsichtbarer Täter mit einem unsichtbaren großen Hund schien ihr weniger einzuleuchten als eine verängstigte, bedrohte junge Frau, die überdies gut mit Waffen umgehen konnte. Es seien jede Menge Waffen in Umlauf, die Überreste von Kriegen, Revolutionen und Befreiungskämpfen in aller Welt. Der Butterberg sei verschwindend im Vergleich zum Waffenberg, und der einzige Unterschied sei, daß die Butter keine Abnehmer finde.

Sie hatte auf Totschlag plädiert, obwohl ihr Mord eigentlich angebrachter erschienen war. Obwohl die Beweise ausgesprochen dünn waren, war sie überzeugt gewesen, daß es sich um geplante Schüsse gehandelt habe. Nach ihrer Ansicht hatte der Mann die junge Finnin namens Aili bedroht, und diese hatte ihn in Notwehr mit einer der unzähligen illegalen Waffen, die in Umlauf waren, erschossen.

Aili selbst hatte immer nur ihre wortkarge Aussage vom ersten Verhör wiederholt: Ja, in seinen Kreisen habe es immer jede Menge Waffen gegeben. Nein, es habe keine große Mühe gekostet, welche zu beschaffen. Ja, sie sei Fünfkämpferin und könne mit einer Pistole umgehen. Nein, sie habe nicht auf ihn geschossen. Ja, er habe sie geschlagen. Nein, sie habe ihn deswegen nicht angezeigt. Doch, sicherlich hätte sie es gewagt, habe es aber nicht gewollt. Ja, er sei fast immer bewaffnet gewesen. Nein, sie habe ihn nicht erschossen. Nein, sie wisse nicht, wer es getan habe.

Der Täter habe ihn mit Hilfe eines großen Hundes umgestoßen, erschossen und sei dann verschwunden. Bernt war müde, es war später Nachmittag und der Verteidiger nicht auf der Höhe. Das Ganze hatte sich im Winter vor vier Jahren abgespielt.

Bernt war davon überzeugt gewesen, daß Aili log, und hatte sie wegen Totschlags zu sechs Jahren Gefängnis auf Bewährung verurteilt.

Konnte das Ereignis im Park mit Aili zusammenhängen? Konnte sie sich nach so vielen Jahren dazu entschlossen haben, ihm zu beweisen, daß er Unrecht gehabt hatte? Und wenn ja, zu welchem Zweck? Zeitlich kam es hin. Wenn sie, wie allgemein üblich, nach Ablauf der halben Zeit aus dem Gefängnis entlassen worden war, so war sie nun seit einem knappen Jahr wieder draußen.

Aber konnte man Hunde wirklich so dressieren, daß sie Leute umstoßen? Und wie konnten sie so spurlos verschwinden? Und wie hatte sie in Erfahrung gebracht, wo er sich aufhielt? Die letzte Frage war am leichtesten zu beantworten. Man mußte nur bei seiner Sekretärin anrufen und nachfragen.

Aber Aili? Es wirkte einfach zu unwahrscheinlich.

Aber da eine unglaubhafte Erklärung immer noch besser war als gar keine, entwarf er einen Plan. Er würde sich beim Gefängnis erkundigen und außerdem jemanden zu Rate ziehen, der sich mit Hunden auskannte.

Als erstes rief er bei der Gefängnisdirektorin an. Wieder einmal mußten seine Beziehungen herhalten, er nannte seinen Namen und wurde verbunden, obwohl sie eigentlich keine Sprechstunde hatte.

Sie konnte sich an Aili erinnern, obwohl sie nie persönlich mit ihr gesprochen hatte. Ja, sie sei nach drei Jahren entlassen worden. Außerdem riet sie Bernt, mit der Gefängnispsychologin Anne-Marie Larsson zu reden, um Genaueres in Erfahrung zu bringen, denn Aili habe sie zu regelmäßigen Gesprächen aufgesucht.

»Wann kann ich mit ihr reden?«

»Vermutlich jederzeit, sofern Sie es an einem Donnerstag versuchen, denn dann ist sie hier.«

»Das wäre ja gleich morgen, es eilt nämlich.«

Die Gefängnisdirektorin seufzte, sie schien ein Gespür dafür zu haben, wann Einwände zwecklos waren.

»Kommen Sie um eins, ich werde sie bitten, einen Termin abzusagen.«

Als nächstes rief Bernt im Zuge seiner privaten Ermittlungen die einzige Person in seiner Verwandtschaft an, die einen Hund besaß. Die Antwort auf seine Fragen fiel überraschend aus: Selbstverständlich könne man Hunde dazu abrichten, nach rechts oder links zu laufen – wie sollte man sonst mit Hilfe eines Hirtenhundes Schafe hüten? Nicht alle Hunde könnten das, aber im Raum Stockholm gäbe es sicherlich Hunderte von Tieren, die es mühelos beherrschten.

»Aber wenn nun niemand aus dem Umfeld des Opfers einen Hund besessen hat?«

»Dann kann man sich einen ausleihen oder mieten.«

Bernt erhielt die Telefonnummer eines Mannes, der sich darauf spezialisiert hatte, Hunde und andere Tiere für die Filmindustrie abzurichten. Er war nicht zu Hause, als Bernt bei ihm anrief, und es kam ihm so vor, als griffe er nach dem letzten Strohhalm, aber es blieb ihm nichts anderes übrig.

Am nächsten Morgen war Bernt genauso müde wie beim Zubettgehen. Sein Herzflattern schien chronisch geworden zu sein. Er nahm ein Taxi zum Hauptbahnhof und rief vom Zug aus noch einmal an. Wieder keine Antwort. Eine Stunde später versuchte er es nochmals und hatte Glück.

Er erklärte, er wolle ein Rockvideo aufnehmen und benötige dafür einen Hund, der einen großen Mann umstoßen könne.

»Sind Sie das wieder, Herr Abel?«

»Wie bitte?«

»Ich habe ein gutes Namensgedächtnis, Sie haben doch vor drei, vier Jahren einen Reklamefilm gedreht?«

»Nein, das war ich nicht, aber schade, daß schon jemand anders die Idee hatte.«

»Keine Sorge, der Film wurde nie fertiggestellt, und den Hund habe ich noch.«

»Vielleicht könnten Sie mir ja die Adresse von dem Herrn mit dem Reklamefilm geben, damit ich ihn nach seinen Erfahrungen ...«

»Sorry, ich hab sie gar nicht mehr, kann mich nur an den Namen erinnern. Mit einem Hund ist es wie mit einem Auto, er ist schließlich wertvoll. Ich habe mir seinen Ausweis angeschaut, obwohl es ihm nicht sonderlich gefiel.«

»Danke«, sagte Bernt aufrichtig. »Herzlichen Dank. Sie haben mir sehr geholfen.«

Dann legte er auf.

Abel! Schon wieder dieser Name! Siedendheiß durchfuhr es ihn. Wenn dem Opfer tatsächlich seine eigene Gewalttätigkeit zum Verhängnis geworden war? Vielleicht hatte die Gewalt gegen seine erste Freundin und nicht die gegen Aili dazu geführt, daß er erschossen worden war.

Hatte sich vielleicht der Bruder, Cousin oder Vater der ersten Freundin rächen wollen und dabei eine so unkonventionelle Methode gewählt, daß der Verdacht auf Aili fallen mußte? Hatte sich Bernt in der Tat getäuscht und Mangel an Phantasie, Empathie oder Wissen bewiesen? Hatte er die Wahrheit nicht erkannt, obwohl er ihr zum Greifen nahe gewesen war? Hatte er einer unschuldigen jungen Frau drei Jahre ihres Lebens geraubt?

Die Verabredung mit der Psychologin erschien ihm plötzlich ungeheuer wichtig. Er hatte der Psychologie zwar nie sonderlich viel Glauben geschenkt, die Psychologen waren sich ja selten einig, aber eine Psychologin mußte doch eigentlich beurteilen können, ob jemand die Wahrheit sagte.

Der Zug fuhr ihm zu langsam, er mußte dringend mit Anne-Marie Larsson reden. Er mußte in Erfahrung bringen, ob sie Aili für schuldig oder unschuldig hielt.

Er kam fast pünktlich in Hinseberg an, dann dauerte es eine Weile, bis er seinen Ausweis gezeigt hatte und in den Korridor geschleust worden war, der zum Zimmer der Psychologin führte.

Der Name Anne-Marie Larsson klang beruhigend normal, fand er. Die Frau, die ihm öffnete, sah jedoch nicht ganz so normal aus. Sie war breit, geradezu unnatürlich breit, wie das Bild in einem Zerrspiegel. Ihr Gesicht war breit, der Mund war breit, und ihre Schultern und Hüften wirkten gewaltig. Ihre natürlichen Formen waren von einer dicken Fettschicht überlagert, die direkt unter der dünnen, blassen Haut zu liegen schien. Ihre braunen Augen blickten jedoch fest und klar.

Der Raum, den er betrat, war groß, geräumig und mit verschiedenartigsten Möbeln bestückt, was dem Ganzen den Charakter eines Wohnzimmers verlieh. Vielleicht steckte ja ein professioneller Trick dahinter, aber gemütlich war es allemal.

Sie nahm hinter einem massiven Schreibtisch in altenglischem Stil Platz, der ihr die Würde einer Richterin verlieh.

Zögernd fing er an: »Wie Sie wissen, bin ich der Richter, der Aili verurteilt hat. Mir wurde gesagt, daß Sie sie gut kannten.«

»Ja, in den Jahren, die sie sich hier aufhielt, standen wir uns nahe.«

»Ich möchte Sie als Psychologin befragen: Halten Sie es für möglich, daß sie unschuldig war?«

»Wieso fragen Sie ausgerechnet jetzt danach? Sie wurde verurteilt und ist in die Revision gegangen. Dieser wurde nicht stattgegeben. Damals hat niemand irgendwelche Fragen gestellt.«

Stell einem Psychologen eine Frage, und du erhältst eine Gegenfrage. Es wunderte ihn nicht.

»Es gibt neue Hinweise auf den Hund. Nichts Sicheres, aber wir gehen der Sache nach. Ihre Beurteilung würde mich interessieren.«

»Drehen wir den Spieß mal um. Mich würde interessieren, ob Sie glauben, daß alle, die einsitzen, auch schuldig sind und daß von den Leuten, die frei herumlaufen, niemand gegen das Gesetz verstoßen hat.«

»Ich darf Sie vielleicht daran erinnern, daß ich nicht Ihr Patient bin«, erwiderte Bernt. »Ich stelle hier die Fragen, und Sie haben zu antworten.«

»Sieh mal einer an. Sie stellen die Fragen, und ich habe zu antworten. Sie haben die Macht, und ich habe zu gehorchen. Sie sind der Mann und Richter, und deswegen bestimmen Sie. So meinen Sie das doch?«

Bernt wurde langsam ärgerlich. Einer seiner Vorbehalte gegen Psychologen war schon immer gewesen, daß sie meist komischer wirkten als ihre Patienten. »Nein, das meine ich gar nicht. Ich bin hierher gekommen, um mit Ihnen über Aili zu sprechen. Die Direktorin hat Sie darum gebeten, mich zu unterstützen, und daran sollten Sie sich auch halten.«

Die braunen Augen hatten inzwischen einen seltsamen Ausdruck angenommen. Anne-Marie Larsson reagierte ganz anders, als er es erwartet hätte, und blickte fast triumphierend drein. Er verspürte ein seltsames Unbehagen. Ihre blassen Wangen hatten sich ein wenig gerötet, und er sehnte sich hinaus, weg von ihren geradezu lüsternen Blicken.

Sie flirtete doch nicht etwa mit ihm?

Peinlich berührt wandte er seinen Blick ab und ließ ihn zu einer Couchgarnitur schweifen, als er plötzlich eine Hand erblickte. Hinter dem Sofa ragte eine einzelne einsame Frauenhand hervor.

Die Frau am Schreibtisch folgte seinem Blick, sah ihn dann erwartungsvoll an und sagte mit heiserer Stimme: »Falls es Sie interessiert, das ist Anne-Maries Hand. Keine Sorge, die ganze Anne-Marie hängt noch dran.«

Bernt saß reglos da, wie gelähmt, während ihm die Gedanken durch den Kopf schossen. Die Frau am Schreibtisch war nicht die Psychologin Anne-Marie Larsson. Die lag statt dessen eingeklemmt hinter dem Sofa, wohin die breite Frau sie gebracht haben mußte. Bernt hob den Blick und sah ihr in die Augen. Sie lächelte ihn so kalt an, daß ihm sämtliche Haare zu Berge standen.

»Machen Sie sich keine Gedanken, sie wird wieder aufwachen, ich hege ihr gegenüber keinen Groll. Aber was Sie betrifft, liegen die Dinge ganz anders. Sie müssen wissen, ich habe nichts mehr zu verlieren, denn ich sitze lebenslänglich.«

Sie erhob sich, und ehe er sich's versah, war sie schon bei ihm. Bevor er begreifen konnte, wie ihm geschah, hatte sie ihn vom Stuhl hochgerissen und an die Wand gepreßt. Ihr dicker linker Unterarm lag schwer über seinem Brustkorb, so daß er sich nicht bewegen und kaum atmen konnte.

In seinem Blickfeld erschien ihre rechte Hand mit einem glänzenden Gegenstand, der sich als langes, schmales Messer entpuppte. Sie drückte es gegen seinen Hals.

»Du hast Aili reingelegt mit deiner Gerechtigkeit, jetzt kriegst du die Gerechtigkeit des Gefängnisses zu spüren.«

Es war eine nüchterne Feststellung. Bernt hatte sich den Tod nie in Gestalt einer großen Frau vorgestellt, aber nun sah er ein, daß er ihm in diesem Moment in die Augen blickte, in ein Gesicht mit halblangem braunem, strähnigem Haar und leicht geöffneten, fleischigen Lippen.

Er konnte nicht viel machen, sie war stärker als er, hielt ihm ein Messer an die Kehle und mordete offensichtlich nicht zum ersten Mal. Er würde teuer bezahlen müssen, daß er Aili nicht geglaubt hatte. Es überraschte ihn selbst, wie gelassen er den Blick der Frau erwiderte und dann sagte: »Ich hatte geglaubt, daß sie log, aber ich hatte unrecht.«

Die scharfe Schneide des Messers war inzwischen von seiner Haut ganz warm geworden, und er wartete nur noch auf den reinen, durchdringenden Schmerz der allerletzten Empfindung. Statt dessen ließ der Druck an seinem Hals ein wenig nach.

Die Frau lehnte sich ein wenig zurück, um ihn besser betrachten zu können. Sie schüttelte leicht den Kopf.

»Das können Sie doch nicht sagen.«

Sie warf ihm einen Blick zu, der Mitleid und Mißtrauen zugleich auszudrücken schien.

»Sie müssen sich verteidigen, wer sonst sollte es tun?«

Sie verringerte den Druck auf seinen Brustkorb, ließ das Messer sinken und schüttelte nochmals den Kopf. Sie blieb dicht neben ihm stehen, wirkte unentschlossen, und Bernt merkte auf einmal, wie sich Panik in ihm breitmachte. Sein Mund war trocken, sein Herz raste, und er atmete, als wäre er gerannt. Er wollte nicht sterben.

Plötzlich schob sich ihr Gesicht ganz dicht vor seines.

»Man gibt doch nicht zu, einen Fehler begangen zu haben, wo bleibt denn da die Selbstachtung? Sie haben wirklich keinen Mumm in den Knochen.« Sie fuchtelte mit dem Messer vor seinen Augen herum, und ihm blieb fast das Herz stehen. Dann ließ sie die Hand sinken.

»Nein, Sie sind die Mühe nicht wert.«

Mit einer für ihre Leibesfülle erstaunlichen Behendigkeit machte sie kehrt und verschwand durch die Tür.

Bernt fühlte sich ganz schwach auf den Beinen, und einige

Minuten verstrichen, bevor es ihm gelang, das Zimmer zu verlassen und Hilfe zu holen.

Es war für alle Beteiligten peinlich. Für die Gefängnisdirektorin, die weder Geheimnisse noch Gefangene in Schach halten konnte. Für Anne-Marie, die ihre Tür geöffnet hatte, ohne vorher zu kontrollieren, daß auch die richtige Person davorstand. Für Bernt, der fast ein weiteres Opfer der Gewalt in Gefängnissen geworden wäre.

Sie vereinbarten, kein großes Aufheben von dem Vorfall zu machen, man würde die Bewachung der gefährlichsten Insassen verschärfen, aber keine Anzeige erstatten. Bernt blickte mit Gelassenheit auf den Vorfall zurück, was alle Beteiligten, und nicht zuletzt ihn selbst, überraschte.

An sich war er nicht sonderlich unzufrieden. Er hatte nach einer Antwort gesucht und diese auch erhalten, wenn auch auf anderem Wege als erwartet. Vermutlich war Aili tatsächlich so unschuldig, wie sie behauptet hatte. Alles schien darauf hinzudeuten.

Bernt ging es nach und nach immer besser. Er hatte überlebt. Wenn es nun tatsächlich Aili gewesen war, die auf ihn geschossen hatte, um ihn auf sein Fehlurteil hinzuweisen, so waren wahrscheinlich keine weiteren Überfälle zu erwarten. Außerdem hatte er nun ein neues Ziel. Er würde Herrn Abel mit seinem geliehenen und dressierten Hund ausfindig machen. Wenn Aili tatsächlich unschuldig war, sollte ihr Name reingewaschen werden. Vermutlich ließ sich sogar eine ordentliche Entschädigungssumme erwirken.

Schwierig würde es jedoch werden, sie aus den Ermittlungen über die Person herauszuhalten, die ihn angeschossen hatte. Er mußte unwillkürlich lächeln. Die Pfeile Amors waren jedem ein Begriff, aber er war wohl der einzige, der von den Pfeilen der Justitia getroffen worden war, zumindest in so konkretem Sinne.

Am Tag nach seinem Besuch im Gefängnis von Hinseberg war er mit Monika verabredet. Es gab immer noch keine Zeugen. Das Labor hatte seinen Mantel untersucht.

Auf dem Rücken und der rechten Seite hatte man Haare von mindestens acht verschiedenen Hunden gefunden, was vermutlich darauf zurückzuführen war, daß sich in der Nähe eine Einfriedung befand, in der Hunde von der Leine gelassen werden durften.

Monika betrachtete besorgt ihre Papiere.

»Das sind recht dürftige Hinweise. Bist du dir sicher, daß es zwei Schäferhunde waren?«

Bernt schüttelte den Kopf.

»Offengestanden kann ich mich nur schlecht erinnern, anfangs dachte ich, es seien zwei Hunde gewesen, aber es kann auch nur einer gewesen sein. Es geschah alles so schnell. Außerdem kenne ich mich mit Hunderassen nur schlecht aus, und die Sicht war wegen des Schneefalls ziemlich schlecht.«

»Das letzte Mal warst du dir aber noch sicher.«

»Ja, aber wenn niemand anders etwas gesehen hat... Das Erinnerungsvermögen wird ja doch beeinträchtigt, wenn man auf den Kopf fällt.«

Monika sah ihn lange an, bevor sie ihre nächste Frage stellte.

»Wie war's bei der Logopädin?«

»Sie war freundlich, konnte mir aber auch nicht sonderlich weiterhelfen. Es ist schwierig, sich an eine Stimme zu erinnern, die man nur einmal gehört hat...«

»Mir hat sie gesagt, ihr hättet überlegt, ob es nicht eine Frau sein könnte. Eine finnische Frau.«

»Ja, sie hatte da so eine Idee, aber mir kommt das unwahrscheinlich vor. Die Person war kräftig und wirkte einfach wie ein Mann.«

Monika schwieg eine Weile und fragte dann: »Was ist seit unserem letzten Gespräch passiert?«

Bernt antwortete nicht, aber seine Miene mußte etwas verraten haben, denn Monika hakte gleich nach: »Woran hast du gerade gedacht?«

Er hatte an ihre Augen gedacht. Ihre Augen, die nicht

ganz blau, nicht ganz grau, sondern je nach Licht und Kleidung manchmal fast ein wenig grün gewesen waren. Er hatte daran gedacht, daß sie flüchtig wie die Wahrheit waren, konnte das aber nicht aussprechen.

Statt dessen lächelte er unverbindlich und antwortete: »An nichts Besonderes.«

Diese Antwort gefiel ihr nicht. Sie schlug mit der Faust auf den Tisch und sagte mit erhobener Stimme: »Mitten im Kronobergsparken wird ein Richter angeschossen, der es für die Pflicht eines jeden Bürgers hält, der Polizei bei ihren Ermittlungen zu helfen. Plötzlich scheint er jedoch zu entdecken, daß das für ihn selbst nicht zutrifft.«

Dann fuhr sie herzlicher und fast ein wenig konspirativ fort: »Hat dich jemand bedroht, Bernt? Schweigst du aus Angst? Hilf uns, die Person zu finden, die auf dich geschossen hat. Hilf uns, der Gewalt ein Ende zu bereiten. Die Person, die auf dich geschossen hat, muß zur Rechenschaft gezogen werden, findest du nicht auch?«

Bernt seufzte. Sie tat ihm leid, denn sie gab sich wirklich Mühe. Aber die Mühlen der Justiz nahmen auf Vorauszahlungen keine Rücksicht. Aili hatte jedoch im voraus bezahlt, und zwar nicht zu knapp, aber er glaubte nicht, daß er Monika davon überzeugen konnte.

Er lächelte unschuldig und log weiter.

»Nichts ist passiert, ich bin mir nur nicht mehr so sicher.«

Monika seufzte. Wenn er nicht mehr mithelfen wollte, konnte sie nichts dagegen tun. Sie würde sich, wie so oft, damit abfinden müssen, daß ihre Ermittlungen in einer Sackgasse endeten und daß ihre Arbeit von Dingen beeinflußt wurde, die sie nicht verstand. Das war nichts Neues.

Eine Weile später trat Bernt in den hellen Nachmittag hinaus, der heute ein paar Minuten länger dauern würde als am vorhergehenden Tag. Er fand, daß er in vielerlei Hinsicht helleren Zeiten entgegenging.

STIG CLAESSON
Der Heiligabend des Buchhalters

Eine Weihnachtserzählung sollte traditionsgemäß von einem einsamen Buchhalter handeln, der Kognak trinkt.

Das gilt auch für diese.

Buchhalter Johansson freute sich darauf, ein einsames Weihnachtsfest in seiner kleinen Einzimmerwohnung zu feiern. Er hatte sechs Flaschen Kognak gekauft, einige eingelegte Gurken und ein Stück Schinken. Das Essen war nicht so wichtig. Er wollte Kognak trinken, solange Feiertag war.

Am Tag vor Heiligabend rief seine Schwester Ethel an und wollte, daß er zu Besuch käme, aber er lehnte dankend ab. Dann rief seine Schwester Märta an, die von Ethel gehört hatte, daß er nicht zu ihr kommen wolle, und fragte, ob er statt dessen zu ihnen nach Hause kommen wolle. Zu Märta und Johan. Der Buchhalter sagte, daß er auch das nicht wolle. Da rief sein Bruder an und sagte, er habe von Ethel und Märta gehört habe, daß er mit keiner von ihnen Weihnachten feiern wolle, und nehme daher an, daß er zu ihm kommen wolle. Zu ihm und seiner Elin und den beiden Kindern.

Buchhalter Johansson bat seinen Bruder, sich zum Teufel zu scheren, und als Ethel und Märta davon erfuhren, riefen sie ein zweites Mal an, und der Buchhalter bat auch die Schwestern, sich zum Teufel zu scheren. Dann rief seine Exfrau an und wollte, daß er ein paar Stunden zu ihr käme, aber das wollte er auch nicht. Sie quengelte, und er sah sich gezwungen, auch sie zu bitten, sich zum Teufel zu scheren. Dann mußte er seine ehemalige Schwiegermutter bitten, sich zum Teufel zu scheren, und dann seinen Sohn, der erwachsen war und eine eigene Familie hatte. Ehemann und Kinder hatten auch die beiden Töchter des Buchhalters, und als sie anriefen und ihn baten zu kommen, bat er auch sie der Reihe nach, sich zum Teufel zu scheren.

Dann rief er vorsichtshalber seinen anderen Bruder an, seine beiden Tanten, einen Onkel und drei Bekannte, mit denen er Karten zu spielen pflegte, und bat sie, sich zum Teufel zu scheren, und dann rief er Alvar an, der ein Arbeitskollege war, und bat ihn ebenfalls, sich zum Teufel zu scheren.

Als ihm dann niemand mehr einfiel, den er bitten konnte, sich zum Teufel zu scheren, zog er den Telefonstecker heraus und schenkte sich einen ordentlichen Kognak ein.

Er biß in eine Gurke und lächelte.

Die Moral von dieser Erzählung ist, daß man kognakliebende Buchhalter zu Weihnachten in Ruhe lassen sollte, denn sie wünschen nichts anderes, als allein zu sein.

KARIN WAHLBERG
Dienst an Heiligabend

Es roch nach Schnee, kalt und trocken. Kleine Flocken wirbelten sachte abwärts und bestäubten die Erde und die Bäume. Rein, klar und feierlich.

Irma Sundquist stapfte durch den verschneiten Garten, folgte dem notdürftig freigeschaufelten Weg zum Gartentor, drehte sich um und winkte den Kindern zu. Drei Köpfe, zwei blonde und ein rötlicher, drei winterblasse Gesichter, an die Fensterscheibe gedrückt. Sie sahen ihr lange nach, großäugig und mit offenem Mund. Eine Mutter, die am Heiligabend wegging, war das etwa normal?

Aber die Kinder würden bald auf andere Gedanken kommen. Es sollte ein ereignisreicher Tag werden. Als erstes würden sie sich hübsch anziehen und dann auf die Großmutter warten, die mit dem Zug kam und vermutlich große Tüten voller Geschenke dabeihatte. Anschließend würden sie ungeduldig das viel zu lange andauernde Weihnachtsessen mit Fleischklößchen und kleinen Würstchen zu sich nehmen, bis im Fernsehen Donald Duck kam. Und wenn sie brav und geduldig wären und nicht zuviel herumtobten, dann würde der Weihnachtsmann vorbeikommen und an die Tür klopfen, das hatte der Vater versprochen. Vielleicht, denn ganz sicher konnte man natürlich nie sein.

All dies fuhr Irma durch den Kopf, und sie spürte, wie der Kloß aus Sehnsucht und Ausgeschlossensein in ihrem Hals immer größer wurde. Aber Weihnachten kommt immer wieder, dachte sie. Neue Jahre und neue Weihnachtsfeste, die sie mit ihren Kindern zu Hause verbringen würde. Auf der gestreuten Straße wandte sie sich ein letztes Mal um. Die Köpfe waren schon verschwunden. Im Garten mit den schneebedeckten Apfelbäumen und Beeten herrschte eine beruhigende Stille. Doch dort in der Garbe, die sie für

Weihnachten aufgehängt hatten, saß da nicht ein Dompfaff? Seine knallrote Brust leuchtete so hübsch.

Die Zeiger der Kirchturmuhr standen auf halb neun. Sie überquerte den Friedhof und folgte dem für den Weihnachtsgottesdienst eben erst freigeschaufelten Weg. Der Küster beseitigte gerade den Schnee zwischen den Gräbern. Nicht nur ich muß an diesem Tag arbeiten, dachte sie. Es gab natürlich Leute, die nichts dagegen hatten, an einem Feiertag Schnee zu schippen, im Laden zu stehen oder Taxi zu fahren. Es gab Leute, die sich über einen Vorwand freuten, verzehrender Leere oder schmerzlicher Einsamkeit zu entkommen. Aber sie gehörte nicht mehr zu diesen Leuten. Jetzt hatte sie eine Familie, ein Zuhause mit Kindern. Außerdem hatte sie damit gerechnet, frei zu haben. So war es geplant gewesen, aber es war anders gekommen. Und niemand wollte gern genötigt werden.

Es hatte jemand einspringen müssen, und sie war dazu ausersehen worden. Sie sei die Auserwählte, hatte einer in der Klinik gewitzelt. So was könne eben vorkommen, hatte ein anderer gesagt. Pech, meinte ein Dritter. Sie sei schließlich noch nicht so lange da und habe bisher keinen Weihnachtsdienst gemacht, erklärte der Chef.

Plötzlich fiel ihr Blick auf ein paar grellrote Pfützen in den Schneehaufen, die das Gebäude des Weihnachtsbaumverkäufers umgaben. Blut im Schnee. Sie hatte gerade das Lilla Torg erreicht, und das Rot hob sich deutlich vom weißen Hintergrund ab. Als hätte man hier geschlachtet. Sie schauderte bei diesem animalischen, groben Gedanken. Der Verkäufer war früh dran und hatte bereits die Weihnachtsbäume aufgestellt, die er noch loszuwerden hoffte. Er schüttelte die Arme und stampfte mit den Füßen, um sich warmzuhalten, und suchte mit den Blicken nach möglichen Käufern, die sich in letzter Sekunde über eine Tanne zum halben Preis freuen könnten. Eingemummte Menschen warteten darauf, daß das Kaufhaus Domus öffnete. Im Blumenladen und in Nilssons Konditorei war das Weihnachtsgeschäft schon in vollem Gang. Es mußten noch dringend Luciagebäck, Weihnachtsgestecke, eingelegter Hering, Sülze und Pralinenschachteln gehortet oder noch in letzter Sekunde das Weihnachtsgeschenk für die Schwiegermutter oder eine neue Christbaumbeleuchtung als Ersatz für die defekte alte erstanden werden.

Irma empfand beim Anblick dieser vorbeihastenden Menschen ein Gefühl der Zufriedenheit. All das hatte sie bereits erledigt. Zu Hause wurde der Christbaum bereits am Vorabend geschmückt. Alles war an seinem Platz, die eingepackten Geschenke lagen in einem Sack im Kleiderschrank, der Kartoffelauflauf mit Anchovis stand im Kühlschrank, die Weihnachtslimonade war schon nach Hause geschleppt worden, und die Fleischklößchen waren gebraten und der Schinken gegart. Am Morgen hatte sie zugesehen, wie die Kinder jeder ein erstes Päckchen, das unter dem Weihnachtsbaum gelegen hatte, geöffnet hatten: ein Buch, um die längste Wartezeit des Jahres zu verkürzen.

Weitere Blutspritzer im Schnee. Frisches hellrotes Blut. Hatte sich ein Unfall ereignet? Sie sah sich um, konnte aber keinen Verletzten entdecken. Vielleicht hatte der Weihnachtsbaumverkäufer von der Kälte Nasenbluten bekommen. Sie drehte sich um und sah ihm verstohlen ins Gesicht, aber er sah wohlgenährt, gesund und munter aus und überreichte gerade mit zierlicher Handbewegung einem mageren Herrn in schlechtsitzendem Mantel und einer Tüte voller klirrender Spirituosen ein Tischbäumchen.

Am Haupteingang des Krankenhauses begegnete sie Rolf Ehrsgård, dem lebhaften und stets gutgelaunten Kinderarzt. Ihr blieben nur wenige Minuten zum Umziehen, aber Rolf war kein Mensch, an dem man einfach vorbeieilte, ohne mit ihm ein paar Worte zu wechseln.

»Dir wurde also auch die große Ehre zuteil, Weihnachten im Hause zu verbringen«, sagte er mit seiner polternden Stimme, während er sich seine Pudelmütze vom Kopf zog.

»Ja«, erwiderte Irma und verzog die Lippen. »Aber ich bezweifle, daß es eine Ehre ist.«

Nochmals fühlte sie die Enttäuschung in sich aufsteigen. Während des langen Spaziergangs hatte sich das Selbstmitleid fast gänzlich verflüchtigt. Die frische Luft hatte ihr gutgetan, sie würde nun viele Stunden drinnen verbringen müssen. Deshalb hatte sie auch Pelles Angebot abgelehnt, sie zur Arbeit zu fahren. Außerdem wäre es unnötig und umständlich gewesen, die Kinder alle ins Auto zu setzen.

»Wenn man erst mal angefangen hat, geht's gleich viel besser«, meinte Rolf Ehrsgård tröstend. »Wir könnten uns ja in der Kantine zum gemeinsamen Weihnachtsessen treffen.«

Er lächelte ihr zu und zwinkerte einladend.

»Gerne«, sagte Irma und ging sich dann umziehen.

Dieser Rolf war schon ein eigenartiger Typ. Viel zu fröhlich und optimistisch, als daß man es ihm abgenommen hätte. Heutzutage wirkte Fröhlichkeit suspekt. Meistens jedenfalls. Aber Rolf war kein Luftikus. Die Kinder mochten ihn, und die Eltern der kranken Kinder ebenfalls. Sie vertrauten ihm. Er ist nicht nur fröhlich, dachte sie. Er kann auch ernst sein, und er ist nett.

In dem riesigen Gebäude war es erstaunlich ruhig, so ruhig, daß sogar das Summen der Lüftungsanlage zu hören war. Sie schloß das unordentliche Zimmer auf, das sie sich mit drei Arbeitskollegen teilte, und zog sich um, während die Schneeflocken vor der Scheibe tanzten.

Die halbverschneiten Fenster würden erfreulicherweise selbst jenen armen Seelen, die ihre Betten nicht verlassen durften, ein bißchen weiße, fröhliche Weihnachtsstimmung bescheren, dachte sie, als sie die Treppe hinuntereilte. Das Klappern ihrer Holzschuhe hallte im leeren Treppenhaus wider. Der Arzt vom Nachtdienst mußte abgelöst werden und wollte sicher so schnell wie möglich nach Hause. Dort warteten schon Familie und Verwandtschaft. Das Fest würde beginnen, und sicher waren alle froh und munter, nur er würde mit seiner Müdigkeit und dem Schlafmangel zu kämpfen haben. Er würde sich höchstens noch schnell für ein, zwei Stunden aufs Ohr legen können, sobald er zu Hause war.

Die Hebammen hatten Kaffee und Pfefferkuchen auf den Tisch gestellt, und bei der zügigen Übergabe herrschte eine behagliche Stimmung in der Runde. Drei Kinder waren in dieser Nacht zur Welt gekommen, eines davon mit Kaiserschnitt. Zwei nicht schwangere junge Frauen hatten über Nacht zur Beobachtung und Schmerztherapie auf der Frauenstation gelegen. Sie könnten bestimmt entlassen werden, meinte der Arzt. Eine Frau, deren zweites Kind demnächst zur Welt kommen sollte, war wegen Bauchschmerzen in die Klinik gekommen. Aber da die Wehen noch nicht eingesetzt hatten, die Fruchtblase noch intakt war und alles normal gewirkt hatte, war sie wieder nach Hause geschickt worden – mit der Aufforderung, am Vormittag noch einmal zur Kontrolle zu erscheinen.

»Vielleicht kommt das Kind ja doch«, sagte eine der Hebammen.

»Das ist nicht auszuschließen«, meinte der Arzt vom Nachtdienst nachdenklich. »Aber irgendwas war mit ihr, ich weiß nicht recht ...«

»Sie würde es wohl am liebsten aufschieben, damit sie Heiligabend zu Hause bei den Kindern bleiben kann, wie alle anderen«, erwiderte die Hebamme.

Irma schlug die Augen nieder und sagte kein Wort.

Auf der Frauenstation strömte ihr ein ungewohnter Duft entgegen, eine würzige und keineswegs unangenehme Mischung aus Orange und Tanne, die den Geruch von Reinigungsmitteln und Chemikalien überdeckte. Sie rechnete mit einer schnellen Visite.

Durch die zwei großen Fenster im Schwesternzimmer fiel ein so grellweißes Licht, daß sie unwillkürlich die Augen zukniff. Es hatte aufgehört zu schneien. Aus einem eisigblauen Fleck Himmel schaute die Sonne hervor.

»Frohe Weihnachten!« grüßte die Krankenschwester fröhlich.

»Frohe Weihnachten«, erwiderte Irma ebenso fröhlich. »Und wie steht's hier?«

»Zwei Bauchhöhlen zur Beobachtung, ansonsten alles ruhig«, sagte die Schwester und hielt ihr die große Geschenkpackung mit Pralinen hin, die der Klinikchef den Stationen jedes Jahr zu Weihnachten spendierte.

Die Station war leer, die Bettenbelegung halbiert. Wer nicht endgültig hatte entlassen werden können, war, mit Ausnahme von drei Patienten, denen es zu schlecht ging, vorübergehend nach Hause geschickt worden. Es gab immer Leute, die keine andere Wahl hatten, als Weihnachten im Krankenhaus zu verbringen, dachte Irma. Genau wie sie selbst. Aber sie war gesund. Kerngesund.

Irma, die Krankenschwester und die Hilfsschwester setzten sich zusammen und gingen eine Krankenakte nach der anderen durch. Da klingelte das Telefon, und die Krankenschwester erhob sich, um zu antworten. Irma stellte sich ans Fenster und schaute träumerisch über das Tal hinweg zur Hügelkette.

Aus den Schornsteinen stieg Rauch auf, und die Weihnachtsbäume vor den Einfamilien- und Mietshäusern leuchteten. Ein Mann hatte seinen Tretschlitten hervorgeholt, der sicher schon lange nicht mehr benutzt worden war. Weiße Weihnachten waren einem nur selten vergönnt. Ihre Blicke schweiften zurück zum Krankenhaus, hin zum gestreuten bräunlichen Streifen der Einfahrt, die sich zum Eingang und zur Entbindungsstation hin teilte. Der Parkplatz zwischen den rechtwinklig zueinander stehenden Häuserfronten war so gut wie leer.

Auf einmal sah sie, wie ein Mann einer Frau vor der Entbindungsstation aus einem nachlässig geparkten Auto half. Irgend etwas an seinen Bewegungen gefiel ihr nicht. Er wirkte grob, zerrte sie unsanft vom Rücksitz, als sei sie ein sperriger Karton, bis sie schließlich mit gesenktem Kopf auf dem Parkplatz stand. Sie trug keine Kopfbedeckung. Sicher fror sie.

Vermutlich seine Frau, dachte sie. Wer sonst? Und vermutlich würden sie bald Eltern werden. Das Pärchen machte sich auf den Weg zur Entbindungsstation, sie mit der typischen zurückgelehnten Gangart der Schwangeren, er mit festen Schritten, die an ein Arbeitspferd erinnerten. In der einen Hand trug er eine Tüte. Über dem Bauch der Frau wölbte sich der Mantel. Plötzlich hielt sie inne, beugte sich vor und krümmte sich vor Schmerzen. Und wieder geschah etwas, was Irma nachdenklich stimmte. Konnte sie tatenlos zusehen? Oder sollte sie irgendwie eingreifen?

Der Mann zerrte heftig an der Frau und gestikulierte wild. Er schien vollkommen die Fassung zu verlieren, was häufiger vorkam, wenn man mit ansehen mußte, wie sehr die eigene Frau litt, ohne ihr helfen zu können. Er stieß sie vorwärts, doch sie verlor das Gleichgewicht und hielt sich an seiner Jacke fest. Er versuchte sich loszureißen und schob sie so eilig vor sich her zum Eingang der Entbindungsstation, daß sie umfiel. Sie riß den Mann im Fallen mit sich, Schnee wirbelte auf, und noch immer klammerte sich die Frau wie ein verängstigtes Kind krampfhaft an die Jacke des Mannes.

Irma stand wie versteinert da und sah zu, wie sich die beiden im Schnee wälzten und sich der Inhalt der Tüte auf der Erde verteilte: Babykleider, Kleinkram und eine Kulturtasche. Schließlich erhob sich der grobschlächtige Mann mit Mühe und zog die Schwangere hoch, die sich vorbeugte und vor Schmerzen krümmte, während er klingelte.

Irma wurde von Zorn, aber auch von Angst ergriffen. Eine plötzliche Kraft stieg in ihr auf. Sie fuchtelte mit den Händen und versuchte der Schwester den Hörer zu entreißen, um auf der Entbindungsstation anzurufen, damit man dem Paar zu Hilfe eile. Aber die Schwester verdrehte die Augen, umklammerte den Hörer noch fester und zuckte resigniert mit den Schultern, während sie versuchte, das Gespräch mit einem umständlichen Angehörigen zu beenden.

Unruhig schaute Irma zum Fenster. Die Frau stand wie festgefroren im Schnee. Sie hatte die Beine weit gespreizt. Der Mann stand neben der Tür. Wollte sie etwa draußen im Stehen gebären? Irmas Herz schlug so schnell, daß es ihr vorkam, als sei es stehengeblieben. Die Schwester verabschiedete sich gerade mit den üblichen guten Wünschen zu Weihnachten und zum Neuen Jahr – wie auch immer sich das mit der Anwesenheit eines schwerkranken Angehörigen im Krankenhaus vereinbaren ließ. Irma wollte gerade zum Hörer greifen, als sie sah, daß es nicht mehr nötig war. Der Mann und die Frau waren weg. Der Inhalt der Tüte war aufgesammelt worden, und der Platz vor der Entbindungsstation lag ebenso still und leer da wie zuvor. Aber im Schnee leuchtete ein großer Fleck. Eine grellrote Blutlache mitten im Weiß.

Um Gottes Willen! Das Kind!

Zwei Stufen auf einmal nehmend, rannte sie die Treppe hinunter, riß die Tür zur Entbindungsstation auf, stürzte hinein und blieb abrupt stehen. Babygeschrei und freudige Stimmen waren durch die Tür der Aufnahme zu hören.

Ihre Anspannung ließ nach und wich einem leichten Zittern der Erleichterung. Die Tür der Aufnahme wurde geöffnet. Gerade wollte die Hilfsschwester das rollende Kinderbett aus dem Korridor holen, als sie Irma entdeckte.

»Es ist bereits da«, sagte sie als Antwort auf Irmas beunruhigten Blick. »Kaum war sie durch die Tür, da war das Kleine auch schon da.«

Irma nickte. Sie wurde nicht gebraucht, und das war gut. Sie durfte wieder kehrtmachen.

Das Kleine, dachte sie, während sie langsam wieder die Treppe hochging. Das Kleine! Dabei war das doch ein feierliches Ereignis. Ein Kind ward geboren, ein neues Leben auf Erden. Und das an Heiligabend.

Irma machte da weiter, wo sie aufgehört hatte, verschrieb

Schmerzmittel und Infusionen und wünschte fröhliche Weihnachten. Im Einzelzimmer am Ende des Korridors lag Jeanette. Alle auf der Station kannten Jeanette, und allen ging ihr Schicksal nahe. Ihr dicker schwarzer Zopf wand sich wie ein seidiges Band vom Kissen über die Bettkante. Daß solch ein kranker Körper über so schönes Haar verfügte, war merkwürdig, dachte Irma und strich vorsichtig über den Zopf.

»Haben Sie noch irgendeinen Wunsch?« fragte sie und betrachtete die Fotos der drei Kinder auf dem Nachttisch. Sie waren etwa so alt wie ihre eigenen, Kinder im Vorschulalter und viel zu klein, um ihre Mutter zu verlieren. Sie hatte die Kinder auf der Station gesehen. Verschüchtert hatten sich zwei von ihnen an ihren Papa geklammert, gefügig und bedrückt von all dem Fremden und Unbegreiflichen. Eines der Geschwisterchen war durch den Korridor gerannt und auf den Möbeln im Aufenthaltsraum herumgeklettert, ganz außer Rand und Band bei dem Versuch, sich der unabänderlichen Tatsache zu entziehen, daß auch ihre Mama immer fremder wurde, sich veränderte. Obwohl sie noch die gleiche Person war. Nichts stimmte. Nicht einmal Weihnachten. Das am allerwenigsten, dachte Irma. Ihre drei lebhaften Kinder würden auf jeden Fall eine Mama haben, die nach Hause kam, und zwar bereits am darauffolgenden Tag.

Auf der Bank im Korridor saßen die beiden Frauen, die nach Hause entlassen worden waren. Der Ehemann der einen und ein Taxifahrer warteten bereits. Die Formalitäten waren rasch erledigt. Vielleicht zu rasch. Auf die jüngere wartete, wie gesagt, ein Taxi, das ihr Freund für sie bestellt hatte. Aus irgendeinem Grund konnte er nicht selbst kommen. Der Taxifahrer saß auf dem Gang und trommelte ungeduldig mit den Fingern auf die Armlehne seines Sessels. Doch, es gehe ihr besser, sagte die Frau, sah dabei aber nicht vom Boden auf. Ihr Haar fiel ihr ins Gesicht.

»Gibt es vielleicht noch etwas, was Sie mir erzählen möchten?« meinte Irma versuchsweise, aber die Frau schüttelte nur stumm den Kopf. »Sie wissen, daß Sie jederzeit zurückkommen können, wenn Sie wollen.«

»Wie käme ich dazu?« fauchte sie so entrüstet, daß Irma zusammenzuckte.

»Tja, falls Sie doch noch stärkere Schmerzen bekommen«, antwortete Irma und versuchte nach wie vor freundlich zu klingen, obwohl sich ihre Stimme aufgrund der plötzlichen Aggressivität der anderen etwas angespannt hatte.

»Hier ist doch wohl immer geöffnet«, sagte die Frau, die bis eben noch Patientin gewesen war, und warf Irma einen fragenden Blick zu.

Das stimmte natürlich. Das Krankenhaus war immer geöffnet. Es würde immer jemand dasein, dachte Irma, nachdem die Frau gegangen war und sie zögernd eine Kassette in ihr Diktaphon gelegt hatte. Sie hatte kein gutes Gefühl bei der Sache, aber was sollte sie tun? Schließlich war Heiligabend, auch wenn nicht alle gern Weihnachten feierten. Die Lebensbedingungen waren ganz einfach unterschiedlich. Nicht jeden erwartete zu Hause ein fröhliches und feierliches Christfest, dachte sie und sah aus dem Fenster.

Was die Kinder und Pelle wohl gerade machten? Plötzlich packte sie das Heimweh, aber da erklang auch schon ihr Piepser.

Von der Entbindungsstation waren die schwachen Schreie eines Neugeborenen zu hören. Sie spähte in den leeren Korridor. Es duftete nach Kaffee, und sie ging am ausgestorbenen Aufenthaltsraum vorbei zum Schwesternzimmer. Die Tür war offen, und aus dem Fernseher strömten ihr die vertrauten Worte der christlichen Freudenbotschaft entgegen, die Geschichte von Josef und Maria in Bethlehem. Es kam ihr vor, als hörte sie sie zum ersten Mal.

Und als sie dort waren, kam die Zeit, daß sie gebären sollte. Und sie gebar ihren ersten Sohn und wickelte ihn in Windeln und legte ihn in eine Krippe; denn sie hatten sonst keinen Raum in der Herberge. (Lukas 2, 6–7)

Wie gesagt, es war leer im Aufenthaltsraum, der mit elektrischen Adventskerzen und roten Christbaumkugeln geschmückt war. Der Fußboden war frisch geputzt und die Wände hell gestrichen. Von hier bis zur Krippe im Stall von Bethlehem war es weit. Man konnte unter sehr unterschiedlichen Bedingungen zur Welt kommen. Ein Kind wäre fast im Schnee geboren worden, wäre beinahe vor der Tür auf die Erde gefallen. Für einige begann das Erdenleben mit Pauken und Trompeten, für andere mit einem wenig liebevollen Empfang, bestenfalls mit dem routinierten Anlegen einer frischen Windel.

Im Schwesternzimmer gab es alkoholfreien Glögg und Pfefferkuchen. In einem riesigen Korb mit Clementinen lag die übliche Karte der Krankenhausdirektion, auf der für das vergangene Jahr gedankt und ein fröhliches Fest gewünscht wurde. Irma setzte sich und nippte an dem Glögg, während die Schwestern berichteten und sie Medikamente verordnete. Dann griff sie zum Telefon und rief zu Hause an, aber niemand hob ab. Niedergeschlagen legte sie wieder auf und ging gemächlich zum Bereitschaftszimmer. Dort nahm sie ihre Kulturtasche und eine Tüte mit Weihnachtsschokolade aus dem Rucksack und legte sich aufs Bett. Sie zappte von einem Programm zum nächsten, und die Einsamkeit rückte immer näher. Da ertönte der Piepser von neuem. Es war Rolf Ehrsgård auf dem Weg in die Kantine. Irma sprang aus dem Bett.

Auch die Kantine war – abgesehen von zwei Schwestern an einem Fenstertisch und einer Küchenhilfe hinter dem Tresen – wie ausgestorben. Die Küchenhilfe hätte vermutlich nach Hause gehen können, wenn nicht auch die Patienten etwas zu essen gebraucht hätten. Irma und Rolf füllten ihre Teller am Weihnachtsbüfett, das ebensowenig überraschte wie ein Sonnenaufgang am Morgen. Auf dem Tisch lag ein Weihnachtsläufer aus Plastik, und ein Teelicht brannte tapfer vor sich hin.

»Du siehst immer noch ein wenig niedergeschlagen aus«,

meinte Rolf lächelnd und spießte ein Stück eingelegten Hering auf seine Gabel.

»Na ja«, sagte Irma ausweichend, denn sie wollte nicht erzählen, daß sie in erster Linie darüber verärgert war, daß niemand zu Hause abgehoben hatte. »Und du?«

Er wirkte müde, obwohl es noch nicht sonderlich spät war.

»Schon okay. Ich habe den Dienst freiwillig übernommen, da ich ohnehin nichts Besseres vorhatte. Aber Neujahr habe ich frei«, sagte er mit fröhlicherer Stimme.

Ihre Neugier erwachte. Was hatte er wohl für Pläne? Sie wartete auf seine Erläuterungen, aber es kamen keine, und sie wollte auch nicht weiterfragen.

»Hattest du bisher viel zu tun heute?« erkundigte sie sich statt dessen.

»Nein, das kann ich nicht behaupten«, erwiderte er, und seine Stimme klang, als würde er noch überlegen, ob er ihr die Geschichte erzählen sollte oder nicht. »Heute morgen war ein Junge da«, sagte er schließlich. »Kurz nachdem wir angefangen hatten.«

Er verstummte und fingerte an seinem Besteck herum.

»Und?« fragte Irma nach einer Weile.

»Ich habe ein etwas schlechtes Gewissen, weil ich ihn wieder nach Hause geschickt habe.«

»Wieso? Du kannst ihn doch einfach wieder herzitieren. Aber über Weihnachten wollen ja alle zu Hause sein, vor allem die Kinder«, meinte sie.

»Genau! Das habe ich mir auch gedacht. Aber vielleicht tut es nicht allen gut, zu Hause zu sein.«

»Nein, natürlich nicht«, erwiderte sie und dachte an die Frau, die sie gerade entlassen hatte, weil sie darauf bestanden hatte, obwohl sie eigentlich nicht sonderlich froh darüber gewesen zu sein schien. Manchmal war es eben sehr merkwürdig. Einige wollten nach Hause, obwohl sie dort grün und blau geschlagen wurden. Sie kamen einfach nicht von der Angst und Erniedrigung los, weil sie gleichzeitig noch etwas anderes bekamen, etwas Süßes und Wohlschmeckendes – wie eine Speise für den Hungrigen und Wärme für den Frierenden, etwas, was sich nur zu leicht mit Liebe verwechseln ließ.

»Der Junge war acht und hatte Nasenbluten«, fuhr Rolf fort. »Es war gar nicht so einfach, die Blutung zu stillen, aber schließlich ist es mir gelungen. Doch das war nicht das Problem. Der Vater war so beunruhigt.«

»Das ist doch kein Wunder!«

»Er war sehr beunruhigt, geradezu salbungsvoll, und darauf konnte ich mir keinen Reim machen.«

»Alle Menschen reagieren unterschiedlich«, meinte Irma, und vor ihrem inneren Auge tauchten Blutflecken auf weißem Hintergrund auf. »Wo ist es denn passiert?«

»Wie meinst du das?«

»Ich meine, zu Hause oder irgendwo draußen?«

»Draußen. Er hatte sich die Nase an einem Schneewall aufgeschlagen. Das haben sie jedenfalls behauptet. Also bin ich davon ausgegangen, daß der Junge keine Prügel bekommen hat. Schließlich schlägt niemand seine Kinder in der Öffentlichkeit. Prügelstrafe ist verboten.«

»Das hängt ganz davon ab, ob jemand in der Nähe war«, meinte Irma und spürte, wie die Kohlensäure der Weihnachtslimonade in der Nase kitzelte. »War das übrigens auf dem Lilla Torg?«

Rolf legte sein Besteck beiseite.

»Woher weißt du das?«

»Ich bin da heute morgen vorbeigekommen. Das muß ein richtiges Blutbad gewesen sein«, meinte Irma, und ihr Kollege erbleichte. »Was trotzdem nicht bedeuten muß, daß sein Vater über ihn hergefallen ist«, fügte sie tröstend hinzu. »Die Unruhe des Vaters wurde vielleicht noch dadurch verstärkt, daß Weihnachten ist. Viele Familien nehmen sich zuviel vor. Der Erwartungsdruck ist wahnsinnig hoch«, hörte sie sich sagen. »Alle Augen sollen funkeln, die Kinder sollen sich über jedes Geschenk freuen, selbst über Kleidungsstücke, und in allen Familien ist Harmonie angesagt.« Im selben Atemzug ging ihr auf, daß ihr immerhin ihre Schwiegermutter erspart bleiben würde.

»Klar, aber …«

Rolf verstummte und betrachtete die tanzenden Weihnachtswichtel auf dem Tischläufer. Irma sah ein, daß es ihr nicht gelungen war, ihn aufzumuntern.

»Hast du irgendwelche blauen Flecken entdeckt?« fragte sie.

»Frische blaue Flecken sind oft noch nicht zu sehen.«

»Hatte er andere Verletzungen?«

Der gewissenhafte Rolf Ehrsgård war bedrückt.

»Ich habe ihn nicht gebeten, sich auszuziehen.«

Sie sahen sich an.

»Kannst du ihn nicht noch mal herbitten?« schlug sie vor.

»Doch nicht an Heiligabend«, erwiderte er und verstummte. »Aber ich habe ihm zumindest meine Adresse gegeben.«

»Wem?«

»Dem Jungen. Ich habe ihm den Zettel heimlich zugesteckt. Was hätte ich sonst tun sollen?« meinte er.

Irma erstaunte sowohl sein Einfallsreichtum als auch seine Bereitwilligkeit, seine Freizeit zu opfern. Ein guter Mensch. Oder …

Sie sah Rolf an und versuchte herauszufinden, ob er vielleicht andere, weniger lautere Absichten hegte, ob er sich vielleicht nur deswegen so ins Zeug legte, weil er sich an kleinen Jungs vergriff, ließ diesen irrsinnigen Gedanken jedoch sofort wieder fallen und stand auf, um den Nachtisch zu holen.

»Was wünschst du dir zu Weihnachten?« fragte sie, während sie ihren Milchreis löffelte.

»Für so was bin ich zu alt. Und du?«

»Liebe Kinder.«

»Und das sagst du ihnen?«

Sie nickte.
»Und was meinen die Kinder dazu?«
»Daß sie immer lieb sind.«

Fünf Minuten bevor Donald Duck im Fernsehen begann, rief sie wieder zu Hause an. Sie saß auf der Bettkante. Das Bett knarrte. Eine Federung gab es nicht. Die Kinder hatten keine Zeit, mit ihr zu reden. Sie hörte ihre aufgekratzten Stimmen im Hintergrund und mußte sich eingestehen, das sie im Moment nicht von Interesse war. Sie wechselte ein paar belanglose Worte mit Pelle, dann rief sie ihr Piepser auf die Entbindungsstation.

Was sie dort erwartete, war nicht weiter dramatisch. Ein Kind bahnte sich mühsam seinen Weg durch den Geburtskanal. Die Mutter war vollkommen übermüdet, die Wehen ließen bereits nach. Irma bugsierte eine Saugglocke an den Kopf des Kindes und zog bei der nächsten Wehe. Alle im Raum feuerten die Mutter an, Kraft und Energie erfüllten den Kreißsaal, aber der Kopf saß fest. Sie mobilisierten neue Kräfte, setzten erneut an, und die Frau, die im nächsten Moment Mutter werden würde, preßte so fest sie nur konnte. Und plötzlich kam es. Langsam wuchs der Kopf aus dem Schoß hervor, dann war er plötzlich ganz da. Der Körper glitt hinterher, und eine seltsame, atemlose Stille trat ein. Wo war der Schrei? Unruhig ließen die Frau und der Mann ihre Blicke über den nassen Körper auf der Brust der Frau schweifen. Die Hebamme rieb den Kleinen mit einem Handtuch ab, und ein schwarzer Blick ließ sich unter den Lidern erahnen. Die Mutter berührte vorsichtig die zur Faust geballte kleine Hand. Da stiegen aus der Stille die ersten Töne eines Schreis, ein schwaches, tröpfelndes Geräusch, das sich nach und nach verstärkte und schließlich in ein richtiges Schreien mündete, das den Eltern eine Träne wahren und innerlichen Glücks entlockte. Da verschwand Irma leise durch die Tür.

Nun waren an Jesu Geburtstag bereits zwei Kinder zur Welt gekommen. Sie stand am Waschbecken, ließ flüssige

Seife auf ihre Hände laufen und entfernte das Blut, das ihr fast bis an die Ellbogen gespritzt war. Eine Hebamme packte sie am Arm.

»Die Mutter, die heute vormittag so überstürzt geboren hat, will nach Hause«, sagte sie.

»Das ist doch okay, wenn alles in Ordnung ist«, antwortete Irma.

»Aber das ist es nicht. Sie sagt, daß sie nach Hause will, aber ich glaube ihr nicht.«

Irma sah die Hebamme prüfend an. Ihr Blick war so fest und unerschütterlich wie Granit.

»Warum glaubst du ihr nicht?«

»Es ist dieselbe Frau, die letzte Nacht mit Magenschmerzen hier war. Auch da war der Mann dabei, genauso einschmeichelnd wie jetzt. Er hilft ihr zu Hause, sagt er. Das wird alles wunderbar klappen. Aber ich glaube ihm nicht.«

Die Hebamme blickte trotzig. Irma wußte, daß man sich auf ihr Urteil verlassen konnte. Die sogenannte Intuition war jedoch schwierig zu handhaben und für manche Situationen ungeeignet. Es waren Beweise erforderlich, schwarz auf weiß, Erkenntnisse, die sich belegen ließen, sonst nichts. Allerdings hatte Irma mit eigenen Augen den schwer zu deutenden Tanz auf dem Platz vor der Entbindungsstation beobachtet.

Irma wollte den Versuch unternehmen, das Paar zumindest für eine Nacht zum Bleiben zu bewegen. Sie würden noch viele Male Weihnachten feiern, viele, viele Male, würde sie sagen.

Die Frau war um die Dreißig. Sie war blaß und wirkte in sich gekehrt, was bei Wöchnerinnen nicht ungewöhnlich war. Ein Kind zur Welt zu bringen stellt hohe Anforderungen an das körperliche Leistungsvermögen, und die hormonelle und psychische Umstellung kostet Kraft. Einige Frauen waren aufgedreht, andere wirkten eher introvertiert und bewegten sich langsam. Sie sah, daß die Blutwerte in Ordnung waren.

Der Ehemann saß im Sessel neben dem Bett.

»Meine Frau will so gerne nach Hause«, sagte er mit strahlend weißem Lächeln.

Das Kind lag an ihrer Brust. Irma hörte leise schmatzendes Saugen.

»Was halten Sie davon?«

Irma wandte sich mit übertriebener Deutlichkeit an die Frau, die sie schweigend und apathisch ansah. Der Blick war weder flehend noch ängstlich, aber auch nicht froh oder zufrieden. Eher leer. Wie war es so weit gekommen? War sie deprimiert, psychisch labil?

»Es wäre uns lieber, Sie blieben hier. Es kann ziemlich anstrengend sein, noch am selben Tag nach Hause zu fahren«, sagte Irma freundlich, aber mit Nachdruck. Sie beugte sich vor und berührte die Hand der Frau, die das kleine Kind umklammerte.

»Meine Frau fühlt sich zu Hause am wohlsten«, sagte der Mann. »Nicht wahr, Liebling?«

Seine Stimme war wie Honig, gelb, dickflüssig und klebrig. Die Frau nickte gehorsam.

»Der Junge«, flüsterte die Wöchnerin kaum hörbar. Irma wurde plötzlich unsicher. Sie glaubte zu wissen, daß das Paar gerade eine Tochter bekommen hatte.

»Der Junge?« fragte sie.

»Der Junge zu Hause.«

»Es gibt also noch einen großen Bruder?« wollte Irma wissen, und die Frau nickte. »Wer kümmert sich um ihn?«

»Die Nachbarn«, sagte der Mann rasch.

Heiligabend bei fremden Leuten zu verbringen war für den kleinen Jungen sicher nicht leicht, dachte Irma. Wie ein Vogel auf dem falschen Zweig. Natürlich wollten sie nach Hause zu ihrem Sohn!

Sie versuchte der Frau eine Antwort zu entlocken, eine einzige Willensäußerung. Sie versuchte auch den Mann davon abzuhalten, immer an ihrer Stelle zu antworten. Irma dachte angestrengt nach, wußte sich aber keinen Rat. Der

Mann wich seiner Frau keinen Zentimeter von der Seite, so daß Irma keine Möglichkeit hatte, sich mit ihr unter vier Augen zu unterhalten. Es blieb ihr nichts anderes übrig, als die frischgebackenen Eltern beim Wort zu nehmen. Sie durften nach Hause.

Gerade als Irma das Zimmer verlassen wollte, schob die Frau ihre Decke beiseite, stieg aus dem Bett und legte das Baby ins Kinderbett, um auf die Toilette zu gehen. Irma erhaschte einen Blick auf die nackten blassen Beine unter dem Nachthemd. Zahlreiche blaue Flecken unterschiedlichster Größe und Farbschattierung. Dunkelviolett, grün, verschwommen braun. Sie mußten zu verschiedenen Zeiten entstanden sein.

»Wie ich sehe, haben Sie sich gestoßen«, sagte Irma betont naiv.

»Ganz richtig. Meine Frau ist hier vor der Klinik unglücklich gestolpert«, mischte sich der Mann ein. »Sie bekommt ganz leicht blaue Flecken.«

Er hatte zurückgekämmtes Haar, eine glatte Stirn. Sein Mund lächelte, und seine Frau starrte beschämt an die Wand.

»Hast du die blauen Flecken gesehen?« fragte Irma die Hebamme auf dem Korridor, nachdem sie die Tür geschlossen hatte.

»Ja. Im übrigen ist er nicht der Vater ihres Sohnes, der zu Hause ist. Schau dir die Papiere an.«

Irma blätterte den Ordner durch und nickte.

»Was machen wir jetzt?« fragte sie.

»Wenn ich das wüßte!«

»Ich werfe ihn aus dem Zimmer und spreche unter vier Augen mit ihr«, sagte Irma.

Es gelang ihr, den Mann zum Verlassen des Raums zu bewegen. Der Versuch, mit der Frau zu sprechen, mißlang jedoch. Vom Frauenhaus und einer Anzeige bei der Polizei wollte sie nichts wissen. Überhaupt nichts.

»Ich hoffe nur, daß wir es für sie nicht noch schlimmer gemacht haben«, meinte Irma anschließend.

»Schwer zu sagen«, erwiderte die Hebamme.

»Man kann auch nur sein Bestes tun«, sagte Irma versonnen.

Draußen war es dunkel geworden. Irma hatte sich auf der Tagesdecke ausgestreckt. Sie rief noch mal zu Hause an. Dort waren sie gerade bei der Bescherung, aber die Kinder kamen trotzdem ans Telefon und wünschten ihr frohe Weihnachten.

»Du fehlst uns hier«, sagte Pelle. Die Worte versetzten ihr einen Stich. Sie fehlte ihnen. Ihr wurde warm ums Herz.

Sie schaltete den Fernseher ein und ließ die vertrauten Szenen von »Karl-Bertil Jonssons Weihnachtsabend« an sich vorbeiflimmern. Dann schlief sie vor Langeweile und Überdruß ein, wurde aber von der Christmette im Petersdom wieder wach und schaltete den Fernseher aus. In der Nacht wurde sie noch dreimal geweckt und erwachte um halb neun am ersten Weihnachtsfeiertag, der mit papierschnipselgroßen Schneeflocken aufwartete.

Als sie nach Hause kam, war das Fest eindeutig vorbei. Papiertüten mit zusammengeknülltem Geschenkpapier standen in der Diele. Sie hängte ihre Jacke auf und blieb unschlüssig stehen.

Ihre Schwiegermutter saß am Küchentisch. Irma warf ihr einen verdrossenen Blick zu. Sie hätte den Tisch gern für sich gehabt und in aller Ruhe gefrühstückt.

»Die Kinder schlafen noch«, sagte ihre Schwiegermutter.

Irma nickte.

»Pelle ist unter der Dusche«, fuhr ihre Schwiegermutter fort.

Irma nickte nochmals. Ihre Schwiegermutter sah sie an.

»Müde?«

»Ziemlich.«

Pelle erschien im Bademantel und küßte sie auf den Mund. Er duftete nach Shampoo, frisch und sauber.

»Ich muß Schnee schippen«, sagte er und sah aus dem Fenster, nachdem er sich mit einer Tasse Kaffee zwischen die beiden Frauen gesetzt hatte. Draußen öffnete ein Mann das Gartentor und stapfte gemächlich durch den Schnee, wo eigentlich der Weg hätte sein sollen.

»Er will zu uns«, sagte Irmas Schwiegermutter fassungslos. »Habt ihr jemanden eingeladen?« Sie betastete nervös ihre Dauerwelle, die ihr das Aussehen eines ungeschorenen gotländischen Freilandschafs verlieh.

»Nein. Ich habe niemanden eingeladen«, erwiderte Irma müde.

»Wer ist das?« wollte Pelle wissen.

Der Mann trug wetterfeste Kleidung und näherte sich mit großen Schritten. Wie gelähmt saßen sie vor ihren Kaffeetassen, als es klopfte.

»Jedenfalls ist es nicht der Weihnachtsmann«, witzelte Pelle, als er zur Tür ging.

»Wohnt hier Irma Sundqvist?« fragte eine fremde Männerstimme.

Irmas Herz klopfte schneller. Vorsichtig kam sie hinter Pelle hervor.

»Das bin ich«, sagte sie mit schwacher Stimme.

»Ich heiße Claes Claesson und komme von der Kripo«, stellte sich der Mann vor und lächelte ein wenig, während er ihr seine Pranke hinhielt. »Ich würde gern reinkommen und ein paar Fragen stellen.«

Irmas Schwiegermutter erblaßte und sah aus, als würde sie gleich in Ohnmacht fallen. Selbst Pelle wurde etwas bleich um die Nase. Nur Irmas Wangen waren hochrot.

»Ich würde mich mit Frau Sundqvist gerne unter vier Augen unterhalten«, sagte der Kommissar und lächelte den anderen beiden milde zu, die sich wie zwei aufgescheuchte Vögel ins Wohnzimmer zurückzogen.

Irma schloß die Küchentür hinter sich und dem Kommissar und versuchte sich auf eine mögliche Missetat zu besinnen. Es mußte etwas Schlimmes, etwas Schreckliches sein, wenn ein Kriminalkommissar höchstpersönlich am ersten Weihnachtstag bei ihr vorsprach.

»Kennen Sie diese Frau?« fragte Kommissar Claesson und legte ein Foto auf den Küchentisch.

Das Porträt hatte keine große Ähnlichkeit mit der Person, das Gesicht wirkte geschwollen, aber Irma erkannte die Frau, die an Jesu Geburtstag eine Tochter geboren hatte. Meine Güte, dachte sie, er hat sie erschlagen! Sie hätte sie mit ihrem Kind nicht gehen lassen dürfen. Sie hätte sie zwingen sollen, im Krankenhaus zu bleiben.

»Ist sie tot?« fragte sie angsterfüllt.

»Ich sehe, daß Sie sie wiedererkennen. Sie sind ihr auf der Entbindungsstation begegnet, nicht wahr?«

Irma nickte und versuchte fieberhaft seiner Miene zu entnehmen, ob er ihr böse war und sie einer großen Nachlässigkeit, eines Rechtsbruchs bezichtigen wollte. Würde sie nicht mehr als Ärztin praktizieren dürfen, arbeitslos werden, würde man sie bestrafen, kam sie vielleicht gar hinter Gitter? Ihre Phantasie ging mit ihr durch. Vielleicht stand ihr das Entsetzen ins Gesicht geschrieben, denn in die Augen des Kommissars trat ein Lächeln, aber sein Mund blieb ernst. Sie wurde weder aus ihm noch der Situation schlau und wußte nicht, wie sie sich verhalten sollte. Sie hatte das Gefühl, er wollte sie auf die Folter spannen.

»Nein, sie ist nicht tot«, sagte er schließlich.

»Was für ein Glück!« rief sie erleichtert.

»Wir suchen das Kind«, meinte der Kommissar.

»Um Gottes willen«, erwiderte sie. »Was ist passiert?«

»Das wollen wir gerade herausfinden, konzentrieren uns aber vorerst auf das Kind.«

»Ein so kleines Kind kommt nicht lange ohne Nahrung und Wärme aus«, sagte Irma beunruhigt und dachte an das arme Baby, das fast auf dem Parkplatz im Schnee zur Welt gekommen wäre. »Ich weiß wirklich nicht, wo Sie suchen sollen«, fuhr sie unglücklich fort. Ihr Mund war auf einmal wie ausgetrocknet. »Aber so kleine Kinder schreien doch.

Können Sie sich nicht am Geschrei orientieren?« schlug sie vor.

»Tja, ich weiß wirklich nicht, ob Achtjährige so schreien. Vielleicht hat er auch ein Beruhigungsmittel bekommen.«

Sie sah ihn erstaunt an.

»Es geht also nicht um das Neugeborene?«

»Nein. Die Frau hat einen Sohn aus einer früheren Beziehung, der offenbar von dem neuen Mann hier auf dem Bild recht übel behandelt wurde.«

Der Kommissar legte ein zweites Foto auf den Tisch, das einen Mann zeigte, den Irma ebenfalls kaum wiedererkannt hätte. Aber er war es: der bedrohliche Mann.

»Der Mann ist gestern spätabends aus dem Fenster gefallen. Aus dem fünften Stock. Er ist bewußtlos«, sagte der Kommissar.

»Gefallen?«

»Ja.«

Es war noch viel schlimmer, als Irma geglaubt hatte, dabei hatte sie die Warnsignale gesehen. Aber es war nicht leicht, dachte sie. Es war nicht immer leicht, das Richtige zu tun.

»War er betrunken?« wollte sie wissen.

Der Kommissar zog es vor, diese Frage nicht zu beantworten.

»Er war hinter dem Jungen her, der auf den Balkon geflohen und über das Geländer geklettert war. Seither ist er verschwunden. Der Junge.«

»Ist der Mann ausgerutscht?«

Der Kommissar schwieg. Irma konnte es sich vorstellen. Ein gelenkiger Junge, der flink wie ein Wiesel vorbeihuschte. Dem anderen ein Bein stellte? Im fünften Stock. Das bekannte und unbehagliche Gefühl des Schwindels überkam sie, und sie schloß für einen Moment die Augen. Sie dachte an den Balanceakt auf dem Balkongeländer und bekam Angst. Hoffentlich war dem Jungen nichts zugestoßen! Mit dem Mann hatte sie weniger Mitleid.

»Sie wissen also nichts über den Jungen?« fragte Kommissar Claesson, und Irma schüttelte den Kopf. »Dann bedanke ich mich, daß Sie sich die Zeit genommen haben«, sagte er.

»Was wollte er?« fragten Pelle und ihre Schwiegermutter wie aus einem Mund, sobald die Tür hinter Kommissar Claesson ins Schloß gefallen war.

»Nichts Besonderes«, antwortete sie leise.

Durchs Küchenfenster sahen sie den Kommissar durch den Schnee zurückstapfen. Im Garten mit den verschneiten Beeten, den schneebedeckten Büschen und Apfelbäumen herrschte immer noch eine verträumte Stille. Auf der Garbe saß kein Vogel mehr. Kein Dompfaff mit knallroter Brust. Rot wie frisches Blut.

Wie Nasenblut! Das war es! Sie öffnete den Mund, um den Kommissar zurückzurufen, riß ihre Jacke vom Haken, sprang in ihre Winterstiefel und rannte dem Kommissar, der bereits den Motor anließ, hinterher, daß der Schnee nur so stob. Sie fuchtelte mit den Armen und rief aus voller Kehle, aber ihre Stimme wurde vom Schnee verschluckt. Irma rannte hinter dem Auto her, das die Straße entlangschlitterte. Sie lief ohne Mütze, ohne Handschuhe und mit offener Jacke, die sie wie ein flatterndes Segel umgab.

Als der Kombi behutsam verlangsamte, um in den Ringvägen einzubiegen, holte sie ihn ein, hämmerte mit den Fäusten an die Heckscheibe und schrie so laut, daß ihr fast die Stimme versagte. Die Fahrertür wurde geöffnet. Kommissar Claesson sah sie erstaunt an.

»Ehrsgård«, keuchte sie, ehe er den Mund öffnen konnte. »Rolf Ehrsgård. Der Junge muß bei ihm sein, bei seinem leiblichen Vater.«

CLAES HEMBERG
Die letzte Weihnacht des Weihnachtsmanns

Welcher Tag im Jahr heute war, stand außer Zweifel. Am dezemberdunklen Morgen waren eilige barfüßige Schritte auf dem Holzboden zu hören, die Schritte der Töchter, die in langen Nachthemden durch die noch schlummernde Wohnung schlichen. Sie folgten einem Wollfaden, der an ihrem Bettpfosten festgebunden gewesen war. Bald war leises Rascheln zu hören. Sie hatten beide ihr kleines Morgengeschenk gefunden. Das Morgengeschenk hatte die Urgroßmutter einmal erfunden, um die Sehnsucht der Kinder am längsten Tag des Jahres zu stillen, wie die Kinder den Heiligabend nannten, während sie auf das Ende des Tages warteten, auf das Kommen des Weihnachtsmanns und darauf, daß er Geschenke an alle braven Kinder verteilte.

Aber heute war der Weihnachtsmann abbestellt. Nicht etwa, weil die Kinder zu groß gewesen wären, denn sie waren vier und sieben. Sie hatten auch keine Angst vor dem, was der Weihnachtsmann über Trolle und Wichtel zu erzählen hatte. Es hätte sogar einen Weihnachtsmann gegeben. Der einzige Bruder des Vaters wäre nur zu gern bereit gewesen, in diese Rolle zu schlüpfen, da dies meist sein einziger Besuch im Jahr war. Trotzdem hatten die Eltern beim Weihnachtsmann dankend abgelehnt, ohne das näher zu begründen. Und bis zum Abend würde ihnen sicher eine gute Erklärung gegenüber den Kindern einfallen.

Auf dem Herd köchelte bereits der Weihnachtsmilchreis, und es duftete nach Sahne, Zimt und Honig. Den Tisch hatten sie schon am Vorabend mit einem weißen Leinentuch und roten Seidenbändern geschmückt. Die Töchter packten Unmengen von Butter und Käse und dicke Scheiben frischgekochten Weihnachtsschinken auf das gesüßte Brot. Das ganze wurde mit einem Klecks scharfem Senf abgerundet.

Währenddessen diskutierten die Kinder darüber, wann der Weihnachtsmann wohl kommen würde, und gerieten in einen Streit, den die Mutter schlichten mußte.

»Man weiß nie so genau, ob der Weihnachtsmann überhaupt kommt, aber man kann ja trotzdem Weihnachten feiern.«

Die Töchter waren bestürzt, und die Kleinere meuterte.

»Wann soll der Weihnachtsmann denn kommen, wenn nicht an Heiligabend? Er ist doch nicht blöd.«

»Man kann nie wissen«, meinte der Vater vorsichtig.

»Die Väter vielleicht nicht, aber der Weihnachtsmann weiß es ganz bestimmt«, erwiderte die ältere Tochter.

Vor dem Haus, auf dem Hof, auf der Straße und im Park herrschte weihnachtliche Stille. Es war nicht nur einer der längsten, sondern auch einer der ruhigsten Tage im Jahr. Auch am Frühstückstisch war es ungewöhnlich still. Feierlich richteten sich alle vier einen Teller Milchreis und einen Teller mit Broten her. Doch dann wurden sie plötzlich vom Klingeln des Telefons in der Bibliothek unterbrochen. Alle am Frühstückstisch sahen erstaunt aus. Sogar die Kinder verstanden, daß das Telefon an so einem Tag zu schweigen hatte, wenigstens so früh am Morgen. Der Vater, der am nächsten saß, stand widerwillig auf und ging in die Bibliothek. Er hob ab und wünschte leise »Fröhliche Weihnachten«. Die Person am anderen Ende sprach. Schließlich mußte der Vater der anderen Person ins Wort fallen.

»Nein, das ist nicht nötig. Darauf hatten wir uns schon vor Ewigkeiten geeinigt. Wir brauchen keine Überraschungen. Glaub mir das. Das hat nichts mit dir zu tun, Bruder, das liegt nicht an dir persönlich. Wir wollen einfach nur, daß alles ganz ruhig abläuft.«

In der Küche saßen Mutter und Kinder mit großen Ohren. Die Mutter ertappte sich beim Lauschen und begann stattdessen mit den Kindern über das bevorstehende Krippenspiel in der Kirche zu sprechen, über die Ankunft von Maria und Josef in Bethlehem, wo sie sich schätzen lassen sollten. Aber die Kinder wollten jetzt, wo der Weihnachtsmann bald vor der Tür stand, nicht über Jesus sprechen. Und schon war der Vater wieder in der Küche.

»Hat sich der Weihnachtsmann verspätet?« fragte die Jüngere.

»Du hast ihm doch gesagt, daß wir dieses Jahr ungewöhnlich brav gewesen sind?« fuhr die ältere Tochter fort.

»Das war nicht der Weihnachtsmann«, erwiderte der Vater vorsichtig.

»Das kannst du jemand anders erzählen. Wer sonst sollte an Heiligabend mit Überraschungen ankommen? Ruf ihn zurück und sag ihm, daß wir aufbleiben, bis er kommt, auch wenn es spät wird«, sagte die Ältere.

»Das war aber nicht der Weihnachtsmann. Ganz sicher. Wollt ihr noch Milchreis?« fragte der Vater und begann dann ebenfalls vom Krippenspiel in der Kirche zu erzählen.

Nach dem Frühstück räumten die Eltern den Tisch ab. Der Mutter erzählte der Vater von dem Anruf, der ihr Frühstück gestört hatte.

»Er hat sich sogar erboten, ohne Kostüm zu kommen. Aber schließlich hat er sich mit unserem Nein abgefunden, ohne daß ich weiter ins Detail hätte gehen müssen.«

»Hatte er unsere Vereinbarung vergessen? Wir wollen wirklich nichts riskieren. Du mußt klare Worte mit ihm reden, und zwar ohne weiter ins Detail zu gehen«, meinte die Mutter.

Die Ohren der Kinder waren besser als die der Eltern. Sofort waren sie zur Stelle, um ihre Meinung zu sagen.

»Ein Weihnachtsmann ohne Arbeitskleidung ist kein Weihnachtsmann«, sagte die Jüngere.

»Wenn er seine Kleider nicht findet, kann er sich welche von uns borgen. Wir haben welche im Keller«, warf die Ältere ein.

Im Wohnzimmer stand der mit glänzenden roten Äpfeln geschmückte Baum, und jetzt brannten auch die Kerzen. Die Kinder packten die letzten Geschenke ein, verschlossen sie mit Siegellack und legten sie unter den Baum. Die Reime, die traditionsgemäß einen Hinweis auf den Inhalt des Geschenks enthielten, waren noch nicht fertig. Die Eltern brauchten eine Weile zum Dichten und setzten sich dazu aufs Sofa. Zwischen den Reimen flüsterten sie sich jedoch auch anderes zu. Insbesondere die Mutter war aufgebracht.

»Auch wenn wir es ihm direkt ins Gesicht sagten, würde es dein Bruder nie verstehen. Als würden die Worte an ihm abprallen. Er würde einfach nicken, wäre so aufgebracht wie wir und würde unsere Partei ergreifen. Er würde sich weigern zu begreifen, daß unsere Worte auf ihn gemünzt sind.«

In der Küche bereiteten die Töchter einen Korb mit Nüssen, einer Flasche Glögg, getrockneten Datteln, selbstgemachten Sahnebonbons und einem großen Pfefferkuchenelch vor, den sie dem Weihnachtsmann überreichen wollten. Der Vater fragte, ob nicht er ihn statt dessen als Weihnachtsgeschenk bekommen könne, falls der Weihnachtsmann ausbliebe, aber die Töchter nahmen ihn nicht ernst und lachten. Der Elch des Weihnachtsmanns bräuchte einen Pfefferkuchenelch zur Stärkung, um den Schlitten mit allen Geschenken ziehen zu können, meinten sie.

Das Läuten der Kirchenglocken erklang über den Dächern, bald würde das Krippenspiel beginnen. Die Mädchen holten ihre schönsten altmodischen Sonntagskleider aus dem Schrank, solche, wie sie die Großmutter angeblich schon getragen hatte. Draußen war es kalt, unter Null. Der erste Schnee wirbelte über den Boden. Bis zum richtigen Schnee, der sich ruhig und schwer über alles legte, würden noch ein paar Wochen vergehen. Schon hatten die Kinder dicke Mäntel, Mützen und Handschuhe angezogen und rannten auf den Hof, um Spuren und Bilder in die dünne Schneedecke zu zeichnen.

Die ganze Familie war bisher immer Hand in Hand in die Kirche gegangen. Daher waren die anderen drei erstaunt, als die Mutter darum bat, nachkommen zu dürfen.

»Ich muß mich noch um eine ungefährliche rotgekleidete Überraschung kümmern«, sagte sie und warf dem Vater einen vielsagenden Blick zu, der mit den Töchtern losging.

Sie eilte über den Hof zu dem älteren Herrn gegenüber und fragte, ob er wohl so nett sein würde, bei Einbruch der Dunkelheit nur für einen Augenblick als Weihnachtsmann bei ihnen vorbeizukommen. Der Nachbar verstand den Ernst der Lage, willigte ein und erhielt einige einfache Anweisungen sowie den Sack mit den Weihnachtsgeschenken und dem Kostüm.

Als die Mutter anschließend zum zweiten Mal das Haus verlassen wollte, verstellte ihr ein Mann den Weg.

»Frohe Weihnachten. Seid ihr alle brav gewesen?«

Die Mutter schaute auf. Vor ihr stand der einzige Bruder ihres Mannes, der Onkel, der unerwünschte Weihnachtsmann, in voller Montur.

»Frohe Weihnachten«, begann sie. »Was willst du hier? Wir hatten uns doch darauf geeinigt, daß du nicht kommen wolltest?« Unruhig schaute sie die Straße entlang.

»Stimmt, aber jetzt bin ich trotzdem hier. Ich war schon lange nicht mehr in der Stadt und mußte ohnehin etwas besorgen. Die Mädchen haben doch wohl keine Angst vor dem Weihnachtsmann?«

»Nein, wirklich nicht. Aber fahr jetzt trotzdem nach Hause. Willst du eine Flasche Glögg mitnehmen?« fragte die Mutter und reichte ihm die Flasche, die eigentlich dem Pfarrer zugedacht war.

»Aber jetzt bin ich schon mal da. Da wäre es doch nur nett. Es ist nichts Ernsthaftes, oder?«

»Aber ich meine es ernst. Und du darfst nicht wieder herkommen. Und außerdem muß ich jetzt gehen«, sagte die Mutter und sorgte dafür, daß die Haustür ordentlich hinter ihr ins Schloß fiel. »Frohe Weihnachten!« Dann ging sie an ihm vorbei.

Der Onkel drehte sich um und rief ihr hinterher.

»Es ist eine Überraschung!«

Die Mutter blieb abrupt stehen, drehte sich um und starrte ihn an.

»Nein. Aus dem Besuch wird nichts. Wir können nicht...«, sagte sie, ohne weiter ins Detail zu gehen, und stapfte davon.

In der Kirche war das Krippenspiel bereits in vollem Gange. Der Pfarrer hatte sich als Josef verkleidet und stand neben Maria und einem neugeborenen Jesus. Daneben wachten ein echter Esel und ein genauso echter Ziegenbock. Der Chor in weißen Hemden, Glorien und Engelsflügeln sang. Das Krippenspiel neigte sich dem Ende zu, und die Kinder durften die Tiere streicheln.

Die Mutter der Mädchen traf währenddessen ein und setzte sich zum Vater in die Kirchenbank. Sie wirkte aufgeregt, flüsterte etwas und begann zu weinen.

Auf dem Heimweg machten die vier noch eine Runde durch das alte Stadtviertel mit den schmalen Gassen, das sehr still und nur schwach erleuchtet war. Keine Motoren waren zu hören, und es funkelten weder Reklameschilder noch Ampeln.

Kaum sind sie zu Hause wieder über die Schwelle getreten, verschwindet die friedliche Weihnachtsstimmung. Die Mutter hat einen Zettel im Briefkasten gefunden, liest ihn und schaut sich besorgt um. Die Töchter stehen bereits vor dem Weihnachtsbaum und zählen zur Sicherheit die Geschenke nach.

Die Mutter und der Vater wechseln flüsternd ein paar Worte. Dem Vater geht auf, daß sich der falsche Weihnachtsmann wieder gemeldet hat. Die Kinder rennen ein weiteres Mal um den Weihnachtsbaum und dann in die Küche um den gedeckten Tisch und singen dabei: »Jetzt ist wieder Weihnachten...« Der Vater beginnt Fleischklößchen und Würstchen zu braten und stimmt in das Lied mit ein. Plötzlich hält die Jüngere inne.

»Hat der Weihnachtsmann gefährliche Freunde?«

»Nee. Wer hat das behauptet?« fragt der Vater.

Die Tochter zuckt mit den Schultern.

»Niemand. Sind sie vielleicht alle gefährlich?« fährt die Ältere fort.

»Nein, ganz und gar nicht. Wer hat das gesagt?«

»Mama. Hast du das nicht gehört? Sie hat es dir ins Ohr geflüstert.«

Die Kinder stellen die Schüsseln mit dem Weihnachtsessen auf den Tisch. Auf dem weißen Tischtuch liegen rote Seidenbänder, und die weiße Kerze ist mit einer weißen Papiermanschette dekoriert. Auch die Gabel im Weihnachtsschinken ist mit einer Rosette geschmückt, die so rosafarben ist wie der Schinken selbst. Bald stehen braune Bohnen in Mehlschwitze, zerkochte Kartoffeln, drei verschiedene Sorten Wurst, Rotkohl, Schinkenbrühe und eine kleine Schale scharfer Senf auf dem Tisch.

»Es macht nichts, wenn der Weihnachtsmann gefährliche Freunde hat, solange er nur die richtigen Geschenke hier abgibt«, sagt die Ältere.

»Wenn nicht, dann machen wir einfach die Tür nicht auf«, entscheidet die Jüngere.

Sie tunken Brot in die Schinkenbrühe und nehmen sich gleichzeitig von der Wurst und dem Senf.

Die Ältere ist zu einem Schluß gekommen.

»Der Weihnachtsmann hat vielleicht die falschen Feinde?«

Die Mutter ist das Gerede über den Weihnachtsmann leid und will die allgemeine Unruhe zerstreuen.

»Gleich kommt der richtige Weihnachtsmann. Sobald es dunkel wird. Der Weihnachtsmann ist lieb, bringt die richtigen Geschenke mit und kommt ohne seine Freunde. So ist das.«

Plötzlich wird die Weihnachtstafel von ohrenbetäubenden Explosionen erschüttert. Die Wände und Fensterscheiben des Hauses beben. Der Lärm kommt von der Straße und ist so schnell wieder verschwunden, wie er gekommen ist. Ein Auto verschwindet mit aufheulendem Motor die Straße entlang. Dann ist es wieder still.

Der Vater erschrickt so, daß er sich an der kochendheißen Brühe verbrennt. Die Mutter legt ihr Gesicht in die Hände. Die Kinder hingegen rufen wie aus einem Mund: »Der Weihnachtsmann!« und rennen zum Fenster, das zur Straße hinausgeht. Die Eltern sind ihnen auf den Fersen und schauen vorsichtig nach draußen. Aber es scheint kein Weihnachtsmann auf der Straße zu sein. Sie setzen sich wieder an den Tisch. Die Kinder sind enttäuscht und die Eltern über das plötzliche Geknalle leicht schockiert.

»Das muß ein Feuerwerk gewesen sein. Komisch, schon Heiligabend damit anzufangen. Hauptsache, es ist nicht irgendwo im Haus losgegangen und jemand hat sich verletzt. Vielleicht sollten wir die Polizei rufen?« schlägt die Mutter vor.

Die Mutter bittet den Vater, mit dem Müll hinunterzugehen und bei dieser Gelegenheit auch nachzuschauen, ob alle Türen ordentlich abgeschlossen sind. Da fällt ihr die jüngere Tochter mit einem erneuten Jubelruf ins Wort.

»Der Weihnachtsmann, der Weihnachtsmann, der Weihnachtsmann!«

Rasch stehen die Eltern wieder am Fenster zur Straße, von dem aus man den Weihnachtsmann immer zuerst sehen kann. Aber auf der Straße ist der Weihnachtsmann nicht zu entdecken. Die Töchter sind ebenfalls nicht zu sehen, denn sie stehen an einem der Fenster zum Hof. Sie haben einen Weihnachtsmann auf dem Hof entdeckt, und die Eltern atmen erleichtert auf, da es wahrscheinlich der richtige ist, der als Weihnachtsmann verkleidete Nachbar, der gerade den Hof überquert. Die Kinder rennen dem Weihnachtsmann entgegen und führen ihn dann zu einem Sessel neben dem Weihnachtsbaum. Der Weihnachtsmann bekommt eine Tasse heißen Glögg mit Rosinen und Mandeln. Dann liest er mit deutlicher und feierlicher Stimme die Verse auf den Paketen vor und verteilt sie. Bald ist der Boden von Geschenkpapier bedeckt. Wie immer vergeht die Zeit mit dem Weihnachtsmann merkwürdig schnell. Die Töchter holen den Korb für den Weihnachtsmann mit den Lekkereien und dem Pfefferkuchenelch für seinen eigenen Elch. Der Weihnachtsmann bedankt sich und meint, es sei nun an der Zeit, den Elchschlitten wieder in den Wald zu fahren. An der Wohnungstür verbeugt er sich. Auch die Mutter lächelt, zum ersten Mal an diesem Tag.

»Danke, lieber Weihnachtsmann. Das war wirklich nett, daß du heute kommen konntest. Vergiß nicht, die Haustür richtig hinter dir zuzumachen. Es ist so kalt draußen.«

Auf der Schwelle dreht sich der Weihnachtsmann mit besorgter Miene um.

»Übrigens saß jemand dort unten und hielt die Tür zur Straße auf. Er war so verkleidet wie ich. Sagte kein Wort. War vielleicht erschöpft. Allerdings sah er etwas schmutzig aus. Am Hals und im weißen Bart waren rote Spritzer. Außerdem roch es nach Pulverrauch. Diesen Geruch kenne ich. Fast etwas geschmacklos. Aber denken Sie nicht weiter daran. Fröhliche Weihnachten.«

PER OLOV ENQUIST
Das Jahr mit der Harley Davidson

Das Haus war ordentlich aufgeräumt, als sie nach Hause kam, die Kinder waren nicht da; es war Montag und Reiten, und das mit dem Reiten hatte für die Kinder ja nicht nur mit dem reinen Interesse an Pferden zu tun, sondern war auch eine Art Selbstverwirklichung, von ihr kräftig unterstützt, ungeachtet der im übrigen unerheblichen Kosten, die ihr Mann letztlich anstandslos akzeptiert hatte. Sie schlug sich selbst einen Drink vor, tat diesen Vorschlag aber mit einem Scherz ab, nahm die »Dagens Nyheter« vom Vortag, setzte sich auf die Toilette und las.

Sie pflegte sich die Artikel aus dem Feuilleton auszuschneiden, um sie später zu lesen, doch diesmal ermannte sie sich und nahm sofort den längsten Artikel in Angriff, um möglicher Kritik zuvorzukommen. Sie las die Rezension langsam von vorn bis hinten, las sie dann noch einmal, geschrieben war sie von einer gewissen Ebba Witt-Brattström, die sie nicht näher kannte, die sie aber glaubte im Fernsehen gesehen zu haben. Die Rezension war gut geschrieben. Sehr gute Sprache. Tags darauf, und unabhängig davon, teilte sie ihrem Mann mit, sie wolle sich scheiden lassen; er durfte die Kinder nehmen, die dreizehn beziehungsweise fünfzehn Jahre alt waren, sie selbst behielt das Haus, färbte sich dann die Haare rot und kaufte sich eine Harley Davidson.

Sie hatte ja ihr sicheres Auskommen als Arzthelferin und meinte, es werde schon klappen; es bleibe ja noch die Möglichkeit des Unterhaltsbeitrags, oder womöglich hieß das Unterhaltszahlung. Sie hatte gelesen, daß man so etwas bekommen könne, falls er sich stur zeige und man selbst kein Auto besitze, möglicherweise war eine Harley Davidson so etwas wie ein Auto. Einen Fernseher durfte man immerhin haben; sollten sich die Behörden stur zeigen, blieb die Möglichkeit, das Motorrad auf ihre Mutter zu überschreiben, die im übrigen noch recht rüstig war und die Nachricht über die Scheidung frohgemut aufnahm, da sie den Schwiegersohn ohnehin nie gemocht habe, den sie jetzt ganz überraschend »diesen Scheißkerl« nannte. Beim ersten Gespräch war die Mutter schweigsam gewesen, fast wie vom Schlag getroffen, hatte dann aber angerufen und überraschend gesagt, sie habe den Mann schon immer gehaßt. Sie bestätigte jedoch den Einwand der Tochter, daß er zu den Kindern trotz allem immer gut gewesen sei. Ihren eigenen Mann habe die Mutter, im übrigen, ebenfalls nie gemocht, sagte sie; sie hatte sich nach dem ersten Gespräch schnell gefangen und aus der altengerechten Wohnanlage zurückgerufen, wo man das öffentliche Telefon ans Bett schieben konnte, und mit froher Stimme ausdrücklich bestätigt, daß die Tochter ihre Harley Davidson auf sie überschreiben dürfe, falls sich die Behörden beim Unterhaltsbeitrag oder bei der Unterhaltszahlung stur zeigten.

Einen Führerschein habe sie ja und werde ihn sicherlich finden, nötigenfalls.

In der Woche darauf hatte ihr Mann ihr die Zusammenhänge und das mit dem Unterhalt erklärt, der gar nicht in Frage kommen könne, weil er die Kinder habe, weswegen das Problem mit der Harley Davidson von Anfang an ein Mißverständnis gewesen sei.

Nach dem zweiten Gespräch mit der Mutter hatte sie den Hörer mit einem Gefühl der Beklemmung aufgelegt. Die Mutter hatte ihren Mann noch nie »diesen Scheißkerl« genannt. Um die düsteren Gedanken zu verjagen und um sich zu ermannen, widmete sie den Nachmittag einem Spaziergang mit dem Hund, einem Spitz, einst als Elchhund gekauft, der sich aber als untauglich erwiesen hatte, das heißt ausgezeichnet beim Spüren, aber dann unwillig, Laut zu geben und zu treiben. Wie Ferdinand, der Stier, so hatte ihr Mann das wütend ausgedrückt, hat er bei dem aufgespürten

Elch gesessen und an den Blumen gerochen, anstatt zu treiben; sie hatte im übrigen geargwöhnt, daß ihr Mann während dieser Septemberwoche gar nicht beim Jagen, sondern mit einer Geliebten verreist war, was ihr im übrigen egal war. Der Hund war untauglich. Er war zu allem tauglich, außer zu dem, wozu er ausgewählt war. Ausgewählt hatte ihn ihr Mann. Wenn ihn jemand anders ausgewählt hätte, wäre er vielleicht tauglich gewesen, doch für etwas anderes. Die Frage war, wer auswählte. Womöglich mußte der Hund getötet werden. Er war untauglich.

Es machte Spaß, eine Harley Davidson zu fahren, doch in der ersten Woche war sie froh, daß ihr rotes Haar von einem Helm verborgen wurde, und wenn sie durch Djursholm fuhr, spürte sie, wie ihr Herz schlug und schlug, bis, wie sie beim erstenmal dachte, die Garagentore ihren barmherzigen Schild um ihre Angst schlugen und sie vor den unbarmherzigen Blicken der Nachbarn bargen. Sie wünschte, sie hätte aufgeschrieben, was sie bisweilen dachte. Es verschwand einfach. Alles verschwand. Wo waren die vergangenen siebzehn Jahre geblieben? Das Haus war leer und sollte am 1. Januar übergeben werden. Sie betrachtete das leere Haus als ihren »barmherzigen Schild«. Sie hatte immer schon die Leute bewundert, die eine feine Sprache hatten, und deshalb hatte sie die Feuilletons ausgeschnitten und die Kritik ihres Mannes daran nie verstanden. Sie hatte sie selbstverständlich gelesen. Nicht nur ausgeschnitten. Das wußte sie selbst doch am besten. Der Hund war ganz und gar nicht untauglich, um ein anderes Beispiel zu nehmen, was sollte sie mit dem Hund jetzt machen?

Im September begann sie zu trinken, um ihre Nerven zu beruhigen, hörte aber aus Rücksicht auf ihre Harley Davidson Anfang Oktober damit auf. Die Kinder hatten angerufen und geweint. Was sollte sie machen? Der Hund schlief jede Nacht in ihrem Bett. Sie war eigenartig ruhig. Es herrschte eine Art Frieden. Bald würde sie zur Einsicht kommen. Die

Möbel waren eingelagert, außer dem Bett. Sie liebte den freien Raum in dem leeren Haus, es war wie ein Sternenhimmel, fand sie plötzlich, ganz anders als in möbliertem Zustand: in den leeren Zimmern umherzugehen! In den leeren Zimmern umherzugehen. Sie fühlte sich gesund und rein, und der Hund folgte ihr auf Schritt und Tritt.

Es war wichtig, mit sich ins reine zu kommen, und das ging besser, wenn die Zimmer leer waren. Sie war zu ihren Freunden gefahren, oder ihren gemeinsamen Freunden – es war ein kleiner Unterschied, ob es eigene oder gemeinsame waren, und man wußte es nicht mehr genau –, und hatte systematisch zusammengetragen, wie sie sie bezeichneten. Sie bezeichneten sie sehr unterschiedlich. Etliche hatten gemeint, sie wirke »nervös«, andere »bewundernswert«, etliche hatten erklärt, sie hätte sich schon vor zehn Jahren scheiden lassen sollen, und es sei ihnen unbegreiflich gewesen, wie sie das ausgehalten habe, aber sie hätten bisher nichts sagen wollen und die Ehe deshalb als »harmonisch« bezeichnet. Als sie fragte, warum sie bisher »harmonisch« gesagt, obwohl sie »Hölle« gedacht hätten, erklärten die meisten, es sei aus Rücksicht auf sie gewesen. Sie versuchte sich dann vorzustellen, in einer »Hölle« gelebt zu haben, die sie auf deren Geheiß hin für »harmonisch« gehalten hatte, fühlte sich jedoch merkwürdig betrogen. Es war schwierig, an diese siebzehn Jahre zu denken.

Sie hatten sie die ganze Zeit über gesehen. Es wäre ihr eigentlich lieb gewesen, sie hätten ihr schon früher gesagt, wer sie war. Jetzt wußte sie nicht, wer sie war. Alle hatten sie so gesehen, wie sie war, also »nervös« oder »bewundernswert geduldig« oder »harmonisch« und als »Idiotin«, ihr gegenüber aber geschwiegen, sie hatten Rücksicht genommen. Warum hatten sie Rücksicht genommen? Im übrigen paßte das nicht zusammen. Aber warum hatten sie ihr das nicht gesagt? Direkt befragt, hatte einer ihrer Freunde geantwortet, sie hätte sich selbst erkennen müssen. Es sei doch wichtig, sich selbst zu erkennen.

Wie hätte sie sich selbst erkennen sollen? Warum hatten sie geschwiegen? Sie hatte doch geglaubt, ihr Leben sei in gewisser Weise, zum Beispiel, »harmonisch«, und war durch deren billigende Kommentare ständig darin bestätigt worden. Damals war doch alles »harmonisch« erschienen. Nun hatten sie gesagt, ihre Einwürfe oder Kommentare oder Mienenspiele – es fiel ihr schwer, sich darüber klarzuwerden, wie sie ihre allgemeine Meinung ausgedrückt hatten – hätten ganz und gar nicht »harmonisch« bedeutet, sondern in Wirklichkeit »Idiotin« und: »Warum ziehst du nicht aus?«

Wie viele Jahre hatte sie dadurch vergeudet, daß deren Mienenspiel mißverständlich war? Ein Jahrzehnt ihres Lebens vielleicht. Darauf angesprochen, hatten sie erwidert, sie hätten nicht darüber zu entscheiden, ob ihr Leben »harmonisch« oder »alptraumhaft« gewesen sei (plötzlich kam ein neues Wort dazu, »alptraumhaft«, damit mußte es ein Ende haben).

Da war sie aufgewühlt zu ihrer Harley Davidson hinausgerannt und aufs Geratewohl nach Vaxholm gefahren. Es war Dezember. Und da draußen war es menschenleer. Nur die Fähre nach Rindö fuhr noch, und sie war an Deck gefahren, hatte ihr Motorrad abgestellt und war an die Reling getreten.

Als die Fähre ablegte, wurden die Lichter gelöscht, und man konnte den Sternenhimmel sehen. Die Überfahrt dauerte zehn Minuten, und sie war allein; als sie angelegt hatten, fuhr sie nicht an Land, sondern blieb an Bord. Die Fähre ging jede halbe Stunde, sie fuhr nach Vaxholm zurück, blieb aber an Bord, fuhr wieder zurück nach Rindö; einer von der Besatzung kam schließlich zu ihr und fragte, ob sie nicht weiterfahren wolle. Sie verneinte. Da ließ er sie in Ruhe. Sie fuhr erneut zurück nach Vaxholm. Der Sternenhimmel war so gigantisch. Früher hatte sie nie die Gelegenheit gehabt, ihn zu sehen, zu der Zeit, als sie harmonisch oder nervös gewesen war, es aber nicht gewußt hatte. Als

Kind war sie immer dort gewesen, also unter dem Sternenhimmel, auch wenn sie nicht gewußt hatte, wer sie war. Sie dachte, wenn man mit sich ins reine kommen wolle, dann sei es wichtig, unter dem Sternenhimmel zu sein, und da spiele es keine Rolle, wie die anderen die Dinge bezeichneten. Also blieb sie zwischen Vaxholm und Rindö unter dem Sternenhimmel stehen. Sie fuhr unter ihm hin und her, hin und her. Sie war auf einmal glücklich, doch gegen zwölf Uhr nachts beschloß sie, ihre Harley Davidson anzuwerfen und in ihr sicheres Basislager zurückzukehren.

Ihr Vater hatte eine HD besessen, mit der sie mehrmals hatte fahren dürfen. Der Hund winselte leise hinter der Tür.

Ein Jahr später verkaufte sie das Motorrad und ließ ihr Haar wieder seine natürliche schnauzerähnliche Farbe annehmen. Sie lebte noch zweiundzwanzig Jahre, nun »vollkommen glücklich«, vielleicht »im Gleichgewicht mit sich selbst« oder, im Gespräch mit ihrer zwei Jahre jüngeren Schwester, »mit dem Leben versöhnt«.

Das Jahr mit der Harley Davidson war gleichwohl etwas, worauf sie ständig zurückkam. Als Dreiundsechzigjährige nahm sie an einem Erzählwettbewerb von »Bonniers Litterära Magasin« teil, wobei sie als Alter siebenundzwanzig Jahre angab: In dem beigelegten Lebenslauf führte sie an, eine freigestellte Bahnbeamtin aus Moskosel zu sein, nur mit ihrer fünfjährigen Tochter zusammenzuleben und vom Amtsgericht wegen kommerziell betriebener Schwarzbrennerei zu sechs Monaten Gefängnis auf Bewährung verurteilt worden zu sein. Sie war, zum Teil aus diesem Grund, von der Jury, deren Vorsitzender Horace Engdahl war, für eine Erzählung, die »Das Jahr mit der Harley Davidson« beschrieb, mit einer lobenden Erwähnung gewürdigt worden.

In der Erzählung endete das Jahr damit, daß die Frau bei einem tragischen Motorradunfall ums Leben kam, der – dem Nachruf im »Svenska Dagbladet« zufolge, welcher von ihrem Chef, Oberarzt an der Stockholmer Uniklinik und angesehener Herzchirurg, verfaßt worden war und deswegen ungekürzt ins Blatt kam –, der also dem Nachruf zufolge eine geschätzte Arbeitskollegin und geliebte Mutter in einen allzu frühen Tod dahingerafft habe, welcher die Angehörigen und Freunde in Trauer und Schmerz zurücklasse. Die Schlußzeilen lauteten: »Am Tag vor dem Unglück hatte sie noch mit ihrer Schwester gesprochen. Sie war ruhig gewesen. Sie hatte gesagt, das letzte Jahr sei das glücklichste ihres Lebens gewesen, und sie sei mit sich ins reine gekommen. Sie hatte gesagt, sie kümmere sich nicht um das, was vorher gewesen sei. Sie hatte gesagt: Ein Jahr reicht.«

Sie hatte sich geschämt, weil sie im Begleitbrief über sich selbst die Unwahrheit geschrieben hatte, doch das war nötig gewesen, der Kinder wegen. Die letzten Zeilen freilich, die über das Jahr, waren schon wahr gewesen. Die Fähre, der Sternenhimmel, die leeren Zimmer: und dann, am Ende mit sich ins reine gekommen zu sein.

OLA LARSMO
Ingvar – Uppland, Dezember 1986

Der Schnee fegte schräg von links über die Straße, in einem immer dichter werdenden Teppich von sich suggestiv schlängelnden und drehenden Spiralen, die es einem erschwerten, die Augen auf der Mitte der Fahrbahn zu halten. Der Blick wollte den wechselnden Linien folgen, wollte die Richtung der Straße verlassen, die unter den rasch vorbeitreibenden und trügerisch instabilen Mustern der Windstöße beinahe verborgen war.

»Schläfst du ein?«

»Nein.«

Kalter Wind zerrte an der Karosserie des Autos. Das Schneegestöber wechselte die Richtung und traf jetzt direkt auf die Windschutzscheibe, einem Sternenhimmel in unausgesetzter Bewegung verwirrend ähnlich. Dahinter: Dunkelheit, vorbeirauschende halbmeterhohe Schneewälle, plötzlich auftauchende Straßenschilder in einem stark reflektierenden klaren Blau.

»Ist es hier?«

»Nein. Noch ein Stück.«

Wenige Autos auf der Gegenfahrbahn. Einmal ein riesiger Lastzug, behängt mit unzähligen kleinen Zusatzleuchten, eine Art vorüberbrüllende moderne Ikone mitten in der Winterfinsternis.

Der Innenraum des Autos war kühl, irgendwo unter der Verkleidung brummte unregelmäßig die keuchende Lüftung. Ihre Atemzüge kamen in kleinen Stößen, zwei kleine Wolken bedeckten die Innenseite der Windschutzscheibe mit Dunstflecken, die sich langsam in ein filigranes Eisblumenmuster verwandelten. Schweigen. Der andere zeichnete sich, wenn das Auto hin und wieder durch ein bebautes Gebiet fuhr, als schweigender Schatten gegen das Seitenfenster ab.

»Paß auf.«
»Was denn?«
»Du bist zu nah am Straßenrand gefahren.«
»Bin ich nicht.«
»Doch.«
Schweigen.

Die kleinere Ortschaft war in vom Wind verwehten Schneegewändern eingehüllt, die den wohlbekannten Gegenständen, Trafokästen, Bordsteinen, Zäunen und Briefkästen, verräterisch fremde und organisch gerundete Formen verliehen. Die Straßenschilder waren mit Schleiern von nassem Schnee behängt, die eine Orientierung unmöglich machten: Hier und da war eine Straße durch eine querende Schneedüne gesperrt, die auf dem Weg in die entgegengesetzte Richtung war.

»Halt an. Ich glaube, hier ist es.«

»Ich kann nicht anhalten. Die Batterie ist fast leer.«

»Du brauchst den Motor doch nicht auszumachen, verdammt.«

Das Auto kam mit laufendem Motor zum Stillstand. Der andere sprang hinaus und schlug die Tür zu, verwandelte sich in einen Teil der verwirrenden weißen Außenwelt, ein weiteres groteskes Detail der fremden Umgebung. Mit geduckten Schritten lief er zum Straßenschild, sprang hoch und wischte mit der bloßen Hand den Schnee beiseite: stand dann da und blinzelte einige Sekunden gegen den Wind, ehe er zum Auto zurückkehrte.

»Doch. Hier muß es sein.«

Er setzte sich auf den Sitz, eingehüllt in einen Windstoß von Eiseskälte. Die Lederjacke knarzte.

Die Häuser waren aus gelbem Ziegel und erstreckten sich, soweit der Blick durchs Schneetreiben reichte, in parallelen zweistöckigen Reihen.

Sie gingen schweigend, vornübergebeugt und mit den Händen in den Taschen, sahen hin und her und hielten auf beiden Seiten des Innenhofes nach der richtigen Hausnummer Ausschau.

»Ist es denn hier?«

»Muß wohl mal klingeln und fragen.«

Die Tür sprang auf und schlug, vom Wind erfaßt, mit einem Knall gegen die Ziegelwand. Ein Hauch von Essensdunst quoll aus der Wohnung.

»Wir suchen Ingvar.«

Schweigen: ein Blick aus Augen wie blaue Glaskugeln.

»Sind Sie Freunde von ihm oder so?«

»Ja. Das kann man wohl sagen.«

»Er wohnt in der Neunundachtzig.«

Als die richtige Tür geöffnet wurde, fiel ihm auf, wie mager der Alte geworden war: Er beugte sich von seiner Zweimeterhöhe zu ihnen hinunter, gegen die Wand gestützt, während die Flurlampe die hellere und gespannte Haut seiner Halspartie beleuchtete.

»Aha, Jungs, dann seid ihr ja trotz allem noch gekommen. Ich hatte gerade angefangen, mir Gedanken zu machen.«

Sie strichen an ihm vorbei in die ungelüftete Wohnung, die angefüllt war von zunächst nicht erkennbaren Gegenständen: Das hellste Licht des Wohnzimmers stammte von der Bogenlampe vor dem Fenster.

»Ja, ist das ein Scheißwetter draußen, ich dachte mir schon… Aber du«, er wandte sich an den Jüngeren in der Lederjacke, »bist ja schon mal hier gewesen.«

Schweigen.

»Ihr wollt doch sicher einen Kaffee?«

Die finnlandschwedische Stimme erreichte sie nur langsam durch die kompakte Heizungswärme des Zimmers. Sie nickten.

Der Alte beugte sich vor und betätigte einen Schalter:

Alle Gegenstände des Wohnzimmers bekamen Farbe und Kontur. Dann verschwand er langsam in der Küche.

Das ungemachte Bett befand sich in einem Alkoven mit Vorhang. Neben dem Fenster stand ein niedriger Sofatisch, der mit allerlei Gegenständen bepackt war: einer riesigen Puppe mit Schlafaugen in einem Rüschenkleid mit Volants; einigen groben handgetöpferten Keramiktassen, deren blaue Glasur verlaufen war und Klumpen gebildet hatte; einer eingerahmten und ausgeblichenen Ansichtskarte; einem Kruzifix mit einer vergoldeten Jesusgestalt. An der Wand über dem Tisch hing ein weiteres Christusbild, hier der Öldruck eines Porträts im Halbprofil, mit blondem Haar und blauem, nach oben gewandtem Blick.

Sie bewegten sich ungewohnt und in großem Abstand zueinander durchs Zimmer.

»Schau mal hier.«

Er sah in die Richtung, in die der Jüngere mit der Lederjacke zeigte. Über dem Bett hing eine finnische Flagge aus zerknautschtem Plastik, mit Nadeln befestigt, vermutlich aus einer Plastiktüte von einer Finnlandfähre ausgeschnitten. Unter der Flagge befand sich ein eingerahmtes schwarzweißes Zeitungsfoto, das Mauno Koivisto darstellte.

Der Jüngere grinste ein wenig. Der Ältere wandte sich schnell ab, suchte nach etwas, was er mit dem Blick fixieren könnte, sah zu den Stapeln von Heften und Zeitungen auf dem Nachttisch hinunter: »Evangelii Härold«, »Expressen«, »Helsingin Sanomat«. Dann ging er in die Küche.

Der Alte saß auf einem Hocker und ließ die Hände zwischen den Knien herabhängen. Die Hose schlotterte schlaff um seine Beine. Ein Topf mit Wasser sprudelte auf dem Herd, und über der Scheibe des Küchenfensters lag ein ausgedehnter Wasserdampfschatten, der in dem von draußen hereinfallenden Straßenlicht wie Opal schimmerte.

»Ja, ich ruhe mich nur ein bißchen aus.«

Er setzte sich auf den Stuhl an der gegenüberliegenden

Seite des Tisches, der an der einen Ecke mit Behältern in verschiedenen Größen vollgestellt war, alle aus Edelstahl.

»Ich bekomme mein Essen vom Altenheim.«

Der Jüngere in der Lederjacke kam ebenfalls in die Küche, goß das Wasser in die bereitgestellten Tassen aus dünnem Porzellan, holte die Dose mit dem löslichen Kaffee vom Gewürzregal.

Sie saßen schweigend um den Tisch. Der Wasserdampffleck an der Scheibe schrumpfte langsam und legte denselben Schneenebel frei wie zuvor.

Der Alte erhob sich und ging zum Vorratsschrank, kehrte mit einer Flasche Explorer in der einen und einer Sammlung Pillendöschen aus Plastik in der anderen Hand zurück. Er stellte sie auf dem Tisch ab.

»Ich dachte mir, vielleicht will ja einer von euch was davon.«

Schweigen.

»Ich selber trinke ja nicht mehr. Verdammt.«

Er schüttete ein paar gelbe Tabletten auf die Handfläche und warf mit einer routinierten Bewegung den Kopf nach hinten, schluckte mehrmals, vergeblich, wie es den Anschein hatte. Über die rauhe Haut des vorstehenden Adamsapfels zogen sich mehrere Narben und Flecke von unterschiedlicher Pigmentierung, wie eine Art Flickendecke. Er streckte sich nach der Kaffeetasse, nahm etwas und schluckte wieder mehrmals. Dann griff er sich an den Hals.

»Ich glaube, sie haben letztes Mal was falsch gemacht. Es fühlt sich hier so eng an.« Er deutete auf seinen Hals.

Der Jüngere in der Lederjacke streckte sich nach der Flasche und warf dem anderen einen fragenden Blick zu, worauf dieser eine vielsagende kurze Kopfbewegung machte. Dann kippte er sich einen Schuß in den Kaffee, rührte mit dem Löffel um und schluckte in einem einzigen Zug den Großteil des Tasseninhalts hinunter.

»Herzlichen Glückwunsch zum Geburtstag«, sagte er dann und prostete dem Alten mit der Tasse zu.

Schweigen.

»Du«, der Alte nickte dem Älteren der beiden zu, »erinnerst dich doch an meinen Schnurrbart, nicht wahr? So wie ich aussah, als ich deinen Vater kannte?«

Der andere nickte.

»Mehr als jetzt wächst nicht mehr. Nach der Behandlung.«

Er strich mit den Fingern über die grauschütteren Bartstoppeln auf der Oberlippe.

»Ja zum Teufel, was habe ich getrunken! Wäre ich nicht krank geworden, dann wäre ich jetzt tot.« Er lachte lautlos, sah zwischen ihren Gesichtern hindurch zur Tür des Vorratsschranks.

»Ich hatte nicht gedacht, daß ihr kommen würdet.«

Schweigen.

»Ihr habt euch doch gestritten, oder nicht?«

Keiner der beiden anderen sagte etwas. Der Jüngere schenkte sich noch Wasser und Explorer nach, rührte Kaffeepulver dazu und schwenkte die Tasse langsam im Kreis.

»Nein, verdammt. Wegen so was sollten sich Kerle nicht streiten.«

Schweigen.

»Das ist es nicht wert.«

Der Schnee.

»Prost, Jungs.«

Der Alte erhob seine Kaffeetasse; sein Blick wanderte zwischen den beiden hin und her.

Wäre dies ein Film, würde ich dich natürlich töten und dich in irgendeiner Schneewehe zurücklassen, der eine Ärmel deiner Kunstlederjacke würde aus dem Packschnee ragen, wo dich morgen früh der Schneepflug finden würde. Aber es ist zu billig, eine Tat, bei der man draufzahlen würde. Schweigen und Stille durch die Lichtkegel vor dem Auto. Heute abend werde ich dich vor der hell erleuchteten Eigentumswohnung im Erdgeschoß absetzen, und du wirst hineingehen, deine Jacke aufhängen, ins Warme hineinsinken, dich an sie wenden und mit deiner Gemütsruhe prahlen. *Man muß doch schließlich wie ein erwachsener Mensch auftreten können.*

Er machte eine schnelle Bewegung mit dem Steuer, nur wenige Zentimeter in die eine Richtung; der Wagen fuhr mit einer Heftigkeit herum, die auch ihn selbst verwunderte. Die Reifen der rechten Seite schnitten mit einem scharfen, anhaltenden Knirschen durch die gefrorenen Schneewehen am Straßenrand. Der andere wurde aus seinem Dösen gerissen; das Weiß seiner Augen blitzte in der Dunkelheit des Innenraums auf.

»Was machst du da?«

»Probier was aus.«

Schweigen.

»Was denn, wenn ich fragen darf, verdammt noch mal?«

»Probier einfach was aus.«

Dann tauchte das Schild im Schneetreiben auf: Einen Moment lang zögerte er und ließ dann das Auto weich auf die nächste nicht geräumte Abfahrt gleiten. Die Räder drehten im Neuschnee durch und fanden schließlich Halt: Unterhalb des Abhangs leuchteten die Lichter in der kleineren Ortschaft auf, erloschen von den Windstößen der Schneeböen und leuchteten wieder auf.

»Was ist denn jetzt los?«

Er zögerte ein wenig mit der Antwort, drehte sie in der Mundhöhle hin und her, bis sie trug.

»Kaffee. Ich bin müde. Es gibt ein altes Bahnhofscafé hier unten.«

»Gibt es denn einen Bahnhof?«

Schweigen.

»Du hast gehört, was ich gesagt habe.«

»Die Züge fahren ja immer noch diese Strecke. Sie halten nur nicht mehr an.«

Das Auto kam vor dem langgestreckten Bahnhofsgebäude aus braunverputztem Backstein zum Stehen. Die Fenster des Cafés leuchteten gelb über das Schneefeld des Asphaltvorplatzes: Der einzige Baum vor dem Haus wurde in den raschen Windböen hin und her gerüttelt. Einen kurzen Moment saßen sie schweigend da, hörten das heiße Metall der Motorhaube in der zunehmenden Kälte knacken: Der offene Platz zwischen den Häusern lag leer und verweht da.

Der Jüngere öffnete mit schnellen Bewegungen den Sicherheitsgurt und entwand sich seiner Umarmung. In zwei Schritten war er draußen auf dem offenen Platz und duckte sich vor den starken Windstößen. Der Ältere folgte ihm. Mit einem Meter Luft zwischen sich gingen sie über den verwehten Bahnsteig, hinüber zu den doppelten Eingangstüren. Der Schnee lag unberührt vor ihnen: die Schienen der Gleise reingefegt, scharf glänzend im Licht der Scheinwerfer des Bahnhofsgeländes. Zwischen den Betonschwellen bildete das Schneegestöber keilförmige Spuren, die sich ausbreiteten, sich lichteten, unter der Betonkante des Bahnsteigs verschwanden. Der Nordwind war schmerzhaft stark.

Die Türen öffneten sich nach innen, zu dem, was früher als Wartesaal gedient hatte: Der hohe Raum war oben mit einer elegant geschnitzten Holzstukkatur im Stil der Jahrhundertwende versehen, die Wände waren unten mit dunklem Holz getäfelt. In einer Ecke stand ein altmodischer Petroleumofen, teilweise hinter den Gartenmöbeln aus weißgestrichenem Holz verborgen, die zusammen mit den an der Wand befestigten Bänken das einzige wirkliche Mobiliar des Zimmers ausmachten.

An der hinteren kurzen Seite des länglichen Raums befand sich der Tresen, dessen eine Ecke mit Metallgestellen bepackt war, die unter den Illustrierten, Schokoladentafeln und Ansichtskarten zusammenzubrechen drohten. Das einzige Geräusch im Zimmer waren die wohlbekannten harten Stöße und klickenden Laute von der Reihe grell erleuchteter Flipperautomaten direkt am Eingang: Zwei davon waren in Gebrauch, mit von unten beleuchteten jugendlichen Gesichtern, in ausdrucksloser Konzentration versenkt, die im Halbdunkel über den Spiegelbildern auf der horizontalen Glasscheibe schwebten. In einer Ecke stand ein Junge im selben Alter wie die beiden anderen, beobachtete sie mit ausdruckslosen Augen und halboffenem Mund: Trotz der nahezu stickigen Wärme in dem großen Raum hatte er Mütze und Daunenjacke anbehalten. Im erleuchteten, durch den Verkaufstresen abgetrennten Rechteck hantierte eine blonde Frau mittleren Alters mit der monströsen und altmodischen Kaffeemaschine aus Edelstahl; ansonsten lag das Zimmer verlassen da. Das Fehlen von Musik war aus irgendeinem Grund auffallend.

Der Jüngere ging in seiner vor Kälte knarzenden Jacke zum Zeitschriftenständer und blätterte in den grellen Stapeln der bereits zerlesenen Hefte. Er selbst ging zum Tresen und erwartete reglos den Blick der älteren Frau.

Als er bereits in der Ecke am kalten Kamin saß, die Hände um eine Tasse frisch aufgebrühten Kaffee gelegt, kam der Jüngere dazu und setzte sich hin, stellte seine eigene Plastiktasse auf die weißgestrichenen Holzlatten und breitete seine Zeitung auf dem freien Teil der Tischplatte aus. Er blätterte vor und zurück, lächelte in sich hinein.

Die beiden Jugendlichen zogen sich langsam von den Knöpfen der Flipperautomaten zurück: Er folgte ihnen mit den Blicken, während sie leise die Endergebnisse auf den Scoreboards wiederholten und dann auf den verschneiten Bahnsteig hinausstiefelten. Die Tür schlug zu; nur der Junge mit Mütze und Jacke war in seiner Ecke stehengeblieben und richtete seinen dunklen Blick noch immer auf den Tisch, an dem sie saßen. Es fiel ihm schwer, seinen unabweisbaren Augen zu begegnen, und in Ermangelung anderer

Ziele ließ er seine Aufmerksamkeit über die Wände des großen Raumes wandern.

Rechts von dem Platz, an dem er sich gerade befand, begann eine Reihe von Vitrinenschränken von der Art, wie man sie in einem Museum oder im Materialraum einer größeren Schule findet. Soweit er sehen konnte, waren sie bis zum letzten Millimeter mit etwas gefüllt, was wie Sportauszeichnungen verschiedener Art aussah: Pokale aus Zinn und Silber, Medaillen, Diplome und kleine Wimpel an Stangen aus oxidiertem Metall. Er lehnte sich weiter vor und las, einen nach der anderen, die Beschriftungen auf den Plaketten, die alle von derselben Art waren, wie sich herausstellte: *Für einen guten Einsatz bei der Distriktsmeisterschaft in Leichtathletik 1963* plus Ortsname, Schule und manchmal ein Personenname, der ihm ebenso entfernt vorkam wie die Datumsangaben, die er auf den grünspanfarbenen oder schwarzgefleckten Metallflächen finden konnte. Alle Zeitangaben lagen zwischen der Jahrhundertwende und den sechziger Jahren: Danach war Schluß.

»Er ist alt geworden.«

Er sah auf: Der Blick des anderen hatte die Zeitungsseite verlassen und ruhte nun, zum ersten Mal in den letzten Stunden, direkt auf seinem Gesicht. Plötzlich spürte er, wie die Worte sich drängten und stockten, einander zu Unbeweglichkeit zwangen.

»Wer?«

»Ingvar.«

»Ja.«

»Er sieht schlimm aus.«

Schweigen.

»Glaubst du, daß er das weiß?«

»Ja.«

»Er ist ja fünfmal operiert worden.«

»Sechs.«

Schweigen.

»*Mager.*«

Er nickte.

Der Junge an der Tür stand immer noch dort.

Dann begannen sich die Worte in ihm zu verbinden, zu einer Linie von Haß zusammenzufügen, von einer Art Trauer, die nur ihm selbst galt und niemandem sonst. Sie begannen sich ihren Weg aus ihm heraus zu bahnen, hin zu dem platten, allzu blassen Gesicht über der Zeitungsseite. Ehe noch etwas gesagt worden war, schlugen die Schwingtüren mit einem plötzlichen und starken Seufzer nach innen, beide zugleich. Der Blick des Jungen wanderte nach draußen durchs Fenster: Dort durchbrach der Acht-Uhr-Zug die Stille, ein unablässiger Strom von leeren Güterwaggons, mit roter Mennige gestrichen und mit dunklen Streben, die gegen den blauen Schnee hochragten, setzte sich scheinbar endlos fort. Das Dröhnen ertränkte alle Worte.

NINNI HOLMQVIST
Der Tod des Modells

Das wenige Geld, das er verdiente, ging für ihr Honorar drauf. Alles, was er besaß, waren Bilder von ihr. Auf den meisten dieser Bilder war auch ein unscharfer gelber Vogel zu sehen. »Ein bewußter Stilbruch«, schrieben die Kunstkritiker und meinten damit, daß der Vogel ein Freiheitssymbol sei. Nein, vielmehr ein Vergänglichkeitssymbol, meinten andere, da der Vogel so unscharf sei, als wäre er im Begriff, ausradiert zu werden.

Er selbst malte einfach, was er sah.

Er kannte ihre Formen und Proportionen gut, ihre Haltung und ihre Figur, den Ausdruck ihres Gesichtes, die Hände, die Füße, ihre Muttermale, Falten und Runzeln. Er kannte ihren Körper auswendig, hätte ihn schon vor langer Zeit mit verbundenen Augen wiedergeben können, was jetzt, da er mit dem Alter immer schlechter sehen konnte, ein Vorteil war.

Sie hätte Tänzerin oder Turnerin sein können. Sie war stark und sehnig gewesen und hatte es genossen, die Grenzen dessen herauszufinden, was ihr Körper aushielt. Viele Stunden hintereinander hatte sie stillstehen können, ohne daß es ihr etwas ausmachte. Natürlich tat immer irgendwo etwas weh, aber sie wurde niemals von Panik ergriffen. Sie hatte gelernt, den Schmerz in sich ruhen zu lassen und selbst im Schmerz zu ruhen.

Doch jetzt war ihr Körper schwer und matt geworden, die Glieder und Muskeln taten weh, sie bewegte sich steif, und es fiel ihr immer schwerer, den Rücken geradezuhalten. Das Fleisch und die Haut waren schlaff und müde geworden, das Haar war grau und stumpf und ließ sich nur noch als strenger Knoten im Nacken frisieren.

Vor langer Zeit einmal hatte er sie zufällig berührt. Sie

hatte in einer Position, die an die kleine Seejungfrau in Kopenhagen erinnerte, auf dem Podium gesessen, das Gesicht von ihm weg zur Wand gedreht. Sie hatte ihn nicht kommen sehen, aber da sie nackt war, spürte sie, wie die Luft sich auf sie zubewegte, und als der Luftzug stehenblieb und sich wie ein kühler Mantel um sie schloß, begriff sie, daß er da war.

Er hatte direkt neben ihr gestanden und am Strahler gedreht, um einen besseren Schatten von ihr an der Wand zu erzeugen. In seinem Eifer hatte er vergessen, den Pinsel auf die Staffelei zu legen, und berührte sie versehentlich damit. Er hatte einen blauen Fleck auf ihrer Schulter hinterlassen. Sie zuckte von der naßkalten Berührung zusammen.

»Entschuldigung, das wollte ich nicht«, murmelte er und ging zur Staffelei zurück.

Als sie immer noch reglos dasaß, fügte er hinzu: »Geh doch raus und wasch den Fleck ab. Auf der Spüle steht eine Flasche mit Terpentin.«

»Ich selbst soll den Fleck abwaschen?« fragte sie verletzt.

»Das wäre gut«, erwiderte er. »Modelle mit blauen Schultern lenken mich ab.«

Sie hatte sich gewünscht, daß er die Farbe abwischen würde. Daß er ihre Schulter mit Terpentin abwaschen und dann die Haut eincremen würde, damit sie nicht austrocknete.

»Im Schrank über dem Waschbecken sind Lappen«, sagte er.

Sie stand auf, zog den Bademantel über, ließ aber die blaue Schulter unbedeckt.

Als sie an ihm vorbeiging, trafen sich ihre Blicke. Er sah wie durch sie hindurch, als sei sie ganz weit entfernt, und sie konnte sich ein Lächeln nicht verkneifen. Sie lächelte nicht, weil sie fröhlich war, sondern weil sie wußte, daß sie ihn damit für einen Augenblick aus dem Gleichgewicht bringen konnte. Und sehr richtig, er zuckte zusammen, sein Blick flackerte kurz, doch dann riß er sich zu einem pflichtschuldigen Lächeln zusammen.

In der Teeküche wusch sie die blaue Farbe ab.

Kurz nach diesem Ereignis hatte sie den Vogel mitgebracht. Es war ein gelber Vogel, der im Atelier herumflog und den Kohlestaub von Fensterbrettern und Tischen aufwirbelte, von den Früchten und dem Gemüse für sein Stillleben fraß und an der Leinwand, den Papieren und Pinseln herumknabberte. Doch meistens saß der Vogel auf ihrer Schulter und sang leidenschaftlich, während er sie malte.

Zunächst hatte er nichts über den Vogel gesagt, sondern nur ein wenig gegrummelt und die Augenbrauen hochgezogen. Vielleicht konnte das Tier seiner Malerei ja etwas hinzufügen. Doch gleichzeitig ärgerte er sich über das Viech, das tagaus, tagein auf der Schulter des Modells saß und sang, und anstatt sich an den Vogel gewöhnen, wurde er mit der Zeit immer wütender auf ihn.

»Wozu hast du eigentlich diesen Vogel?« hatte er eines Tages gefragt, als dieser besonders leidenschaftlich sang.

»Zu gar nichts«, hatte sie geantwortet. »Er sitzt einfach hier. Er mag mich.«

In diesem Moment verstummte der Vogel, riß die Augen auf, hob die Schwanzfeder und produzierte einen schwarzweißen Fleck, der langsam über ihre Schulter und den Oberarm rann.

Er lachte. »Und so zeigt er dir, daß er dich mag?«

Sie antwortete nicht, sondern blieb einfach in ihrer Stellung sitzen (es war immer noch die kleine Seejungfrau), während der Vogelschiß über ihren Arm lief. Hinter ihren Augen brannte es, und sie schluckte mehrere Male und zitterte innerlich, doch sie saß genauso still wie zuvor, und der Vogel begann wieder zu singen.

»Geh doch raus und wasch den Fleck ab«, sagte er. »Im Schrank sind Lappen.«

»Ich weiß«, flüsterte sie und erhob sich.

Wie immer, wenn sie eine Pause machte oder aus irgendeinem anderen Grund nicht auf dem Podium saß, knabberte der Vogel eine Gurke. Oder einen Apfel. Oder vielleicht ein

Rosenblatt. Das Stilleben, das er gerade zusammengestellt hatte, bestand aus Gurken, Äpfeln und Rosen, zusammen mit einer Weinflasche und einer Schale Walnüsse. Die Rosen verwelkten und vertrockneten allmählich, aber die Gurken und Äpfel waren immer noch saftig, wenn auch von den früheren Attacken des Vogels perforiert.

Als sie aus der Teeküche zurückkam, waren ihre Augen rot gerändert. Sie sah zu Boden, während sie an ihm vorbeiging. Vorn am Podium legte sie den Bademantel ab und nahm wieder ihre vorherige Stellung mit dem Rücken zu ihm ein.

»Und magst *du* mich?« fragte sie.

»Ja, natürlich«, erwiderte er. »Du bist sehr professionell.«

Dann sprachen sie nicht mehr. Der Vogel flog vom Stillleben zurück auf die Schulter des Modells und stimmte erneut sein ewiges Liebeslied an. Sie schloß die Augen und genoß das Gefühl der kleinen Krallen auf der Haut. Sie kratzten nie, sondern kitzelten bloß. Wenn der Vogel schläfrig wurde, kuschelte er sich ganz nah an ihren Hals, zog das eine Bein hoch, legte die Kralle unter den Flügel, und sie ließ sich von dem kleinen Körper wärmen.

Dies war der erste Vogel. Schließlich wurde er alt und starb. Da kaufte sie sich einen neuen. Und nach dessen Tod kaufte sie wieder einen neuen. Und als jener starb, einen weiteren Vogel. Bald hatte sie fünf Vögel gehabt, dann zehn, fünfzehn, und schließlich hatte sie aufgehört mitzuzählen. Sie lebten ja nicht so lang, vielleicht zwei, drei Jahre, vielleicht auch fünf oder sechs. Das Atelier war nicht besonders gesund für kleine Tiere wie Vögel. In der Luft schwebten Kohlenstaub und Terpentingeruch, es zog durch die undichten Fenster und von den Heizlüftern, und die Kost bestand aus Gurken und halbverfaulten Äpfeln. Nur Menschen können es lange in einer solchen Umgebung aushalten.

Die Vögel, die sich ablösten, waren alle gelb und sahen genau gleich aus – wenn man nicht näher hinsah. Und ihr

Gesang klang genau gleich – wenn man nicht genau hinhörte. Aber das Modell stand oder lag den ganzen Tag da und hörte einfach zu. Kein Vogel sang wie sein Vorgänger, und es dauerte immer eine Woche oder länger, bis sie sich an die neue Stimme und den neuen Gesang gewöhnt hatte. Sie hatte auch Zeit, die Vögel zu betrachten, und sie lernte jede Andersartigkeit in ihrem gelben Federkleid auswendig. Namen gab sie ihnen nicht, sondern nannte sie einfach nur »Vogel«, und der Künstler bemerkte niemals einen Unterschied, er merkte nicht, daß der Vogel alt und müde wurde und dann wieder jung und wild.

Die Erinnerung an die blaue Farbe auf ihrer Schulter lebte all die Jahre in ihr. Doch meist dachte sie an das, was nicht geschehen war, daß er ihr die Farbe nicht mit Terpentin abgewaschen und sie nicht eingecremt hatte. Insbesondere dieser ausgebliebene Kontakt zwischen seinen Händen und ihrer Haut erfüllte sie, während sie jetzt mit der einen Hand im Nacken und der anderen in die Hüfte gestützt auf dem Podium stand. So stand sie da, das Gewicht auf dem einen Bein und mit einer leichten Rückendrehung. Das Standbein tat weh. Sie ließ es schmerzen, ließ den Schmerz in ihr ruhen und nahm selbst im Schmerz Platz, als wäre er ein Zuhause.

Er malte. Seine Augen waren jetzt nur mehr dazu zu gebrauchen, Licht von Dunkelheit zu unterscheiden. Ihr Körper war blaß, fast weiß, der Hintergrund etwas dunkler, und das genügte, um zu erfassen, wie sie dastand. Den Rest ergänzte er selbst, denn er erinnerte sich ja daran, wie sie aussah. Und die Leinwand war so nah, daß er sie leidlich erkennen konnte, wenn nur die Beleuchtung stark genug war und er ständig die Augen zusammenkniff. Mit dem Vogel war es schlimmer, mit diesem kleinen Ungetüm, das den ganzen Tag dasaß und mit ihr herumgurrte oder aber wie ein Blindgänger umherflog und pfiff und schrie, daß es ihn fast wahnsinnig machte. In seinen Bildern wurde der Vogel immer mehr zu einer verschwommenen Bewegung oder einem Fleck, der unglücklicherweise auf die Leinwand geraten war. Er malte ganz einfach, was er sah, und sie sah er klar und deutlich, wie er sie immer gesehen hatte. So deutlich, daß es ihm gelang, ein Bild mit einer derartigen Perspektive und einem Detailreichtum zu schaffen, daß der Betrachter schon beim Ansehen des Bildes die Haut dieser Frau unter seinen Händen zu spüren glaubte. Er hätte sie ebensogut malen können, wenn sie gar nicht da gewesen wäre. Aber dennoch behielt er sie und bezahlte ihr das monatliche Honorar, als bräuchte er sie immer noch.

Er kniff die Augen zusammen, während er sie ansah und so tat, als würde er die Maße abnehmen.

Es gefiel ihr, wenn er die Augen zusammenkniff. Das deutete darauf hin, daß er auf seine Arbeit konzentriert war, und es schenkte ihr Ruhe. Das Standbein schmerzte bis in die Hüfte hinauf, doch solange er die Augen zusammenkniff, war alles so, wie es sein sollte. Der Vogel saß auf ihrer Schulter und sang seelenvoll.

»Dieses verdammte Gezwitscher«, murmelte er.

»Er leistet mir Gesellschaft«, erwiderte sie. »Ich brauche ihn, um es auszuhalten.«

»Ja, ja, ich weiß«, seufzte er. »Und er mag dich, ich weiß, ich weiß.«

»Ja«, sagte sie. »Er mag mich. Was meinst *du*?«

»Ich meine, daß das Viech ein Parasit ist.«

»Nein, ich meine, magst du mich auch?«

»Ich meine, daß du dem Tier Gefühle zuschreibst, die es vielleicht nicht hat. Was weißt du schon von den Gefühlen der Vögel?«

Sie antwortete nicht. Das Standbein tat nicht mehr weh. Es war jetzt eingeschlafen. Schon bald schlief auch die Hüfte ein, und der Arm, den sie hinter den Kopf hielt, begann zu zittern. Weil sie ihre Hüfte verdrehte, klemmte sich ein Nerv im Rücken ein, und der Schmerz strahlte bis unter die Schulterblätter aus und setzte sich in der einen Schulter fest. Auf der anderen Schulter saß der Vogel und sang sein leidenschaftliches Lied.

Schon bald begann das Modell am ganzen Leib zu zittern. Es fing tief innen mit einem schwachen Grollen an, das sich nach außen fortsetzte, so daß der Vogel, der sich wie in einem Erdbeben befand, erst erschrocken verstummte und sie dann mit einem gellenden Schrei und panischem Geflatter verließ.

»Was ist denn jetzt?« fragte der Künstler und sah mit zusammengekniffenen Augen auf das Gelbe, das an ihm vorbeiflog.

Der Vogel setzte sich auf ein Stilleben und begann geräuschvoll zu knabbern.

»Du Parasit!« brüllte der Künstler.

Das Modell zitterte. Der kalte Schweiß drang ihr auf die Haut und ließ sie frieren und damit noch mehr zittern. Das Haar löste sich aus der Frisur und fiel in strähnigen grauen Locken hinunter. Dann schaffte sie es nicht länger, sich aufrecht zu halten, und fiel mit einem kleinen Laut in sich zusammen.

»Was ist denn jetzt?« fragte der Künstler wieder. »Ach so, du machst eine Pause. Ja, ja, das ist schon in Ordnung ...«

Sie lag auf dem Podium. Die Kiefer waren wie in einem Krampf fest zusammengebissen, und sie vermochte nicht mehr zu reden oder um Hilfe zu rufen. Der kalte Schweiß ließ ihre Haut glänzen. Ihre Glieder zuckten unkontrolliert, aber nur noch ganz schwach. Die Haut bebte. Währenddessen saß der Vogel da, knabberte frische Rosenblätter und Gurke, daß es nur so spritzte, und der Künstler murmelte: »Frißt dieses Viech wieder mein Stilleben auf? Hat es denn kein eigenes Futter?«

Als er keine Antwort erhielt, fuhr er fort: »Diesmal mag es angehen, aber das nächste Stilleben will ich für mich selbst, verdammt noch mal.«

Dann lockerte das Erdbeben langsam seinen Griff um die erlahmten Muskeln und die runzlige Haut des Modells, und es wurde ganz still. Der Vogel flog zu der Frau zurück, die jetzt auf dem Boden lag, setzte sich auf ihre Schulter, sang leidenschaftlich, und der Künstler merkte, daß die Pause nun wohl vorüber war. Der gelbe Fleck schien allerdings viel näher am Boden zu sein als noch zuvor. Doch da ihm sehr wohl bewußt war, wie schlecht er sah, meinte er, daß das Wenige, was er noch erkennen konnte, vor seinen Augen zusammengeschrumpft sei.

Also fuhr er fort zu malen, kniff die Augen in Richtung Podium zusammen und tat so, als würde er die Maße abnehmen. Im starken Lampenlicht sah er das entstehende Bild recht deutlich. Es stellte ein junges Mädchen mit kastanienbraunem Haar und einer geschmeidigen, fast elastischen Haut über einem drahtigen Körper dar. Sie sah aus, als werde sie jeden Moment mit einem hohen Satz aus dem Bild springen, um sich direkt von den Armen des Betrachters auffangen zu lassen. Auf der Schulter hatte sie einen verschwommenen gelben Fleck.

EVA-MARIE LIFFNER
Erskines Mischung

Sie begann mit einem langen, trockenen Frost. Die Kälte 1886. Den Winter der klirrenden Kälte nannte man ihn später, weil die strengen Minusgrade das Holz der alten Bruchbuden in Haga zum Knacken und Knarren brachten wie im Polareis festgefrorene Schiffe. Eine flügellahme Flotte von Holzschiffen sehr unterschiedlicher Beschaffenheit und Qualität.

Die Stadt war wie gelähmt vor Kälte, an den Kais lagen reglos wartend die Handelsschiffe aufgereiht, die Wanten vom Frost wie Klaviersaiten gestimmt, die Segel eingerollt, gekrümmten Vogelflügeln gleich. Das Eis auf dem Meer wimmerte und krachte bis hinaus zu den Wingaschären. Sein Bersten klang die Kais entlang, und es klirrte gegen die kantigen Brückenpfeiler an den Kanälen. Die Wellen gefroren mitten in einer Bewegung, einer erstarrten Dünung, und Dinge, die ins Wasser gefallen waren – ein Handschuh, eine Knopflochrose oder auch eine Visitenkarte –, boten sich den Passanten eingefroren zur allgemeinen Betrachtung dar. Wie eine dicke Haut lag Anfang Dezember auf allem der Rauhreif, die Feuchtigkeit kroch vom Hafen herauf, tastete sich mit weißen Eiskristallzungen über die rutschigen Pflastersteine des Järntorget, Ecke Landvägsgatan, an der Bierstube Tullen vorbei und schlüpfte schließlich nach Haga hinein, um dort mit glattem, knochigem Griff die käsige, blaugefrorene Bevölkerung zu umklammern. Die Leute froren, daß ihnen die Zähne klapperten. Sie mummelten sich ein und liefen als unförmige, mit Wolle und Baumwollschals verschnürte Klumpen umher, den Atem als Dampfwolken vor dem Mund. Ausnahmsweise waren die Bewohner von Haga froh darüber, beengt zu wohnen, und sie drängten sich auf Ausziehbänken und an den Schächten der Kachelöfen zusammen, um die Wärme zu halten. Kopf an Fuß oder die Arme zärtlich umeinandergeschlungen. Die Nase an einem ungewaschenen Nacken oder einer Drosselgrube. Und man blieb gefährlich lange im Haus, bevor man endlich über den Hof zu den Aborthäuschen rutschte, um sich über einer langen, zugigen Reihe von Löchern eine qualvolle Weile lang den Hintern zu erfrieren. Die Scharen fetter Hofratten hatten sich bei der strengen Kälte, einer wachsamen Armee auf dem Rückzug gleich, woandershin verzogen, so hatte der Frost auch sein Gutes.

Am Tag vor Heiligabend kam der Schnee. Zwei Tage lang fiel er auf die Stadt und breitete Stille über Straßen, Gassen und Plätze. Die Gaslichter fochten mit dem weißen Schneegestöber einen ungleichen Kampf, glichen flackernden Leuchtfeuern in einer Welt aus weißer Watte. Es fiel Schnee, doch das Wetter wurde deswegen nicht milder, vielmehr schossen die Flocken wie kleine, harte Körner herab, so als wäre einer höheren Macht plötzlich eingefallen, irgendwo weit dort oben einen gewaltigen Eisboden zu fegen und zu putzen, an diesem Tag vor dem Weihnachtsabend. Die Flocken waren lähmend kalt im Gesicht und an den Händen jener, die gezwungen waren, bei diesem Unwetter aus dem Haus zu gehen. Mauritz Theodor Bolt war einer von ihnen.

Bolt wohnte in der Kaponjärgatan 7, in einer geräumigen Zweizimmerwohnung im obersten Stock eines Hauses, auf dessen Grundstück einst das Wirtshaus Gula Brickan gestanden hatte, ein gutbesuchtes Lokal, das in der Erinnerung der ganz alten Bewohner von Haga noch fortlebte. (Manche meinten sogar, der alte Kaponjärgraben sei mit zerbrochenen Tonkrügen von der verkleckstern Theke des Wirtshauses aufgefüllt worden, aber das war nur ein Gerücht.) Von dort brauchte Bolt bloß schräg über die Haga Nygatan zu gehen, dem Erbrochenen der betrunkenen Knechte der Askims-

und Fässbergsbauern auszuweichen, sich einen Weg durch den steten Strom von Frauen zu bahnen, die – der schaukelnden Reihe praller Schwimmer an einer Angelschnur gleich – zum Markt in der Stadt unterwegs waren, die Nygatan ein Stück entlangzugehen und dann scharf nach links in die Husargatan einzubiegen – das Wirtshaus Dampen war ein weiteres fröhliches und lautes Lokal am Weg –, um zu seinem Schreibpult im Polizeirevier von Haga zu gelangen, wo Mauritz Theodor Bolt erster Polizeikommissar war. Dorthin war er an diesem Abend jedoch gar nicht unterwegs.

Bolt vergrub das Kinn im Mantelkragen, aber die spitzen Eisflocken drangen trotzdem ein, wodurch die Wolle auf der Haut rauh und kratzig wurde. Er drückte den runden Bowler fest auf den Kopf. Die Melone fühlte sich weich an. Sie müßte erwärmt und frisch gepreßt werden. An diesem Abend hatte es aufgefrischt, ausgerechnet am Heiligen Abend. Alle Fenster waren erleuchtet, und unter dem wallenden weißen Festgewand des Schnees war die Armut in den alten Bruchbuden nicht zu sehen. In verschnörkelten Blütenmustern zeichnete die Kälte Rosen auf die feuchten Scheiben und kniff abschätzend in die vergilbte Baumwollwatte am Grund der Fensterrahmen. Aus jedem Schornstein quoll Rauch: Heute abend würde es an nichts fehlen, man würde heizen, alles durchwärmen. Koks und Kohlen. Natürlich nur diejenigen, die es sich leisten konnten. Bolt lugte im Vorbeigehen verstohlen in die eine oder andere Wohnung. Ein Papierengel schwebte in einem Fenster und drehte sich in der warmen Luft, seine feinen Flügel warfen einen Schatten auf die Schneewehe draußen. Man mußte sich in dieser Weihnachtsnacht vor einer Feuersbrunst in acht nehmen.

Von irgendwoher konnte er das schwache Schellengeläut eines Schlittens hören. Das Geräusch klirrte spröd durch die Kälte. Die wohlhabenden Familien aus der Nya Allén statteten einander einen Festtagsbesuch ab. Manchmal machten sie auch eine Fahrt durch Haga, die Landsvägsgatan hinauf und weiter zu den weiten Wiesen des Slottsskogen, und die Kufen schnitten wie pfeilschnelle silberne Ranken durch den Schnee. Nun konnte er sie hören, die Stimmen, die scharf wie leichte Federbälle über ein Netz aufeinander zuflogen. Wachsam beobachten und vielleicht fangen... Zum Zeitvertreib. Das tat auch er, doch für ihn war dieser Zeitvertreib ernster.

Mauritz Bolt drückte das Kinn noch mehr nach unten, um die Geräusche abzuwehren. Er mußte sich konzentrieren. Er war an diesem Abend zu Madame Gustavsson in der Bergsgatan unterwegs, ganz in der Nähe seiner Wohnung, doch durch den tiefen Schnee zu stapfen war mühsam. In seinem Kinn- und Schnauzbart bildeten sich Eisklümpchen, das Atmen schmerzte. Er sollte keine Cubazigarren mehr rauchen. Madame Gustavsson vermietete schlichte Zimmer an Seeleute, doch an diesem Heiligen Abend lag sie steif und kalt auf ihrem Dachboden.

Er schwenkte um die Ecke in die Frigångsgatan, der Wind versetzte ihm eine eisigkalte Backpfeife. Ihm tränten die Augen, und er wäre beinahe ausgerutscht, wie ein Walroß auf der eisglatten Straße gestrandet. Es war keine Menschenseele zu sehen. Er hielt sich dicht an den Hauswänden, fürchtete auf einmal, sich in dieser hölzernen Stadt, die er wie seine Westentasche kannte, zu verlaufen. Er bog nach links ab und arbeitete sich den Hang zur Bergsgatan hinauf. Der Wind kam jetzt von hinten, schubste ihn aufmunternd an, und Bolt rannte fast bergauf. Risåsen und Skansen waren im Schneegestöber verschwunden. Ebenso die elende Bruchbude am Fuß des Berges, zwischen deren schiefen Wänden sieben kinderreiche Familien miteinander auskommen mußten. Er blinzelte durch das Schneegestöber. Am Giebel dieses Hauses hatte der Wind Schneewehen aufgetürmt, als wolle er ihn verstagen. Dort leuchtete kein Licht in den Fenstern.

Dann stand er unversehens vor Madame Gustavssons Haustür. Nummer 16. Albert Croona wartete im Eingang, eine mächtige Gestalt, die plötzlich mit einer schwingenden Sturmlaterne in der Hand aus dem Dunkel trat. Ihr Licht wurde von den Schneeflocken in einem Wirbel greller Reflexe eingefangen. Der Wachtmeister stellte die Laterne ab und salutierte lässig. Den Säbel hatte er umgeschnallt, nicht aber die Pickelhaube aufgesetzt. Statt dessen hatte sich Croona eine handgestrickte dicke Wollmütze über das borstige Haar gestülpt. Mauritz Bolt, der seine Ohren nicht mehr spürte, gab ihm recht, auch wenn die Wollmütze gegen die Dienstvorschriften verstieß.

»Kalter Abend, Herr Kommissar«, sagte Croona.

Bolt antwortete nicht, nickte lediglich und tippte mit der Hand an seine Hutkrempe. Sogleich fiel der ganze Schnee von dem schmalen Filzrand nieder. Bolt spürte auch seine Finger nicht mehr.

»Sie ist ganz oben, Herr Kommissar«, sagte Croona. »Auf dem Trockenboden.«

Eine schmale Treppe führte steil nach oben. Zwei Stockwerke und dann der Trockenboden, der sich über das ganze Haus erstreckte. Das letzte Stück konnte man nur auf einer wackeligen Leiter erklimmen. Gaslicht in Wandleuchtern aus gefrostetem Glas, Madame Gustavsson hatte nicht gegeizt. Bei dieser Kälte hängte wohl niemand Wäsche auf, dennoch konnte Bolt undeutlich die Schatten riesiger Tücher ausmachen, als er auf dem obersten Treppenabsatz stand. Kurz und stoßweise atmend. Trotzdem verlangte ihn nach seinen Zigarren. Der Schnee auf seiner Kleidung schmolz zu Rinnsalen, und Bolt begann in seinem dicken Wollmantel zu schwitzen. Der junge Fleming wartete, nervös auf der schmalen Treppenstufe balancierend, gleich vor der Tür.

»Guten Abend«, sagte Bolt und lächelte den Jungen freundlich an. Sein Gesicht spannte noch immer von der Kälte. Außerdem tropfte es von seinem Bart. Der junge

Fleming errötete und salutierte formvollendet. Bolt nickte aufmunternd und trat an dem Jungen vorbei in den Bodenraum.

Der Dachboden hing voller Segel. Lieken in allen Größen und Qualitäten. Bolt wußte, daß sie alle einen Namen hatten, bis hin zum letzten Lappen, doch er kannte sie nicht. Großsegel, Besan und Flying jib – die waren ihm geläufig. Um hier zu navigieren, half dieses Wissen allerdings nicht. Segel, an trockenem Land gestrandet. Vorsichtig berührte er das rauhe Kanvasgewebe, es war steifgefroren wie ein Brett. Der Haken in der Wand knarzte leise unter dem Gewicht der Leine. Madame Gustavsson hatte einen Bruder, der Steuermann an Bord der Brigantine »Huldran« war. Sicherlich war dies das Segelzeug der »Huldran«. Der Dachboden roch nach salzigem Meer, nach Teer und ganz schwach nach Schimmel.

Bolt sah sich um, denn er wollte sich einen Überblick verschaffen. Die Segel zwängten ihn in schmale Kanäle, begrenzten seine Sicht. Hier galt es, genau zu peilen. Seine Hand hatte die Leine der mittleren Sektion in leichte Schwingungen versetzt. Der Stoff glich eher Blech als Baumwolle, und Bolt stellte sich vor, daß es hohl klänge, falls er daran klopfte. Er nahm eine Bewegung hinter sich wahr und wäre beinahe mit dem jungen Fleming kollidiert. Das Gesicht des Jungen war rot wie ein frisch gekochter Hummer. Er stotterte leicht.

»Sie liegt ganz hinten, vor der Wand«, sagte der Junge. Bolt nickte und schritt entschlossen aus. Staub stieg aus den Fugen der Dielenbretter und brachte ihn fast zum Niesen. Im hintersten Winkel vor der Wand lag tatsächlich, mit hochgeschlagenen Röcken, Madame Gustavsson. Bolt sah nach oben, genau so, wie die Frau es zu tun schien. Direkt über ihnen befanden sich ein Dachfenster und eine Leiter, die Scheibe war von einer dicken Schneeschicht bedeckt. Andernfalls hätte er den Sternenhimmel sehen können. Womöglich war Madame Gustavsson gefallen und hatte sich das Genick gebrochen?

Er näherte sich der Leiche mit einem gewissen Zögern. Das machte er immer so, er wollte den Toten einen Augenblick Zeit geben, zu sich zu kommen. Eine Atempause. Davon hatte er nie jemandem erzählt, nicht einmal seinem guten Freund, dem Zollkontrolleur Arthur Elliot, bei einer ihrer Damepartien im Dampen. Das Gesicht der Frau konnte er nicht erkennen, das Licht – eine schwache, zischende Gasflamme hoch über ihm – war zu schlecht.

»Holen Sie eine Laterne!« rief er Fleming zu, und er hörte den Jungen die Treppe hinunterpoltern. Stets dienstbeflissen. Das würde sich bald geben, wenn er mit den anderen Männern ins Dampen ginge, um einen zu heben. Croona wurde launisch wie ein junges Mädchen, wenn er seinen Schnaps nicht bekam. Bolt wartete geduldig. Weder er noch die tote Frau mußten an diesem Heiligen Abend irgendwohin.

Nach einer Weile kam der Junge mit Croonas Sturmlaterne zurück. Jetzt blieb dem bärbeißigen Kerl da unten nichts anderes übrig, als im Dunkeln zu warten. Hatte Madame Gustavsson denn keine Kerzen und Zündhölzer im Haus? Doch Bolt nahm die Laterne in Empfang, ohne dem Jungen Vorwürfe zu machen. Es durfte übrigens nichts berührt werden, das hatte er in einer Vorlesung gelernt, die im vergangenen Herbst ein Mr. Ingersoll von Scotland Yard gehalten hatte. Als erstes mußte der Tatort gesichert werden. Nun denn, er würde mit der Frau beginnen.

Bolt zog seinen nassen Mantel aus und reichte ihn dem jungen Fleming. Dann ging er neben der Leiche vorsichtig in die Hocke. Die Augen der Frau waren weit geöffnet und mit einem gräulichen Film überzogen. Es dauerte eine Weile, bis er begriff, daß es sich dabei um Staub handelte. Der Dachboden war sicher ein Zufluchtsort für Mäuse und Ratten, die an den Wänden entlangliefen und Spreu und Schmutz auf den Fußboden fegten. Die Kälte trieb sie ins Haus. Der Mund der Frau war ebenfalls leicht geöffnet, und Bolt entdeckte eingetrockneten Schaum in ihren Mundwinkeln. Unter dem Kinn saß ein einsames Barthaar, und er mußte sich beherrschen, es nicht auszureißen. Hatte sie der Schlag getroffen? Hatte ihr Herz versagt?

Bolts Vater hatte seinerzeit mehr als zwei Stunden hergerichtet werden müssen, ehe man ihn ohne Unbehagen anschauen konnte. Im offenen Sarg, weil seine Mutter das partout so haben wollte. Er schätzte Madame Gustavsson ... wie hieß sie mit Taufnamen ... das mußte er noch fragen ... auf gut fünfzig Jahre. Dreiundfünfzig. Sein eigenes Alter. Das Herz konnte schon bei jüngeren Menschen schwach sein. Ein Ticken, das plötzlich aufhörte. Ihr Hals war runzlig und ihr schwarzes Haar mit viel Grau durchsetzt. Die Nase war bereits eingesunken und glich einem Vogelschnabel. Aber so veränderten Leichen sich nun einmal. Den Zeitpunkt des Todes mußte ein Arzt zu bestimmen versuchen.

Bolt beugte sich vor, sah genauer hin. Unter der spitzen Nase war ein braunschwarzer Schatten, ein Pulver? Er wiederholte die Worte bei sich: Auf der Oberlippe der Verstorbenen befand sich ein braunschwarzes Pulver. Aufschreiben mußte er seine Notizen später. Behutsam nahm er mit dem Zipfel eines Taschentuchs ein paar Körnchen auf, schnüffelte vorsichtig daran. Tabak. Er kramte in seiner Hosentasche, bekam ein Stück Papier zu fassen, eine Wirtshausrechnung, die er geschickt zu einem Tütchen formte, und mit dem kleinen Marderhaarpinsel, den er stets in seiner Westentasche trug, fegte er sorgfältig die Tabakkörnchen in das papierene Rund. Falzte es ordentlich wie ein Bonbontütchen. Ihm ging durch den Kopf, daß diese leichte Berührung sie zum Niesen gebracht hätte, wenn sie noch am Leben gewesen wäre. Bolt ließ das Papiertütchen in seiner Westentasche verschwinden. Er beugte sich abermals über die Frau, schnupperte abermals vorsichtig an ihrem Gesicht. Ein schwacher, bitterer Geruch. Flüchtig, aber vorhanden ...

Die Sturmlaterne warf unruhige Schatten über die Bretterwand, als er versehentlich dagegenstieß. Das Petroleum schwappte. Er ließ den Blick weiter über den Körper der Frau schweifen. Notieren Sie alles, hatte Mr. Ingersoll gesagt. Die weiße Bluse ein klein wenig verschmutzt, aber das rührte bestimmt von den Mäusen her. Alle Knöpfe geschlossen. Eine Brosche am Halsbündchen, ein silbernes Blatt, oxidiert, selten getragen. Ein schwarzes Tuch, das ihr von den Schultern geglitten war. Er befühlte den Stoff: gute Qualität. Eine hübsche kleine Schmuckuhr am Busen. Das Gehäuse aus ziseliertem Silber. Rosenranken. Er dachte an das Gerücht, daß Madame Gustavsson Geld beiseite gelegt habe. Daß sie wohlhabend sei. Sie war nicht beraubt worden. Er notierte wieder in sein Gedächtnisbuch. Die Zeiger auf dem Zifferblatt waren um sieben Uhr stehengeblieben. Die Röcke so in Unordnung, als hätte sie in einer warmen Sommernacht das Deckbett von sich gestrampelt. Darunter eine saubere weiße Unterhose. Auf dem Trockenboden war es stickig, die Luft schien zu stehen, trotz des heulenden Wintersturms draußen. Madame Gustavsson hatte es sich jedenfalls leisten können, ihre Kachelöfen zu heizen.

Wie einen grob behauenen Pfeiler konnte Bolt den Schornstein an der Wand ausmachen, ein regloser Riese, der sich lässig an die gespundeten Bretter lehnte. Bolts Blick wanderte weiter über die Leiche, und er ging im Geiste das Protokoll durch, das er schreiben mußte: Schwarze Schnallenschuhe für den Hausgebrauch, der Beschlag eine schwarze Perle, glänzend wie das Auge einer Taube, die Ledersohle abgenutzt, aber nicht von Pflastersteinen verkratzt. Ein Schlüsselbund an einem schmalen braunen Ledergürtel. Fünf Schlüssel. Die einfachen Bärte ähneln einander. Die Schlüssel zu den Untermietzimmern? Ich probiere alle fünf Schlüssel, und es zeigt sich, daß ein jeder in sein Schloß paßt. Sämtliche Zimmer erweisen sich als leer. Sauber und gründlich geputzt, schlicht möbliert.

Die Frau hatte die Fäuste über dem Bauch fest geballt, sie

waren steif, als wären sie aus Holz oder Marmor. Die Nägel konnte er nicht sehen, man würde die Finger dann aufbrechen müssen. Ein Bruch mal zehn. Dieses Geräusch wollte er nicht hören. Er wandte sich erneut an den jungen Fleming.

»Hat das Gaslicht gebrannt, als man sie gefunden hat?«

Fleming nickte energisch. Die Ohren feuerrot. Genau darauf bedacht, alles richtig zu machen.

»Und wo ist das Mädchen, das sie gefunden hat?«

»Fanny? Unten in der Küche bei ihrer Mutter.«

Am späten Nachmittag des zweiten Weihnachtsfeiertages stellte Mauritz Bolt eine Kanne Glögg zum Warmhalten an die Kachelofentür. Es war alles gut vorbereitet für den Besuch seines Freundes Elliot. Zerstoßener Hutzucker in einer Schale, die schottischen Haferkekse, die der Freund so gern mochte, auf einem blaugemusterten Teller, die Zigarren, vor der Ofenwärme geschützt, ordentlich im Humidor verwahrt, das Damebrett mit seinen abgenutzten Spielsteinen auf dem Tischchen neben dem Bücherregal. Das Spiel stammte eigentlich aus dem Gula Brickan, wo die vergilbten Elfenbeinsteine sicherlich abertausende Male auf die Holzplatte geknallt worden waren. Etliche hatten tiefe Risse davongetragen. Bolt dachte an die gewaltigen Tiere, die ihre Stoßzähne einst voller Stolz getragen hatten. In Indien vielleicht... oder in Afrika. Er nahm einen der glatten Steine in die Hand, schnupperte vorsichtig daran, aber dieses Dingelchen roch lediglich nach Tabak und Alter – ganz wie er selbst.

Punkt vier Uhr klopfte es an der Tür, und draußen stand Arthur Elliot in seinem flohzerbissenen Schafspelz über dem Sonntagsanzug, das blasse, magere Gesicht wie üblich müde vor Unruhe. Bolt schob ihn sogleich in die Ofenwärme. Arthur Elliot wohnte in einem heruntergekommenen, zugigen alten Kasten in der Käkbensgatan in Majorna, zusammen mit fünf Kindern und einer kränklichen Frau, die er von einem mageren Staatsbeamtengehalt versorgen mußte. Die

Spielpartien mit Bolt, entweder in der Kaponjärgatan oder im Dampen, waren seine einzige Atempause in der Rackerei mit klarierten Schiffen und engen Lastluken.

Es hatte zu schneien aufgehört, und ungewöhnlicherweise blieb der Schnee in der Hafenstadt liegen, bildete hohe Schlittenwälle entlang der Nya Allén, eisige Rodelhügel an den Hängen des Risåsen, Schnee, der bereits von Pferdeäpfeln, Urin und Tausenden von Fußspuren angefressen war, die kreuz und quer über das Skanstorget führten. Die Kinder schlitterten auf allem herum, was ihnen in die Hände fiel, auf Bretterteilen, Blechscheiben und dem einen oder anderen pfeilschnellen Rodelschlitten. Bolt konnte sie durch die Fenster seiner Wohnung schreien und lachen hören. Die Kinder wurden in Haga geliebt und gehaßt, sie waren ein Unglück für eine unverheiratete junge Frau und ein Glück für die Alte, die von ihrem ältesten Sohn einen Sack Brennholz, von der erwachsenen Tochter eine Portion Bohnenkaffee bekam. Eben so, wie es bei armen Leuten schon immer war.

Bolt stellte die Gläser auf den Tisch und nötigte Elliot, sich in den Polstersessel zu setzen. Er selbst setzte sich auf den Mahagonilehnstuhl seines Vaters – wie immer, wenn er und Elliot zu einer Partie zusammenkamen. Jede Kerbe im Holz war seinen Fingerspitzen vertraut. Die alten Damespielsteine mußten allerdings noch warten, denn zuerst wollten die beiden Herren ein Weilchen plaudern. Bolt öffnete die Ofentüren einen Spalt, so daß sie das Holz knakken hören konnten. Er hatte noch keine Lampe angezündet, sondern den Raum im Halbdämmer belassen, allein vom Kaminfeuer und vom Schnee draußen erhellt. Dies war der Moment für Vertraulichkeiten und Geheimnisse, die nicht unbedingt seine eigenen waren.

»Du hast bestimmt von Madame Gustavsson gehört«, sagte er, nachdem er dem Freund einen ordentlichen Schluck Glögg eingeschenkt hatte. »Wie sie gestorben ist?«

Arthur Elliot umfaßte das heiße Glas mit steifgefrorenen Fingern. Er war notgedrungen zu Fuß aus Majorna gekommen, da die Pferdebahn bei diesem Schnee nicht fahren konnte. Seine Hände fühlten sich taub an, als trüge er nach wie vor Handschuhe.

»Daß sie gestorben ist«, erwiderte er, »aber nicht, wie ... Es war dein Fall, richtig?«

Bolt nickte und trank einen Schluck Wein, seinen ersten. Zufrieden sah er, wie der Freund feierlich das Glas hob. Es war ein Wein der Marke »Heinrich der Seefahrer«, der beste Madeira, der in der Stadt für Geld zu haben war. Er wußte, Elliot würde ihn zu würdigen wissen.

»Am Heiligen Abend bin ich dorthin gegangen. Am ersten Weihnachtstag war das Geheimnis gelöst.« Er stellte sein Glas ab und nahm sich eine Zigarre, die er schon vorbereitet hatte. Das Deckblatt trocken, aber trotzdem elastisch unter den Fingerspitzen, genau so, wie es sein sollte. Elliot tastete in seiner Jackentasche nach der Pfeife, die ihm seine jüngste Tochter bereits gestopft hatte. Die beiden Herren strichen Zündhölzer an, steckten Zigarre und Pfeife an, rauchten eine Weile.

»Madame Gustavssons Taufname lautete Fanny, wußtest du das?« Elliot schüttelte den Kopf. Er war der Frau auf der Straße über den Weg gelaufen, hatte sie auf dem Markt einkaufen sehen, aber das war auch schon alles. Eine Frau, die nicht sonderlich auffiel. Dunkles, straff nach hinten gekämmtes Haar. Strenges Gesicht. Verschlossen.

»Eigentlich handelt die Geschichte von so einem.« Bolt nahm die halbleere Madeiraflasche aus dem Regal hinter sich und klopfte auf das Etikett.

»Einem Seefahrer?«

Bolt nickte.

»Als Fanny in den 1850er Jahren jung war und mit Nachnamen noch Berner hieß, begegnete sie einem schönen jungen Mann, verliebte sich, und nach einiger Zeit kam es, wie es eben so kommt: Ein Kind war unterwegs.« Bolt tat einen tiefen Zug an seiner Zigarre und betrachtete die graue Aschensäule, die langsam wuchs. »Sie hat es natürlich weggegeben. Ihr Vater besaß einen feinen Laden in der Östra Hamngatan, und je mehr Geld man hat, desto weniger kann man es sich bekanntlich leisten, sich um uneheliche Kinder zu kümmern. Das ist das Gesetz der Paradoxien.« Bolt lächelte.

»Der junge Mann fuhr wieder zur See und verschwand spurlos, bevor das Kind geboren wurde. Zumindest glaubte die junge Fanny das.«

Bolt erhob sich, um die beiden Petroleumlampen anzuzünden. Das Zimmer lag jetzt fast im Dunkeln. Arthur Elliot füllte erneut ihre Gläser, auf deren Grund diesmal ein kantiges Stück Zucker lag. Draußen vor den Fenstern hatte es wieder zu schneien begonnen: große, pappige Flocken, die langsam die Scheiben hinunterglitten. Es wurde milder. Bald würden die Schiffe den Hafen verlassen können.

»Wir schreiben also das Jahr 1853, und Fanny Berner ist zwanzig Jahre alt. Zwei Jahre später hat der alte Berner sein gesamtes Vermögen bei irgendwelchen mißglückten Spekulationen verloren. Rohrzucker war es, glaube ich. Sie waren also keine feine Familie mehr und mußten die Wohnung im Stadtzentrum aufgeben. Der Bruder fuhr zur See, die Eltern siechten dahin. Und Fanny wollte ihr Kind zurückhaben, konnte es aber nicht finden ...«

Bolt nahm abermals einen der abgegriffenen Spielsteine und wog ihn in der Hand. Er war leicht wie Luft, trotz seines Alters und seiner Bedeutung, die Oberseite war mit einem fein geschnittenen Muster verziert, ein durch Tausende von Berührungen blankgewetztes Bild. Er hatte noch nie so genau nachgesehen, was es eigentlich darstellte, jetzt erkannte er einen Tempel mit schlanken Türmen. Ein Luftschloß?

»Wie zieht die Dame doch gleich?« fragte er. Elliot zuckte die Schultern, verblüfft über die Frage des Freundes.

»Sowohl rückwärts als auch vorwärts und seitwärts.

Sie kann in beliebiger Richtung ziehen, genau wie ein Schlepper.«

»Zunächst aber ist es ein gewöhnlicher Spielstein, der sich dann verwandelt. So, wie aus Fanny Berner Madame Gustavsson wurde.«

»Und sie hat das Mädchen nie gefunden? Ihre Tochter?«

»Ja und nein. Nachdem ich die Leiche, so gut es eben ging, untersucht hatte, bin ich in die Küche hinuntergegangen. Vorher war ich aber noch die Leiter zum Dachfenster hinaufgestiegen und hatte festgestellt, daß der Haken ordentlich eingerastet war. Das Fenster ließ sich nicht bewegen, der Schnee draußen war kompakt wie eine Wand. Jedenfalls war es in den Stunden davor nicht geöffnet worden. Nicht, daß das viel besagt hätte, denn die Frau war mit Sicherheit schon eine Weile tot. Der arme Croona hatte seine liebe Mühe, die Leiche die steile Treppe hinunterzuwuchten. Ich nehme an, er hat sie schließlich in ein Stück Segeltuch eingeschlagen und mit Hilfe des jungen Fleming wie eine Planke gefiert. Zwischendurch hat Croona sich mit Schnaps gestärkt. Alte Frauen in Leichenstarre sind nicht seine Sache. Ich selbst trat in eine warme Küche, die nach allerhand weihnachtlichen Leckerbissen duftete.«

»Hast du nicht gesagt, daß sie den Heiligen Abend immer allein verbracht hat?«

»Das hatte mir der Koksmann erzählt. Zu diesem Fest aber erwartete sie fraglos Besuch.«

Mauritz Bolt trat in die Küche, Herdwärme schlug ihm entgegen. Sein Gesicht glühte. Die Küche lag im Dämmer, bis auf den schmalen Feuerstreifen, der hinter der Herdtür schimmerte, und den Schein einer brennenden Petroleumlampe auf dem weißgescheuerten Küchentisch. In der Mitte des Tisches stand eine Schüssel mit Schweinefüßen zum Abkühlen, der Sud erstarrte langsam zu weißen Klumpen in einem gräulichen Gelee. Auf der seimigen Oberfläche schwammen dunkelgrüne Kräuter nebst kleinen schwarzen

Gewürznelken. Neben den Schweinefüßen stand eine Porzellanschüssel mit eingelegtem fettem Islandhering, dessen scharfer Essiggeruch mit dem Duft des Schweinefleisches um die Vorherrschaft im Raum wetteiferte.

Die satten Gerüche machten Bolt hungrig. Er wurde sich abermals bewußt, daß er allein war, und das am Heiligen Abend, nicht einmal die alte Frau war allein gewesen. Er war beinahe dankbar, daß sie tot war. Das wies ihm eine Rolle zu. Sowie dieser Gedanke auftauchte, verscheuchte er ihn. Mit aufgesperrten Nasenlöchern sog er die Gerüche ein. Er mußte wieder an den Geruch denken, den er über dem Gesicht der Frau wahrgenommen hatte. Bitter, nicht sauer wie Essig.

Auf dem Herd köchelte eine Kasserolle mit Hafergrütze, und neben dem Herd stand eine Frau und rührte mit einem Kochlöffel in dem Topf. »Foff, paff«, tönte es aus dem klebrigen Brei, wie langgezogene Seufzer aus der Brust einer müden alten Frau. Ihrer Figur – nicht mehr jungmädchenhaft schlank –, dem halb abgewandten Gesicht und dem dicken, glänzenden rotblonden Haar nach zu urteilen, das sie zu einem kleinen, nachlässigen Knoten aufgesteckt hatte, war die Frau in den Dreißigern. Sie mußte ihn kommen gehört haben, dennoch drehte sie sich nicht um. Bolt räusperte sich.

»Ich würde Ihnen gern ein paar Fragen stellen, wenn Sie Zeit haben«, sagte er. Die Frau rührte weiter in der Grütze, als hätte sie ihn gar nicht gehört. Croona hatte ihm erzählt, die Frau heiße Karna Berg und sei Witwe.

»Fragen Sie nur«, sagte sie. Ihr Tonfall verriet etwas anderes. Trotz?

»Sie haben die Leiche gefunden?«

»Meine Tochter. Sie ist erst sieben. Sie hat Angst bekommen. Ich habe sie nach Hause geschickt, zu einer Nachbarin.«

»Heißt Ihre Tochter Fanny?« Endlich hörte das Gerühre auf. Sie strich den Kochlöffel umständlich am Topfrand ab und legte ihn auf den Spültisch. Dann drehte sie sich zum erstenmal um und sah ihn an. Im Dunkeln konnte er ihr Gesicht nicht genau erkennen. Ein undeutliches Oval. Ein schöner, zarter Hals.

»Ja«, antwortete sie, »nach meiner Mutter, der ich nie begegnet bin.« Sie strich sich das Haar aus der Stirn und steckte eine Locke hinters Ohr, weil ihr warm war oder weil sie müde war oder vielleicht beides, eine diskrete Bewegung, privat, so als befände sie sich in einem ganz und gar eigenen Raum. Auf ihn wirkte diese Geste merkwürdig anziehend. Falls sie die Frau getötet hatte, dann nicht um des Geldes willen. Dann wäre sie nicht mehr hier. Auch sonst kaum.

»Sie arbeiten für Madame Gustavsson?«

»Nur heute. Ich bin hierher eingeladen worden. Ich und meine Tochter. Um zu kochen und zusammen mit Madame Gustavsson zu essen.«

»Fanden Sie einen solchen Vorschlag nicht ein wenig merkwürdig?«

»Ich habe sie manchmal auf dem Markt gesehen. Sie hatte wohl Geld. Da glauben die Leute, sie könnten mit dem gemeinen Volk nach Belieben umspringen. Wie mit Spielzeug. Im übrigen müssen wir etwas essen, und sie war allein im Haus.«

»Das wußten Sie?«

»Das stand in dem Brief, den ich erhalten habe. Ich solle am Morgen des Heiligen Abends einfach ins Haus gehen, der Schlüssel liege unter einem Stein der Treppe, die Zutaten befänden sich in der Speisekammer, und ich solle ein gutes Weihnachtsessen zubereiten. Das habe ich getan... Ich habe gedacht, daß niemand zu Hause sei. Daß sie später heimkäme. Schließlich ist Fanny suchend herumgelaufen und...«

Sie erhob jetzt die Stimme, aus unverhohlenem Trotz und womöglich aus Angst. Abermals diese Geste mit der Haarlocke hinterm Ohr. Bolt merkte, daß er sie anstarrte. Erfüllt von einem Gefühl, das er für tot gehalten hatte. Er wandte den Blick ab, fummelte in der Tasche an seinem Notizbuch herum, seine Finger streiften das Papiertütchen mit dem Tabak. Er schwitzte wieder, spürte, daß seine Stirn glänzte.

»Haben Sie den Brief noch?«

Die Frage zwang sie ins Licht, und Bolt atmete tief ein, als er ihr Gesicht sah. Blaß wie eine Kamee. Über der einen Augenbraue verlief eine feine weiße Narbe, wie ein Sprung in Porzellan. Er fand sie sehr schön. Den Brief verwahrte sie in der Bluse. Diese war verschlissen, aber sauber. Er nahm das Blatt entgegen, spürte dabei ihre Körperwärme, roch ihren Duft. Er widerstand der Lust, sich das Blatt an die Nase zu halten.

Es war ein kurzgefaßter Brief, der keine Erklärungen lieferte. Er sagte lediglich das aus, was Karna schon erzählt hatte, nicht mehr und nicht weniger. Womöglich handelte es sich um die Laune einer einsamen Frau, die Gesellschaft haben wollte und die es sich leisten konnte, diese zu erkaufen. Warum aber hatte sie ausgerechnet Karna und ihre Tochter ausgewählt? Bolt sah sich in der Küche um. Auf einem Bord stand eine weitere gefüllte Petroleumlampe, er nahm sie herunter, hob das Glas hoch und zündete den Docht an. Karna verfolgte seine Bewegungen mit unruhiger Miene. Die Flamme loderte auf, und er drehte den Docht herunter, bis sie ruhig wurde.

Die Küche war sauber und schmuck, und ganz oben in einem Schrank stand eine Reihe blauschimmerndes ostindisches Porzellan. Bolt mußte auf einen der Sprossenstühle steigen, um es beleuchten zu können. Ein Drache mit krummem Rücken tanzte rings um das eierschalenspröde Geschirr. Niedliche Täßchen ohne Henkel, manche mit häßlichen braunen Sprüngen in der Glasur. Vielleicht hatte sie sie deshalb behalten. Die letzten Reste aus dem Bernerschen Heim. Andere Reichtümer waren ihm in dem Haus nicht aufgefalllen.

Bolt fand das zweite Kuvert im Haushaltsbuch, gut sichtbar für jemanden, der Augen im Kopf hat… für einen wie ihn. Er hatte das seltsame Gefühl, daß der Brief regelrecht an ihn gerichtet war. Der Brief war auch mit einem Stempel versehen, dem Bild eines weitgeöffneten Auges.

Mauritz Bolt verstummte. Elliot lehnte sich im Polstersessel zurück, sog an seiner Pfeife, die mittlerweile erloschen war. Das Mundstück gab leise wimmernde, blubbernde Geräusche von sich. Die Pfeife hatte einen Sprung. Es war Zeit, daß er sich eine neue kaufte, sofern er sich das leisten konnte. Er betrachtete seinen Freund.

»Du hast den Brief natürlich sofort gelesen?«

»Nein, ich habe ihn eingesteckt. Eigentlich wollte ich seinen Inhalt kennen, bevor ich wieder mit Karna sprach. Um zu wissen, in welche Richtung ich ermitteln müßte ... Sie bot mir eine Tasse Tee an, und wir plauderten etwa eine Stunde. Sie war aufgewühlt und mußte reden.«

Der Freund lächelte. »Und du hast sie schön gefunden.«

»Sehr schön ...«, bestätigte Bolt. Er trat an die Kachelofentür, legte Spaltholz nach und benutzte einen weiteren Span, um die Tür zuzuschieben – diesmal fast ganz, er ließ sie nur einen kleinen Spalt breit offen für den Abzug. Sein Gesicht glühte. Von der Ofenhitze natürlich.

»Gedenkst du zu erzählen, was die Frau geschrieben hat?« Elliot beugte sich vor. Er war das plötzliche Verstummen des Freundes gewohnt.

»Ich sammle mich gerade dafür«, erwiderte Bolt. Er setzte sich, streckte seine Beine in den karierten Hosen aus, zog seine Weste glatt. Strich vorsichtig über den strammen Cheviot. Noch hatte er keinen nennenswerten Bauch. Schließlich entzündete er ein Streichholz, steckte erneut seine erloschene Zigarre an und nahm seine Erzählung wieder auf.

Der Abend ist weit fortgeschritten, als Elliot sich auf den Heimweg macht. Die Kälte ist einer sanften Milde in der Luft gewichen, und er atmet mit tiefen Zügen die Abendfeuchte ein. Es platscht, es tropft, es taut wie immer in der Stadt. Jeder Schritt ein patschendes Geräusch, wenn der Stiefel das Schmelzwasser aus dem weichen Schnee preßt. Als er zur Landsvägsgatan kommt und die alten Bruchbuden in Haga hinter sich läßt, bemerkt er eine tätige Unruhe, eine Spannung auf den Straßen, die zum Hafen führen. Leute rutschen und schlittern durch die Gassen und aus Toreinfahrten, balancieren Werkzeug auf den Schultern. Äxte und Spaten, Hacken und Sägen. Bei Tauwetter kann man durchs Eis kommen, und die Schiffe, die lange festgefroren am Kai gelegen haben, können das offene Wasser erreichen. Es spielt keine Rolle, ob es mitten in der Nacht ist, Reeder und Besatzungen haben ausnahmsweise ein gemeinsames Interesse: endlich aufs offene Meer hinauszufahren.

Elliot geht vorsichtig am Rand des Kais entlang, sieht die Besatzung des Schoners »Miséricorde« einen Mann aufs Eis fieren, der sich dann vorsichtig wie ein Seiltänzer auf einem Preßeisgürtel bewegt, auf dem es sich so lange balancieren läßt, bis das Brackwasser des Göta Älv das Eis zu einer dünnen grauen Schicht abgewetzt hat. Aufgepaßt! Jetzt würde er gleich an dem Ast sägen, auf dem er sitzt. Der Zollkontrolleur bleibt stehen, betrachtet das Schauspiel und denkt unterdessen an Bolts Erzählung.

Die alte Gustavsson war mit ihrer Tochter und Enkelin im Haus gestorben … oder möglicherweise kurz vorher. Zwei Monate vor Weihnachten hatte sie einen Brief erhalten, vom Chicagoer Büro der Pinkerton's Detective Agency – in schnörkeliger Schrift das Motto »We never sleep« im Briefkopf und darüber ein starr blickendes Auge. Die Dame zieht in alle Richtungen, das ist die Stärke dieses Spielsteins. Im Lauf der Zeit wurde die Jugendliebe zu einer fixen Idee, und sie wiederzufinden hieß, den Sinn des Lebens zu finden. Fanny wandte sich an Detektive. Sie vermutete, daß er nach Amerika gegangen sei. Pinkertons Antwort war vielversprechend. Man habe seinen Namen in einer der Listen des

Immigrationsbüros gefunden. Es sei gelungen, den Mann ausfindig zu machen – eine Meisterleistung in der rauchigen, lauten Industriestadt. Er sei freilich in der schwedischen Kirche als Laienprediger tätig, was die Suche erleichtert habe. (Pinkertons lassen sich nie auf Details ein ... Tricks of the Trade.) Er sei glücklich, daß man ihn gefunden habe, und wolle das erste Schiff in die Heimat nehmen.

Elliot beobachtet noch immer den Mann auf dem Eis. Seine Kameraden auf dem Schiff beugen sich über die Reling, erteilen lautstark Ratschläge und Anweisungen, wie die Arbeit eigentlich zu tun sei. Der Mann sägt unverdrossen weiter, rackert drauflos, als wäre er taub. Und das Eis knirscht und wimmert, als bestünde es aus Holz und knorrigen Astlöchern statt aus gefrorenem Flußwasser.

Madame Gustavsson wartete einen endlosen Monat. Sie wartete zwei. Die Dampfschiffe fuhren im Pendelverkehr über den Atlantik. Aus den Schornsteinen Rauch wie dicke, schwarze Roßhaarbüschel. Der weiße Rauhreif kam und blieb. Sie erkundigte sich nach einer geschickten Köchin, und ihr wurde Karna Berg genannt, eine Autodidaktin, aber mit unübertroffener Magie in den Fingerspitzen. Billig war sie obendrein. Ihr Töchterchen servierte, alles zum selben Fixpreis. Am Tag vor Heiligabend war alles vorbereitet. Wenn er nicht käme, dürften Karna und ihr Mädel helfen, das Essen zu vertilgen. Und mit all ihrer üppigen Herrlichkeit hatte die Speisekammer Horden von Ratten angelockt.

Jetzt passiert das, was nicht passieren darf: Der Mann plumpst mit einem dumpfen Aufschlag in die See. Über seinem Kopf schließen sich sofort die Eisschollen, wie ein Puzzle, das nur darauf gewartet hat, richtig gelegt zu werden. Er ist jedoch wie ein Lot mit einem an der Reling verknoteten Tau gesichert. Vielleicht entnimmt er in diesem Augenblick dem Grund des Flusses eine Probe – Schnecken,

Kupferbolzen, grüne Glasscherben –, einen ganzen Mundvoll Matsch. Man hievt und holt ihn wie einen klatschnassen Sack ein; die Säge ist auf Grund gegangen, aber der Mann lebt und spuckt Flußwasser wie ein Blauwal. Elliot kann ihn nun nicht mehr sehen.

Am Morgen vor dem Weihnachtsabend steigt Madame Gustavsson die zwölf Stufen zum Trockenboden hinauf. Klopfenden Herzens und mit kalten Händen. Von der geöffneten Dachluke aus kann sie ein kleines Stück des Hafens sehen, die vor Anker liegenden Schiffe bilden einen eckigen Wald aus Masten und Rahen, Tauen, Blöcken und Fallen. Sie steht fast eine Stunde so da, das Gesicht starr vor Kälte, die Hände blaugefrorene Krallen an der Lukenkante. Sie weiß, daß es Wahnsinn ist, aber sie kann es nicht lassen. Seevögel kreisen und segeln über ihrem Kopf, betrachten sie mit roten Steinaugen, die nie zu zwinkern scheinen. Um elf Uhr zieht sie das Dachfenster zu und klettert hinunter, nimmt sich eine Prise Tabak aus dem Fäßchen auf dem Dachboden und stirbt auf der Stelle.

Als der Schoner »Miséricorde« auf seinem Weg hinaus nach Winga die äußere Brücke bei Nya Varvet passiert, ist Arthur Elliot bereits zu Hause. Die Kinder schlafen, und der windschiefe alte Kasten verströmt Frieden und weihnachtliche Ruhe. Seiner klugen Frau gibt er Teile von Mauritz Bolts Erzählung wieder – von der Gefahr, eine Portion Tabak der Marke »Erskines Mischung« neben dem Rattengiftversteck des Koksmannes aufzubewahren. Olof Mattsson liefert Koks und Kohlen in die Bergsgatan 16. Auf dem Dachboden hat er einen Verschlag, in dem er manchmal schläft, wenn er den weiten Fußmarsch auf der Landstraße bis zu seinem Zuhause bei Ängås nicht mehr schafft. Während Elliot die Worte des Freundes wiedergibt, sieht er zugleich das gemütliche Zimmer in der Kaponjärgatan vor sich.

»Und der Brief?« fragte Elliot.

»Der war ungeöffnet, und er war am Morgen des Heiligen Abends von einem Boten gebracht worden. Pinkertons drückten darin ihr Bedauern aus, daß der Mann sich als Glücksritter erwiesen habe, bei näherer Befragung jedoch entlarvt worden sei. Der Verlobte war und blieb verschwunden. Womöglich war er tot. Und merkwürdigerweise hat ausgerechnet die Tochter die Nachricht entgegengenommen … Karna hat von Geschenken erzählt, die ihr die Großeltern mütterlicherseits geschickt hatten – vermutlich aus schlechtem Gewissen. Sie wußten die ganze Zeit über, wo sie war. Es gab keinen Zweifel, daß sie Fannys Tochter war, doch sie habe Madame Gustavsson nicht erkannt.

Nun, nachdem ich mit Karna Tee getrunken hatte, bin ich wieder auf den Dachboden gestiegen. Der Weihnachtsmorgen brach an, und bald würde man in der Hagakirche zur Christmette läuten. Ich hatte die Laterne dabei und leuchtete jeden Winkel aus. Die Segel hingen noch genauso starr und schwer da wie in der Nacht zuvor. In einer Ecke lag eine tote Ratte auf dem Rücken, alle viere von sich gestreckt. Die Holzfäßchen standen für jeden, der Augen im Kopf hat, gut sichtbar da. Zwei kleine Tonnen, fast völlig identisch. Beide mit dem Stempel und dem roten Lack von Axel Stibergs Tabakhandlung versehen: »Extra Prima Tabak, Erskines Mischung«. Der Kerl hatte dummerweise das Gift in ein altes Tabakfäßchen getan, und die gute Gustavsson hatte im Dunkeln wohl schlicht danebengegriffen. Es war noch eine ganze Menge Tabak in dem Fäßchen, deshalb stimmte der Geruch. Vielleicht hat sie auch nicht mehr ganz klar gedacht. Innerlich war sie wohl ein Mädel von zwanzig Jahren, so als wäre die Zeit nicht vergangen. Es ist eine bekannte Tatsache, daß die Unruhe des Herzens selbst den klarsten Verstand verdunkeln kann.«

»Aber nicht den deinen.«

Bolt erhob sich und ging im Zimmer umher. Er gestikulierte beim Reden. »Es ist lediglich eine Frage der Schlußfolgerungen. Die Fakten sorgfältig zusammenstellen und sie gegeneinander abwägen. Es war alles bereits hier drinnen.« Mauritz Bolt klopfte sich an die Stirn. Elliot kam sein Freund trotzdem ein wenig hitzig… und jünger vor. Bolt redete weiter. »Mr. Ingersoll hat das in seiner Vorlesung ›The Deducation of Crime‹ genauso ausgedrückt: Achten Sie auf alles!«

Und mit diesen klugen Worten räumten die beiden Herren den Tisch frei, holten das alte Damebrett hervor und begannen die erste Spielpartie dieses Abends.

ASTRID LINDGREN
Ich mach, was mir gefällt

Nein, niemand konnte behaupten, Prinz Hubertus sei ein braves, wohlerzogenes Kind! Seine Mutter, die Königin, versuchte zwar, sich das einzureden, aber selbst ihr kamen manchmal leise Zweifel. Wie zum Beispiel damals, als sich der König auf seinen Thron setzen wollte, um ein Weilchen zu regieren, und sich herausstellte, daß Prinz Hubertus auf dem ganzen Thron Niespulver verstreut hatte! Da konnte der König überhaupt nicht regieren. Bloß niesen! Oder an jenem Abend, als er während eines vornehmen großen Galaspektakels im großen Schloßsaal die eleganten Seidenkleider zweier Hofdamen mit einer großen Sicherheitsnadel zusammensteckte, als diese einander gerade den Rücken zukehrten. Als sie dann in verschiedene Richtungen auseinandergingen, machte es ratsch. Prinz Hubertus stand ganz in der Nähe und bog sich vor Lachen über seinen gelungenen Streich. Den Hofdamen jedoch fiel es gar nicht schwer, eine ernste Miene zu bewahren.

Ach ja, der König wie die Königin machten sich Sorgen um ihren Sohn. Daß der Prinz auf dem schönsten Silbertablett der Königin die Treppen hinunterrutschte, machte vielleicht nicht soviel aus, obwohl das Tablett einige Dellen davontrug. Auch daß er, sobald sich eine Gelegenheit bot, den Schloßwächter am Bart zupfte, konnte mit seinem kindlichen Ungestüm erklärt werden. Aber nicht genug damit. Um ehrlich zu sein, der Prinz war in allerhöchstem Maße verwöhnt und ungehorsam. Und außerdem war er faul.

»Ich bin ein Prinz und darf tun und lassen, was mir gefällt.«

Der Dummkopf begriff einfach nicht, daß er sich, gerade weil er ein Prinz war, ganz besonders vorbildlich hätte benehmen müssen.

»Ich muß nichts lernen, und ich muß nicht arbeiten, denn ich werde ja sowieso König, wenn ich einmal groß bin!« sagte der Prinz.

»Ein König muß mehr können als alle anderen«, erwiderte die Königin, aber der Prinz hörte sie nicht, denn er rutschte gerade mit gewaltigem Getöse auf dem Tablett die Treppe hinunter.

Außerdem war es unmöglich, es dem Prinzen mit dem Essen recht zu machen. Wenn der Diener die allerleckersten dünnen Pfannkuchen auf einem goldenen Teller hereintrug, so sagte der Prinz unverzüglich, er wolle lieber Eierküchlein essen. Dem Diener blieb nichts anderes übrig, als wieder in die Küche zu gehen und Eierküchlein zu holen. Aber nachdem man dem Prinzen seine Eierkuchen vorgesetzt und ihn damit allein gelassen hatte, ging er in den Korridor vor dem Eßzimmer und hängte an jede Türklinke ein Eierküchlein. Und dann rief er den Diener zu sich und sagte, er hätte jetzt gerne Arme Ritter. Kein Wunder also, daß Prinz Hubertus nicht sonderlich beliebt war. Zumindest bei niemand anderem als dem König und der Königin. Besonders unbeliebt war er beim Oberhofmarschall. Im übrigen mochte auch Prinz Hubertus den Oberhofmarschall nicht. Der Oberhofmarschall war dem Prinzen so abgeneigt, daß er nicht einmal bemerkte, daß er ein sehr niedlicher kleiner Prinz war, mit dunklen Augen, die vor Übermut nur so funkelten, und mit hellem Haar, das sein Gesicht umkräuselte. Daß sich trotz allem, tief in seinem Innern, hinter all dem Ungehorsam doch ein warmes Herz verbarg, ahnte außer der Königin niemand. Wer hätte es auch ahnen sollen, da der Prinz es ja nur so selten zeigte.

Doch dann geschah etwas ganz Schreckliches. Eines Abends, als der Oberhofmarschall erschöpft von den Mühen des Tages in sein Bett kroch und voller Erwartung seine Zehen dorthin ausstreckte, wo er seine Wärmflasche vermutete, zuckte er zusammen und fuhr mit einem Schrei hoch. Denn da lag keine Wärmflasche, sondern ein kalter kleiner Frosch. Und diesen Frosch hatte Prinz Hubertus unten am Schloßweiher gefangen und in das Bett des Oberhofmarschalls gelegt. Am Tag darauf wurde er zum König, der Königin und dem Oberhofmarschall zitiert und einem Verhör unterzogen. Der Prinz gestand, den kleinen Frosch dorthin gelegt zu haben. Eine seiner guten Eigenschaften war, daß er niemals log. Als die Königin ihn verzweifelt fragte, weshalb er das getan habe, erwiderte der Prinz, er habe es getan, weil er den Oberhofmarschall so doof fände. Oh, welch eine Aufregung das gab! Weder der König noch die Königin oder der Oberhofmarschall wußten, was das Wort doof bedeutete, aber sie spürten ganz deutlich, daß man einen Oberhofmarschall nicht als doof bezeichnen durfte. Wie war das alles traurig. Die Königin weinte, und der König erwog mit donnernder Stimme, den Prinzen für ein paar Tage bei Wasser und Brot im Schloßturm einzusperren. Der Oberhofmarschall errötete und erblaßte abwechselnd vor Zorn und ließ sich nicht besänftigen. Schließlich hatte die Königin den guten Einfall, man könne nach der Patentante des Prinzen schicken. Diese war, wie es sich für die Patentante eines Prinzen gehört, natürlich eine Fee. Und schon kam die Fee Fiorella in ihrem Blumenwagen angeflogen, der von sechs roten Schmetterlingen gezogen wurde. Sie war bestürzt, als sie von den Taten ihres Patenkindes erfuhr, aber da sie eine sehr kluge Fee war, wußte sie auch bald guten Rat.

»Es bekommt ihm nicht, hier im Schloß ohne Geschwister oder andere Personen aufzuwachsen, die ihm mal den Kopf waschen könnten. Wie könnt ihr von ihm verlangen, lieb und gehorsam zu sein, wenn man ihm diese Kunst nie beigebracht hat? Aber ich kenne eine Person, die sie ihn lehren könnte«, sagte die Fee augenzwinkernd.

Weit weg vom Schloß gab es eine kleine Hütte. Sie lag an einem See, gerade dort, wo sich die Landstraße vom Dorf zum großen Wald hochschlängelte. Die kurvenreiche Landstraße führte kurz vor dem Häuschen durch ein Gattertor.

Kein Reisender mußte sich jedoch die Mühe machen abzusteigen, um es zu öffnen, sondern konnte getrost davon ausgehen, daß oben von dem Häuschen zwei kleine Jungen herbeirennen würden. Das kleine Häuschen hieß Äppelbo, denn es war von vielen Apfelbäumen umstanden. Die beiden Jungen hießen Nisse und Lasse, ganz einfach, weil man sie so getauft hatte. Ihre Mutter hieß Frau Geschwind. Sie machte ihrem Namen alle Ehre. Denn sie hieß Geschwind und war geschwind. Sie versorgte sich und ihre Jungen, indem sie anderer Leute Wäsche wusch. Die Wäsche ließ sich so gut in dem See hinter dem Haus ausspülen. Diese Frau Geschwind war eine alte Bekannte der Fee Fiorella. Einmal, es war schon lange her, war Fiorella in einer Fuchsfalle hängengeblieben, was ihren sicheren Tod bedeutet hätte, wäre nicht Frau Geschwind just an jenem Tage im Wald gewesen, um Heidelbeeren zu pflücken, aus denen sie für Lasse und Nisse Marmelade für den Winter kochen wollte. Von diesem Tag an waren Frau Geschwind und die Fee Fiorella sehr gute Freundinnen. Und deshalb war es kein Wunder, daß Fiorella eines Abends, kurz nachdem der Prinz gesagt hatte, der Oberhofmarschall sei doof, mit ihrem von Schmetterlingen gezogenen Blumenwagen in Äppelbo vorfuhr. Dieses Mal mußten Nisse und Lasse das Gatter nicht öffnen, denn Fiorella kam durch die Luft gesegelt und landete geradewegs auf einem Fensterbrett des Häuschens.

»Ein Prinz in meinem Haus, Gott bewahre«, sagte Frau Geschwind kurz darauf, als Fiorella ihr ihre Pläne dargelegt hatte.

»Sie werden gut dafür entlohnt, Frau Geschwind«, sagte die Fee.

Frau Geschwind konnte das Geld gut gebrauchen, hatte aber einige Einwände. Fiorella mußte ihre gesamten Überredungskünste aufbieten. Zu guter Letzt willigte Frau Geschwind ein, und es ging nach Fiorellas Willen.

Eines Nachts lag Prinz Hubertus in tiefstem Schlaf in seinem Mahagonibett mit Silberbeschlägen. Sein tiefer Schlaf beruhte darauf, daß Fiorella seine Lider mit ihrem Zauberstab berührt hatte. Darum merkte er nicht, wie er aus seinen Seidenleintüchern gehoben wurde. Er merkte auch nicht, daß man ihm sein Nachtgewand aus Seide auszog und statt dessen ein unbeschreibliches rotgestreiftes Nachthemd einfachster Machart überstreifte. Und er merkte auch nicht, wie man ihn aus dem Schloß in die schwarze Nacht trug.

Um so mehr merkte er, als er erwachte. Denn er lag in einem winzigkleinen Zimmer, das nicht im entferntesten an ein Schloßgemach erinnerte, in einem Bett aus einfachen Brettern mit einer harten Matratze und groben Leintüchern. Neben dem Bett standen zwei Jungen in seinem Alter und betrachteten ihn.

»Was soll das bedeuten?« fragte Prinz Hubertus erstaunt.

»Das soll bedeuten, daß du verschlafen hast und dich jetzt ganz schön beeilen mußt, wenn du noch Brei haben willst, denn gleich müssen wir Holz hacken«, sagte der eine Junge.

»Ich mag keinen Brei, und ich will nicht Holz hacken. Ich bin Prinz Hubertus, wie bin ich denn hierhergekommen?«

»Ach nee, jetzt fängt er schon wieder mit seinem Prinzenquatsch an«, sagte der eine Junge. »Das ist auf Dauer ganz schön nervig, Hubbe. Sieh zu, daß du endlich in die Kleider kommst.«

Und mit diesen Worten warf Lasse dem Prinzen ein paar grobe Wollhosen und ein kariertes Baumwollhemd zu.

Der Prinz war so erstaunt, daß er ganz vergaß, sich zur Wehr zu setzen. Nachdem er sich angezogen hatte, brachten Nisse und Lasse ihn in die Küche. Dort stand Frau Geschwind am Herd und verteilte Brei auf drei Teller. Lasse und Nisse begannen unverzüglich mit dem Essen, aber der Prinz sagte: »Ich esse keinen Brei.«

Frau Geschwind sah ihn freundlich an und erwiderte: »Du *ißt* Brei!«

Und der Prinz aß Brei. Danach sollte Holz gehackt werden.

»Ich hacke kein Holz«, sagte der Prinz. »Ich bin ein Prinz und weiß nicht, wie es mich hierher verschlagen hat.«

Frau Geschwind antwortete ebenso freundlich wie zuvor: »Du bist kein Prinz, und du *hackst* Holz.«

Nie zuvor hatte jemand so mit Prinz Hubertus gesprochen. Zuerst überlegte er, ob er jetzt ein großes Theater machen sollte, aber irgendwie fand er es fast angenehm, ausnahmsweise mal gehorchen zu müssen. Außerdem war Holzhacken gar nicht langweilig. Vielleicht nicht ganz so lustig wie auf einem Tablett die Treppe hinunterzurutschen, aber fast. Zu Mittag gab es Hering und Pellkartoffeln. Der Prinz erwähnte zwar, daß er lieber Eierküchlein gehabt hätte, beharrte aber nicht darauf, sondern aß ohne größere Proteste seinen Hering. Er fand nur, Frau Geschwind könne ihm die Kartoffeln schälen, aber sie weigerte sich. Zum Abendessen gab's dann Eierküchlein, die zwar nicht auf Goldtellern serviert wurden, aber immerhin. Der Prinz hängte kein einziges Eierküchlein an die Türklinke. Als es Schlafenszeit war und der Prinz wieder in das scheußliche Nachthemd geschlüpft war, sann er ein Weilchen darüber nach, auf welche Weise es ihn wohl in dieses Häuschen verschlagen haben mochte. Und er war sehr wohl ein Prinz.

»Das bist du ganz und gar nicht«, sagte Nisse. »Das hast du bloß geträumt.«

Der Prinz überlegte, ob das wirklich so sei.

War das alles nur ein Traum? War auch seine schöne und liebe Mama nur ein Traum? Und hatte er bloß geträumt, daß sie abends an seinem Bett saß, ihm über die Wange strich und ihm etwas vorsang? Und daß sie manchmal so traurig aussah, wenn er wieder irgendwelche Dummheiten angestellt hatte? Wie auch immer, egal, ob Traum oder nicht, er sehnte sich nach ihr.

Aber die Tage vergingen, und der Prinz fand sich in Äppelbo gut zurecht. Er hatte so viel zu tun, daß ihm für Streiche fast keine Zeit blieb. Er hackte Holz, trug Wasser ins Haus und brachte den Leuten mit einem Handkarren die gewaschene Wäsche nach Hause. Lasse und Nisse halfen natürlich auch mit. Der Prinz mochte Lasse und Nisse sehr und hatte bald eingesehen, daß es nettere Beschäftigungen gab, als Oberhofmarschällen Frösche ins Bett zu legen. Zum Beispiel Drachen so hoch steigen zu lassen, daß sie kaum mehr zu sehen waren, Wasserräder im Bach hinten an der Wiese zu bauen oder in der Mangelkammer Zirkus zu spielen. Der Prinz hatte nicht nur Lasse und Nisse, sondern auch Frau Geschwind sehr gern, aber abends, wenn er im Bett lag, sehnte er sich nach wie vor nach seiner Traummutter. Inzwischen war er überzeugt davon, daß alles nur ein Traum gewesen und daß er niemals ein Prinz gewesen sei. Und so verging die Zeit.

Eines schönen Abends, als der Prinz, Lasse und Nisse ganz besonders tief schliefen, kam die Fee Fiorella nach Äppelbo. Sie führte ein langes Gespräch mit Frau Geschwind.

Und eines schönen Morgens kurze Zeit darauf erwachte Prinz Hubertus und stellte zu seinem Erstaunen fest, daß er nicht mehr das scheußliche rotkarierte Nachthemd trug, sondern ein feines seidenes Nachtgewand, das ihm wohlbekannt war. Mit einem Ruck setzte er sich im Bett auf. Und das Bett, ja, es war aus Mahagoni und hatte Silberbeschläge. Und auf der Bettkante saß seine Traummutter.

»Mein Liebling«, sagte sie und streckte ihm ihre Arme entgegen. »Willkommen zu Hause!« Der Prinz warf sich in ihre Arme.

»Wo sind Lasse und Nisse?« fragte er. »Bin ich also doch ein Prinz?«

»Ja, du bist ein Prinz. Ein lieber und netter kleiner Prinz«, sagte die Königin.

»Aber Mama, werde ich Lasse und Nisse nie wiedersehen?« fragte der Prinz, den Tränen nahe. »Wir sind doch gerade dabei, ein Unterwasserboot zu schnitzen.«

»Du darfst sie sehen, sooft du willst«, sagte die Königin. »Äppelbo liegt nicht weit entfernt, so daß du tagsüber dorthin reiten kannst, wenn du schnell reitest.«

Schnell reiten, na klar doch, und wie schnell er reiten würde!

»Und wenn ich schon mal da bin, kann ich auch gleich Holz hacken«, sagte der Prinz.

»Das kannst du«, sagte die Königin.

»Ist mir der Oberhofmarschall immer noch böse?« fragte der Prinz.

»Nein, ich hoffe, er hat es inzwischen verwunden. Und wenn du in Zukunft so lieb bist, wie ich es mir erhoffe, so werdet ihr bestimmt noch gute Freunde.«

»Kann sein«, sagte der Prinz.

Er schwieg eine Weile.

»Mama, darf ich dir etwas zuflüstern?« fragte er schließlich. Und dann kam der Prinz mit seinem kleinen warmen Mund ganz nah an das Ohr der Königin und flüsterte, daß es hinunter bis in die große Zehe der Königin kribbelte.

»Ich verstehe nicht, was du sagst«, erwiderte die Königin. »Sag es noch mal.«

Und da sagte der Prinz es noch einmal.

»Mama«, flüsterte er. »Und ich finde den Oberhofmarschall trotzdem doof.«

ÅKE EDWARDSON
Eiszeit

Jetzt konnte nichts Schlimmeres mehr kommen. Unwillkürlich mußte ich denken, daß alles, was danach käme, nur besser sein konnte. Nicht besser, nein ... vielleicht heller? Nein, auch das nicht. Mir fiel das passende Wort nicht ein. Es gab einfach keines. Es war, als wolle man die verschiedenen Vorstufen der Hölle graduell unterscheiden.

Die Frau lag im Graben hinter dem Müllcontainer, der am südlichen Ende des Parkplatzes stand. Wir konnten nicht sagen, ob die Tat auch dort verübt worden war oder ob sie hierher gebracht worden war, nachdem man sie ermordet hatte.

Ihren Kopf fanden wir nicht.

Es waren auch noch ein paar andere Dinge ... mit ihrem Körper gemacht worden.

Sie trug keine Kleider. Neben der Leiche lag eine Handtasche. Ich kam als erster dort an. Als ich mich über die Tasche beugte, verspürte ich einen Geruch, den ich nicht einordnen konnte. Kam er mir bekannt vor? Vielleicht. Doch er währte nur eine Zehntelsekunde, dann war er fort und kehrte nicht zurück. Ich sah mich um, konnte aber nichts entdecken, was die Quelle für diesen Geruch sein mochte. Und da hatte ich den Geruch auch schon vergessen.

Die Frau war seit zwei bis drei Stunden tot. Unser Gerichtsmediziner war sich da sicher, und wir glaubten ihm. Sie sei um die Dreißig, sagte er. Vielleicht etwas jünger.

»Was meinen Sie, Berger?« meinte Kommissar Munter, mein Chef, auf der Rückfahrt.

Ich versuchte, bei der Eisglätte so vorsichtig wie möglich zu fahren. Es war der achte Januar. Es war Schnee gefallen, der durch die Kälte gefroren war, und die Räumfahrzeuge hatten ihn nicht in den Griff bekommen, was jedoch absolut normal war. In Schweden war man auf Schneefall einfach nicht eingerichtet. Der Schnee hätte ebensogut über Südspanien niederrieseln können. Die Verwunderung wäre die gleiche gewesen: Schnee? Hier?

»Scheußlich«, antwortete ich.

»Es wird nicht leicht werden, irgendwelche Reifenspuren auszumachen«, meinte Munter. Er saß, die Mütze tief ins Gesicht gezogen, neben mir und sah wieder einmal wie der absolute Widerspruch zu seinem Namen aus. Im Mund hatte er eine nicht angezündete Zigarette, an der er ziehen würde, bis sie durchfeuchtet war. Dann würde er sie wegwerfen und sich eine neue zwischen die Lippen stecken. Das war seine Methode, mit dem Rauchen aufzuhören. So ging das nun schon seit lange vor Weihnachten. Auf diese Weise verbrauchte er genauso viele Zigaretten wie vorher, aber immerhin rauchte er nicht.

»Der Schnee ist einfach zu fest gefroren«, fuhr er fort. »Wie eine Eisbahn.«

Auf der Gegenfahrbahn war ein gigantischer Sattelschlepper in den Graben gerutscht. Ein Teil der Zugmaschine stand noch auf der Straße, dahinter hatte sich eine kilometerlange Schlange gebildet. Es war Sonntagabend, und die Leute wollten nach dem Hockeyspiel nach Hause, doch jetzt kamen sie nicht weit.

»Das war jetzt wirklich das Furchtbarste, was ich jemals gesehen habe, und dabei dachte ich doch, ich hätte schon alles gesehen«, meinte Munter. Damit meinte er die ermordete Frau.

»Das habe ich auch gedacht«, erwiderte ich.

»Einen Dreck haben Sie gesehen, Berger«, sagte Munter. Seine feuchte und kalte Zigarette wippte im Mund. Im Auto roch es nach nassem Tabak. An den Geruch hatte ich mich schon gewöhnt.

»Ich meine, es war das Schlimmste, was ich je gesehen habe. Bisher.«

Er brummte etwas Unverständliches. In der Stadt brüllten die Räumfahrzeuge wie verrückt gewordene Kühe und schienen völlig orientierungslos herumzufahren. Seit Dreikönig hatte es geschneit, und erst gestern hatte es aufgehört. Natürlich war das eine Herausforderung, aber die Räumarbeiten hätten eigentlich schon weiter fortgeschritten sein müssen.

»Annie Lundberg«, sagte mein Chef und bewegte sich auf seinem Sitz. Sein Profil wurde von den Straßenlaternen erleuchtet. »Wir haben ihren Führerschein, der sauber und ordentlich in ihrer unberührten Brieftasche in ihrer geschlossenen Handtasche steckte. Wir haben ein Foto von einem hübschen Mädchen, das am 8.1.1975 geboren ist, aber wir können die Leiche trotzdem nicht identifizieren.«

»Das ist ja heute«, sagte ich.

»Was?«

»Sie hat heute Geburtstag«, wiederholte ich.

»Hm.«

»Sechsundzwanzig Jahre«, fuhr ich fort.

»Da könnte ein Zusammenhang bestehen«, sagte Munter. »Wie steht es, Inspektor Berger, glauben Sie, daß da ein Zusammenhang besteht?«

»Ich glaube gar nichts«, erwiderte ich.

»Gut so.«

Im Polizeipräsidium kontrollierten wir als erstes, ob unser Computerfachmann es geschafft hatte, die Vermißtenmeldungen der letzten Tage durchzugehen. Wir hatten ihn schon vom Fundort aus angerufen.

Das Ergebnis schien fast zu gut, um für die Ermittlungen von Nutzen zu sein: Die sechsundzwanzigjährige Annie Lundberg war offenbar wenige Stunden zuvor von ihrem Freund als vermißt gemeldet worden. Die Daten schienen auf die Tote zu passen, wenngleich wir natürlich nichts über die Haarfarbe sagen konnten.

Alles, was wir jetzt tun mußten, war, den Freund ins Leichenschauhaus kommen zu lassen, um die Leiche zu identifizieren.

»Selbst wenn sie keinen Kopf mehr hat, müßte er doch seine Freundin wiedererkennen können«, meinte Munter.

»Da möchte ich aber nicht mit ihm tauschen«, sagte ich.

»Sie legen irgendwas an die Stelle, wo der Kopf sein müßte, und decken es ab«, sagte Munter.

»Wir müssen aber vorher etwas dazu sagen«, gab ich zu bedenken.

»Ja, das müssen wir wohl«, stimmte Munter mir zu. »Sonst fragt er sich womöglich, warum ihr Kopf sich plötzlich in einen Fußball verwandelt hat.«

Der Freund entpuppte sich als Freundin. Sogar Munter wirkte erstaunt, obwohl er doch wissen sollte, daß es heutzutage nichts Ungewöhnliches war. Sie stellte sich als Birgitta Sonesson vor, war ungefähr dreißig Jahre alt, vielleicht etwas jünger, und hatte eine dicke blonde Haarmähne.

»Hier entlang bitte«, sagte der Gerichtsmediziner.

Sie sah die Leiche an, ich hatte ihr schon vorher von dem Kopf erzählt.

»Das ist nicht Annie«, sagte sie fast augenblicklich. »Das ist sie nicht.«

»Sind Sie ganz sicher?« fragte Munter.

»Annie hatte eine Tätowierung ... auf dem Bauch«, sagte Birgitta Sonesson und wies auf den nackten Körper auf der Stahlpritsche. »Genau da, direkt unter dem Nabel.«

Sie schaute wieder Munter an, dann mich. »Mir gefiel das nicht. Daß sie sich hat tätowieren lassen. Ich habe sie gebeten, es nicht zu tun. Aber sie hat es trotzdem gemacht.« Birgitta Sonesson begann heftig zu weinen, Munter machte eine Kopfbewegung, und der Gerichtsmediziner ging mit ihr hinaus. Sie weint, als läge hier wirklich ihre Geliebte, dachte ich.

»Was stellte die Tätowierung denn dar?« fragte Munter draußen.

»Einen kleinen Vogel«, antwortete sie. »Ich glaube, eine Schwalbe.«

Wir saßen in Munters Zimmer. Die Zigarette in seinem Mund wippte auf und ab, als er redete.

»Wir haben eine Vermißte, deren Papiere bei einer Ermordeten abgelegt wurden«, sagte Munter. »Und wir haben eine Ermordete ohne Identität.«

Natürlich hatten wir Birgitta Sonessons Angaben überprüft.

»Verdammt«, fluchte Munter, »und die Zähne helfen uns auch nicht gerade weiter.«

In der Regel versuchten wir unbekannte Tote über das Gebiß zu identifizieren.

»Also müssen wir alle Vermißtenmeldungen noch einmal durchgehen«, sagte Munter.

Wir gingen sie alle durch, einschließlich der neuen, die eben erst reingekommen waren. Zwei oder drei stimmten in etwa mit der Leiche überein, und wieder gingen wir mit vor Angst bebenden Angehörigen ins Leichenschauhaus, doch jedesmal konnten sie es erleichtert verlassen.

»Irgendeinen Sport muß sie getrieben haben«, sagte der Gerichtsmediziner. »Die Muskelmasse vor allem in den Beinen weist darauf hin, daß sie hart trainiert hat, und zwar erst kürzlich.«

»Was hat sie denn trainiert?« fragte Munter.

»Ich würde auf eine leichtathletische Disziplin tippen«, meinte der Arzt. »Vielleicht Laufen. Oder Weitsprung. Ich weiß nicht. Vielleicht sollten wir mal mit einem Physiologen reden.«

»Sie haben gesagt, sie hätte kürzlich noch trainiert«, bemerkte ich. »Wie kurz vor ihrem Tod?«

»Na ja, es könnte sein, daß sie ab und zu mal eine Trainingsrunde eingelegt hat, aber ich wage zu behaupten, daß sie ihre aktive Karriere bereits hinter sich hatte.«

»Wie lange schon?« fragte Munter. »Kann man so etwas messen?«

»Ja«, antwortete der Arzt.

»Dann würden wir vielleicht herausfinden, welchen Sport sie ausgeübt hat«, meinte Munter.

Während wir auf die Ergebnisse der Untersuchungen in der Gerichtsmedizin warteten, nahmen wir mit allen Sportverbänden im ganzen Land Kontakt auf, und zwar nicht nur mit denen für Leichtathletik. Wir baten um die Verzeichnisse aller Aktiven der vergangenen zehn Jahre, was entsetzlich viel Papier ergab. Es gab einfach furchtbar viele Sportarten. Von manchen hatte ich noch nie gehört. Wir sahen ein, daß das zuviel Arbeit war.

»Ich hoffe bei Gott, daß es Leichtathletik ist«, meinte Munter. »Das ist ein Sport, der im Rückgang begriffen ist. Da gibt es nicht mehr so viele Aktive.«

»Wenn es überhaupt solch eine Sportart ist«, gab ich zu bedenken. »Sie könnte ja auch ganz einfach nur trainiert haben. Krafttraining.«

»Wir sind doch in allen Fitneßstudios der Stadt gewesen«, entgegnete Munter.

»Sie könnte doch auch für sich allein trainiert haben«, meinte ich. »Vielleicht hat sie das schon immer getan.«

Ein weiteres Problem, das sich uns stellte, war, daß der Körper, der unter dem kalten blauen Licht des Leichenschauhauses lag, besondere Kennzeichen vermissen ließ. Es war ein normaler, gut trainierter Körper. Und ich mußte immer wieder denken, wie fürchterlich nichtssagend ein Menschenkörper ohne Kopf war.

Mit einer großen und schrecklichen Ausnahme: Der Mörder hatte ein Stück Haut aus der linken Wade der Frau geschnitten.

»Das war sicher eine Tätowierung«, sagte Munter und sah mich an.

»Vielleicht«, meinte ich.

Munter hatte seine Zigarette ausgewechselt und die verbrauchte in eine Nierenschale gelegt, die er mit hereingebracht hatte.

»Und wo zum Teufel ist jetzt Annie Lundberg?« fragte er und ließ die nächste Zigarette aus dem Mund direkt in das Schälchen fallen.

Es war einfach nicht zu begreifen, warum Annie Lundbergs Tasche neben der Toten gelegen hatte. Das hatte der Mörder offenbar bezweckt. Warum? Wollte er uns etwas sagen? Etwas über Annie Lundberg? Oder etwas über die unidentifizierte Tote?

Würde Annie Lundberg das nächste Opfer werden?

War sie es bereits?

Wir waren Annies ganzes Leben und ihren ganzen Bekanntenkreis durchgegangen, aber immer noch keinem Sportler begegnet. Außerdem gab es noch frühere Kommilitonen von der Hochschule, die wir aufsuchen mußten. Und dann wußten wir noch gar nichts über Freunde oder … Freundinnen. Birgitta Sonesson hatte gesagt, Annie Lundberg sei bisexuell. Vielleicht hatte sie ja mehrere Partner gehabt. Oder war das ein Vorurteil?

Ihren Eltern war die Bisexualität ihrer Tochter offenbar etwas ganz Neues. Das sagten sie zumindest, als wir gezwungen waren, sie zu fragen.

»Hat das etwas mit ihrem Verschwinden zu tun?« hatte ihr Vater gefragt. Eine sehr gute Frage. Hatte das etwas mit dem Mord an der unbekannten Frau zu tun?

Wir versuchten, in unterschiedliche Richtungen zu denken. Hin und wieder mußte ich über den besonderen Charakter dieser Ermittlungen nachgrübeln: Um eine vermißte Person zu finden, mußte man ein vermißtes Gesicht finden. Wir hatten einen Namen und hatten doch keinen. Wir hatten einen Namen ohne Körper und einen Körper ohne Namen.

Dann konzentrierten wir uns auf den Inhalt der Tasche, die Annie Lundberg gehört hatte. Birgitta Sonesson hatte sie identifiziert.

In der Tasche hatte ein kleines Adreßbuch gelegen, das auf der Innenseite des Deckels Annie Lundbergs Namen trug. Das Büchlein hatten wir Birgitta Sonesson noch nicht gezeigt und ihr auch noch nichts davon erzählt.

Eine unserer Hypothesen lautete, daß die ermordete Frau unter den Bekannten von Annie Lundberg zu finden sein mußte. Gleichzeitig war ich natürlich sehr mißtrauisch, weil Annies Tasche am Tatort gelegen hatten. Wies das nicht in eine völlig andere Richtung? Wie dachte der Mörder? Wenn ich das tue, dann denken sie dies, oder denken sie es eher, wenn ich dies tue – ungefähr wie wenn ein Fußballspieler beim Elfmeter einem Torwart gegenübersteht, der weiß, daß der Spieler normalerweise immer in die linke Ecke schießt, und der deshalb davon ausgeht, daß auch der Torwart weiß, daß er, der Spieler, annimmt, daß der Torwart weiß, wie es normalerweise läuft, und sich deshalb auf die rechte Ecke des Tors konzentriert, aber weil er weiß, daß der Torwart weiß, daß er das weiß, landet der Ball vielleicht doch wieder in derselben Ecke, vielleicht aber auch nicht …

Das war wahrscheinlich viel zu kompliziert gedacht. Vermutlich hatten wir es »nur« mit einem geisteskranken Mörder zu tun, der sich seiner Taten nicht einmal bewußt war.

Und ich konnte nicht sagen, welche der Möglichkeiten die erschreckendere war.

Die Untersuchungen gingen nur schleppend voran.

»Was zum Teufel hat er nur mit ihrem Kopf vor?« hatte Munter mehr als einmal ausgerufen.

Oder mit ihrem Gesicht, hatte ich gedacht. Ging es vielleicht mehr um ihr Gesicht? Bedeutete es dem Mörder etwas? Ist es das, was er nicht … loslassen will? Ging es darum, eine Identität zu verbergen? Wessen Identität?

Nachts träumte ich schwer. Von Gesichtern, die über weiße und kalte Felder hinwegflogen. Köpfe rollten wie

Fußbälle, schwarz und weiß. Es waren keine schönen Träume.

Die Tage vergingen. Es war immer noch kalt, aber es schneite nicht mehr. Am Sonntag machte ich mich auf zum Freizeitgelände am Rande der Stadt, um eine Runde Langlaufen zu gehen. Ich spürte, wie untrainiert mein Körper war, und mußte an den muskulösen, aber entstellten Körper auf der Stahlpritsche denken. Dann fuhr ich noch eine Runde und verspürte eine Mischung aus Übelkeit und Blutgeschmack, als ich die Ziellinie erreichte, die ich mir gesteckt hatte.

Dann saß ich lange in der Sauna und dachte über Paarbeziehungen nach. Ich hatte selbst bis vor kurzem mit jemandem zusammengelebt. Doch es hatte nicht funktioniert, zumindest nicht bei mir und der Frau, die ich jetzt zu vergessen suchte. Das Skifahren hatte ein wenig dabei geholfen, nicht aber die Sauna. Da saß man einfach zu still.

Als ich über den Parkplatz zum Auto ging, hörte ich ein Pfeifen und Rufe, die wie Zeitangaben klangen.

Es waren tatsächlich Zeitangaben. Ich ging nach rechts über einen kleinen Hügel und sah jenseits des Walls, der von dem vielen aufgehäuften Schnee noch höher geworden war, die Eislaufbahn liegen, wo die Schlittschuhläufer in ihrer charakteristischen geduckten Haltung ihre Kreise zogen.

Dort unten stand ein Mann mit einer Trillerpfeife und rief Zeiten aus. Fünf Läufer drehten ihre Runden, anscheinend ohne das Tempo zu steigern oder zu vermindern. Es war kein Wettkampf, und auf den niedrigen Holzbänken saßen demnach auch keine Zuschauer. Die Läufer blieben manchmal stehen und besprachen sich mit dem Trainer, ehe sie weiterliefen.

Ich ging näher heran. Eisschnelläufer in ihren Anzügen hatten für mich eine besondere Faszination, diese vom Trikot quasi bloßgelegte Muskelkraft, vor allem in den Beinen, und das heftige Abstoßen …

Mein Blick blieb an einem der Läufer hängen, der für eine Sekunde angehalten hatte, aber nun weiterfuhr. Bei genauerem Hinsehen erkannte ich, daß im Anzug ein weiblicher Körper steckte.

Ich dachte an die muskulösen Oberschenkel der ermordeten Frau. Ihren Körper, den sie so hart trainiert hatte. Ihre kräftigen Oberschenkelmuskeln. Ich sah die Eisschnellläuferin in großen, kräftigen Bewegungen über das Eis gleiten. Der Trainer rief etwas Unverständliches. Als die Frau das nächste Mal vorbeikam, gab sie ein Zeichen, und der Mann rief wieder etwas. Das Mal danach blieb sie mit kleinen, abgehackten Bewegungen auf den grotesk langen Schlittschuhen stehen. Sie führte die Hand zur Kapuze des Anzugs und zog sie ab. Dickes blondes Haar quoll heraus. Sie drehte sich um und sagte wieder etwas zum Trainer. Es war Birgitta Sonesson.

»Hat sie Sie gesehen?« fragte Munter. Wir saßen in meinem Zimmer. Er hatte eigens seinen freien Sonntag unterbrochen, was aber nicht weiter schlimm sei, wie er meinte, denn er habe ohnehin gerade keinen guten Roman zum Lesen. Dann hatte er ein seltsam freudloses Lachen von sich gegeben. Munter hatte als Erwachsener noch nie Belletristik gelesen.

»Ich weiß nicht. Vielleicht. Aber ich glaube nicht, daß sie mich mit der Mütze erkannt hat.«

»Nein«, meinte Munter, »nicht einmal ich erkenne Sie.«

»Und was sagen Sie dazu?«

»Eisschnellauf? Das klingt perfekt. Und als Sportart noch mehr im Rückgang begriffen als Leichtathletik.«

»Perfekt«, sagte der Gerichtsmediziner. »Stimmt exakt mit den Muskelgruppen überein.«

»Dann ist es ja gut, daß wir Ihnen das jetzt gesagt haben«, frotzelte Munter.

»Wir waren fast soweit«, entgegnete der Arzt säuerlich. »Und wir arbeiten schließlich nicht mit Zufällen.«

»Hätten wir auf Sie gewartet, dann hätten wir erst Bescheid bekommen, wenn Schweden das nächste Mal olympisches Gold im Eisschnellauf holt, mit anderen Worten nie. Gut, daß Berger so aufmerksam war.«

»Deshalb müssen Sie noch lange nicht unverschämt werden, Munter.«

»Jetzt hören Sie mal auf«, ermahnte ich die beiden. »Wir benötigen jeden Hinweis, um diesen Fall zu lösen.«

»Und wie geht es jetzt weiter, Inspektor Berger?« fragte Munter, als wir wieder in seinem Zimmer saßen. »Können wir von der Hypothese ausgehen, daß die ermordete Frau Mitglied im Eislaufclub war oder ist?«

»Noch nicht«, sagte ich.

»Gut. Und es ist gut, daß wir noch nicht dazu gekommen sind, dort anzufragen.« Munter tauschte seine Zigarette und besah sich gedankenverloren die neue. »Hätten wir es überhaupt je geschafft, uns bis zu einem kleinen beschissenen Eislaufclub am äußersten Rand der Sportwelt durchzuarbeiten?«

»Wir müssen uns fragen, ob Birgitta Sonesson etwas vor uns verbirgt«, meinte ich.

»Ja.«

»Wir haben sie bisher nur nach ihrer Freundin gefragt«, sagte ich. »Nach der Geliebten, Annie.« Ich sah zu Munter, der die Augen schloß. »Wir haben sie nicht nach möglichen Verbindungen zwischen Annie und der Ermordeten gefragt, weil es einfach nichts gab, wonach man hätte fragen können.«

»Abgesehen vom Sport«, gab Munter zu bedenken.

»Und damit werden wir morgen gleich anfangen«, entgegnete ich, »in der zweiten Runde.«

Ehe wir uns wieder bei Birgitta Sonesson meldeten, wollten wir die Namen und Adressen in Annie Lundbergs

Adreßbuch überprüfen. Doch dabei hatte sich nichts Neues ergeben.

»Also los«, meinte Munter, »auf zur zweiten Runde.«

»Nein, Schlittschuhfahren war nichts für Annie«, sagte Birgitta Sonesson. »Ich glaube, sie war nicht einmal bei einem Training dabei. Das war nicht ihr Sport.«

»Was war denn ihr Sport?« fragte ich.

»Sie ist viel gelaufen«, antwortete Birgitta Sonesson. »Und dann hat sie ab und zu Krafttraining gemacht.«

Ich merkte, daß Birgitta Sonesson über Annie in der Vergangenheit sprach, als sei jede Hoffnung vergebens. Ich sah zu Munter, doch er zeigte keine Regung.

»Sie versuchen ja ganz schön, sich in Form zu halten«, sagte er statt dessen, »Sie und Ihre Freundin.«

»Natürlich«, erwiderte sie.

»Hatte sie Umgang mit Leuten, die dort trainierten?« wollte Munter wissen.

Wir saßen in der gemeinsamen Wohnung von Birgitta Sonesson und Annie Lundberg. Ich sah mich nach weiteren Fotos von Annie um, konnte aber keine entdecken. Vielleicht war der Schmerz für Birgitta Sonesson zu groß. Sie war vielleicht schon überzeugt davon, daß Annie tot war.

Das Wohnzimmer war gemütlich, ich saß auf einem schönen Sofa. Von dort aus konnte ich den Schnee auf den Ästen der Bäume sehen. Es war schon bald Februar, und man hatte den Eindruck, als habe die Kälte noch angezogen. Eine Umdrehung weiter, und dann noch eine. Ich sah Birgitta Sonesson vor mir, wie sie Runde um Runde im selben Tempo drehte. Sehr viel Eiszeit. Der Vorteil eines so kleinen Clubs mußte sein, daß alle Läufer viele Eiszeiten zur Verfügung hatten und man sich nicht um die Trainingseinheiten streiten mußte.

»Hatte sie Umgang mit irgendwelchen Leuten aus dem Club?« fragte Munter erneut.

»Nein«, antwortete Birgitta Sonesson.

»Sie kannte also keinen von ihnen?«

»Nicht daß ich wüßte.«

»Seit wann sind Sie denn in dem Club?«

»Seit ... seit vier Jahren. Oder vielleicht fünf.«

»Eisschnellauf ist ja ein etwas ungewöhnlicher Sport«, meinte Munter.

»Für mich nicht«, erwiderte sie.

»Wir müssen uns einen Überblick über alle Mitglieder des Clubs verschaffen«, sagte Munter. »Können Sie uns dabei helfen?«

»Natürlich.« Ich bemerkte, daß sie zögerte. »Darf ich fragen, warum?«

»Haben Sie bemerkt, daß sie von ihrer Freundin in der Vergangenheit gesprochen hat?« fragte ich hinterher.

»Ja«, antwortete Munter, »anscheinend hat sie die Hoffnung aufgegeben.«

»Aber zum Training geht sie trotzdem«, sagte ich. »So verzweifelt ist sie dann wohl doch nicht.«

»Vielleicht ist es das einzige, was sie noch aufrecht erhält«, sagte Munter. »Für solche Leute ist Training wie eine Droge. Die Endorphine, wissen Sie? Ohne Training geht alles den Bach runter. Training hat ja mit Trauer nichts zu tun.« Er sah auf. »Ein Heroinabhängiger hört ja auch nicht mit dem Spritzen auf, nur weil seine Tante Emma gestorben ist, oder?«

»Allerdings ist Annie Lundberg für Birgitta Sonesson wohl kaum eine Tante Emma«, warf ich ein.

»Sie wissen doch, was ich meine, Berger.«

Ich war mir da nicht so sicher, aber ich ließ das Thema ruhen und wandte mich wieder den Listen zu. Birgitta Sonesson hatte uns ein Verzeichnis aller Clubmitglieder zur Verfügung gestellt.

Es war ein kleiner Club, und wir hatten schon bald alle Aktiven durch. Soweit wir feststellen konnten, hatten sie alle noch ihren Kopf auf den Schultern. Dann arbeiteten wir uns durch die Liste der passiven Mitglieder und stellten fest, daß sie alle noch lebten.

Schließlich suchten wir nach früheren Mitgliedern. Wir mußten viele Telefongespräche führen und hatten sogar einige zusätzliche Leute zur Unterstützung bekommen.

Doch uns begegnete keine Frau, die einmal Mitglied in diesem Club gewesen und jetzt verschwunden war. Es fehlte niemand.

Langsam hatte ich das Gefühl, als seien wir auf der falschen Fährte, und zwar auf der völlig falschen Fährte. Und als hätte ich uns in gewisser Weise in diese Sackgasse hineinmanövriert, indem ich Birgitta Sonesson beim Schlittschuhlaufen zugesehen hatte. Ich hätte niemals auf dieses verdammte Pfeifen hören sollen, als ich mit meinen Skiern auf der Schulter aus der Trainingsanlage kam.

Wir hatten keinen Mörder, und jetzt fing auch noch das Opfer an, uns zu entweichen. Manchmal war es, als hätte die ermordete Frau niemals existiert, aber ich mußte nur in das kalte und einsame Leichenschauhaus gehen, um einen physischen Beweis dafür zu erhalten, daß es sie gab. Es gab ihren Körper. Doch wo war ihr Kopf?

Und noch einmal: Wo war Annie Lundberg?

Wir saßen in meinem Zimmer und sahen aus dem Fenster: Die Kälte kroch über Bäume und Büsche, die Temperatur war noch weiter gesunken. Heute morgen hatte ich kaum das Auto in Gang bekommen.

»Bald ist es wie in Sibirien«, meinte Munter. »Wenn man durch so kalte Luft geht, hinterläßt man Abdrücke.«

»Ob die Trainingseinheiten wohl gefilmt werden?« fragte ich.

»Wie?«

»Werden die Trainingseinheiten auf Video aufgenommen?« wiederholte ich. »Gehört das zu den modernen Trainingsmethoden?«

»Keine Ahnung«, sagte Munter.

»Ich werde mit dem Geschäftsführer des Clubs sprechen«, meinte ich.

»Aber es gibt doch niemanden, nach dem wir suchen könnten«, sagte Munter. »Wir sind schließlich alle denkbaren Kandidaten durchgegangen.«

»Trotzdem«, sagte ich.

Ich fuhr zur Eislaufanlage hinaus. Es war, als führe man durch Eis, ein kristallklarer Widerstand lag in der Luft. Ich hielt im Rückspiegel nach einem Abdruck meines Autos in der Luft Ausschau.

Mit dem Geschäftsführer des Clubs hatte ich schon gesprochen. Er war ein seriöser Mann, der trotz allem an die Zukunft glaubte.

»Irgendwas müßten wir eigentlich haben«, antwortete er auf meine Frage. »Aus dem vergangenen Jahr, glaube ich.«

»Wo sind die Filme?«

»Die habe ich zu Hause«, sagte er. »An einem geheimen Ort, wie man so schön sagt. Ich nehme es mit dem Eigentum des Clubs sehr genau. Hier im Büro gab es kürzlich einen Einbruch, und jemand hat herumgewühlt. Ich werde das Gefühl nicht los, als seien die Leute auf der Suche nach den Filmrollen gewesen, ganz seltsam.« Er sah ein wenig empört aus. »Irgendwie muß ich vorher gespürt haben, daß hier jemand einbrechen würde. Gut, daß ich die Filme mit nach Hause genommen hatte.«

Auf meine Anfrage hin arrangierte er sogleich eine Privatvorführung bei sich zu Hause. Die Filmsequenzen von Eisschnelläufern, die immer im Kreis fuhren, waren gut zu erkennen. Unter normalen Umständen wäre das ungefähr so interessant gewesen, wie der Farbe auf einer Wand beim Trocknen zuzusehen, doch ich versuchte Gesichtszüge auszumachen und vor allem die Physiognomie der Körper in den anonymen Anzügen.

Plötzlich sah man ein Gesicht von nahem, ein Lächeln.

Das Gesicht sagte etwas zu dem Fotografen, was man aber nicht verstehen konnte.

»Wer hat den Film aufgenommen?« fragte ich.

»Das war unser Trainer.«

Das Gesicht auf dem Bild gehörte einer Frau zwischen fünfundzwanzig und dreißig Jahren, und ich kannte sie nicht. Ich stand auf und merkte, wie mir eine Gänsehaut über den Rücken lief.

»Wer ist das?« fragte ich.

»Das ist Birgitta Sonesson«, erwiderte er.

»Wie bitte?«

»Birgitta Sonesson.«

»Birgitta Sonesson?« fragte ich. »Das ist doch nicht Birgitta Sonesson!«

Er sah mich mit einem eigentümlichen Blick an.

»Das kann sie nicht sein«, sagte ich. »Ich weiß doch, wer Birgitta Sonesson ist.«

»Ich auch«, beharrte er und zeigte auf die Frau.

»Ich habe sie auf dem Eis gesehen«, sagte ich. »Und ich habe sie auch vorher schon gesehen.« Jetzt sah ich in das Gesicht der fremden Frau, und dann wieder zu dem Geschäftsführer. Ich erzählte ihm von meinem ersten Besuch, als ich Skilaufen gewesen war.

»An dem Tag war ich nicht hier«, sagte er.

»Wenn das hier Birgitta Sonesson ist«, sagte ich zögernd und nickte dem Frauengesicht zu, das in die Kamera lächelte, »wer ist dann die Frau, die sich Birgitta Sonesson nennt?«

»Annie Lundberg«, sagte Munter.

»Wir haben sie nie den Eltern gegenübergestellt.«

»Mein Gott.«

»Jetzt aber schnell!«

»Warten Sie, Berger! Sie wird nirgendwohin fahren. Und wenn sie es tut, dann werden wir sie finden.« Er wies mit der Zigarette im Mund auf mich. »Sie müssen mir erst Ihre Theorie erklären.«

»Theorie? Reicht nicht das, was auf der Hand liegt?«

»Jetzt lassen Sie mal hören«, sagte Munter und ließ die Zigarette zur Abwechslung im Mund kreisen. Das sah ziemlich bescheuert aus, aber für Menschen, die mit dem Rauchen aufhören, ist nichts unnormal oder wird von anderen als unnormal betrachtet.

»Also, sie hat die Freundin und vielleicht auch Geliebte ermordet«, sagte ich. »Das Motiv ist vorerst egal, ebenso wie die Frage, ob sie die Tat allein verübt hat und wie die Sache überhaupt vonstatten ging. Wir gehen mal von dem Mord aus, okay? Annie Lundberg will Birgitta Sonesson ermorden und tut es auch. Dann zerstört sie alle Möglichkeiten zur Identifikation und läßt uns in dem Glauben, daß wahrscheinlich auch irgend jemand Annie Lundberg ermordet hat! Oder wenigstens entführt.«

»Mhm«, nickte Munter.

»Annie Lundberg verschwindet von der Erdoberfläche. Jetzt gibt es nur noch Birgitta Sonesson. Die eigentlich ermordet worden ist. Die eigentlich Annie Lundberg ist.« Ich sah zu Munter. »Verstehen Sie?«

»Ich weiß nicht recht«, antwortete er.

»Annie Lundberg hat behauptet, sie sei Birgitta Sonesson, und hat ausgesagt, bei der Leiche würde es sich nicht um Annie Lundberg handeln«, sagte ich. »Das war verdammt geschickt.«

»Wäre es nicht besser gewesen, wenn sie gesagt hätte, daß es Annie sei?« fragte Munter. »So bekloppt, wie wir ihr vorkommen müssen, wären wir darauf wohl reingefallen.«

»Wir waren nicht bekloppt«, sagte ich. »Wir haben nur nicht klar gesehen. Alles war vollkommen logisch. Ein weiterer Schritt zur Glaubwürdigkeit war, sie nicht als Annie zu identifizieren.«

»Die Tätowierung«, sagte Munter.

»Sehen Sie? Sehr geschickt. Und wenn wir sie jetzt hierher zitieren, dann werden wir die Tätowierung auf ihrem eigenen Bauch finden.«

Plötzlich dachte ich daran, wie wir mit Annie Lundberg vor der Leiche von Birgitta Sonesson gestanden hatten. Wir hatten geglaubt, sie stünde vor einem fremden Körper, und doch hatte ich den Eindruck gehabt, daß sie weinte, als würde ihre Geliebte dort liegen.

Und so war es auch gewesen.

»Aber hat sie das allein bewerkstelligt?« fragte Munter.

Ich sah ihn an.

»Ich habe Ihnen etwas vorenthalten«, sagte ich. »Und mir selbst auch.«

Er fragte nicht, sondern wartete.

»Als wir die Leiche fanden«, sagte ich. »Ich war zuerst dort, und als ich mich vorbeugte, verspürte ich einen bestimmten Geruch. Es währte nur einen ganz kurzen Augenblick, dann war er verschwunden. Nur eine Zehntelsekunde.«

»Und?«

»Heute habe ich ihn wieder gerochen. Draußen bei der Eislaufanlage. Im Auto des Trainers.«

»Des Trainers?«

»Als wir den Trainer neulich verhört haben, hat er nicht viel gesagt, und das haben wir auch akzeptiert, nicht wahr? Es gab ja nicht unbedingt viel zu sagen. Neulich. Aber nachdem ich mir zu Hause bei dem Geschäftsführer die Videos angesehen hatte, bin ich noch einmal zur Anlage zurückgefahren, und gerade als ich hineinging, kam der Trainer heraus. Und als ich wieder herauskam, war er immer noch da. Ich sagte, mein Auto würde nicht anspringen, und ob ich vielleicht mit in die Stadt fahren könne.«

»In die Stadt«, echote Munter.

»Ich habe den Geruch wiedererkannt«, sagte ich.

»Es war wirklich derselbe Geruch?« fragte Munter.

»Ja. Der muß sich in der Leiche festgesetzt haben, während sie in seinem Auto lag. Da gibt es gar keinen Zweifel, Kommissar. Das ist der Geruch.«

»Das hält nicht als Beweis«, meinte Munter.

»Das weiß ich. Aber ich bin ganz sicher.«

»Haben Sie etwas zu ihm gesagt?«

»Nein, natürlich nicht. Er ließ mich raus und sagte, er würde noch weiter fahren. Und raten Sie mal wohin.«

»Zu Annie Lundberg. Die wir als Birgitta Sonesson kennen«, sagte Munter.

»Genau.«

»Was war das denn für ein Geruch?« fragte er.

»Von einem Wunderbaum«, erwiderte ich. »Diese kleinen grünen Pappbäumchen, die man am Rückspiegel befestigen kann und die dann im ganzen Wagen einen Wohlgeruch verbreiten.«

»Mein Gott«, sagte Munter.

»Und dieser Geruch ist anhaltend«, sagte ich.

Wir nahmen die Eisschnelläuferin und ihren Trainer sechsmal sechs Stunden ins Verhör, und natürlich lachten sie uns nur ins Gesicht.

Ich begriff, daß das Ganze eine Eifersuchtsgeschichte gewesen war, die furchtbar schiefgegangen war.

In Annie Lundbergs Wohnung entdeckten wir Beweise dafür, daß sie Vorbereitungen dafür getroffen hatte, sich ins Ausland abzusetzen, offenbar für immer und offenbar zusammen mit dem Herrn Trainer.

Den Kopf fanden wir, nachdem wir das Eis der Trainingsanlage aufgehackt hatten. Wir hätten auch warten können, bis es taute, doch ich hatte den Verdacht, daß es einen langen und kalten Winter geben würde.

Autoren- und Quellenverzeichnis

Majgull Axelsson, geboren 1947 in Landskrona, wuchs in Nässjö auf. Ursprünglich arbeitete sie als freie Journalistin bei verschiedenen Gewerkschaftsblättern. Sie wohnt im Stockholmer Stadtteil Norrmalm. Ihr Roman »Aprilhexe« über die hirngeschädigte Desirée war in Schweden und Deutschland ein Riesenerfolg. Nach »Rosarios Geschichte« erschien auf deutsch »Augustas Haus«, eine breit angelegte Familienchronik.
»Schwindel« [Yrsel]. Aus dem Schwedischen von Susanne Dahmann. In: En stad av slott. Natur och Kultur/LTs förlag, Stockholm 2002, S. 5–26. © Majgull Axelsson.

Louise Boije af Gennäs, geboren 1961 in Stockholm, ist Schriftstellerin, Journalistin und Drehbuchautorin und lebt mit ihrem Mann und zwei Kindern in Stockholm. Auf deutsch sind erschienen: »Und eines Tages öffnet sich die Tür« und »Nice Girls«.
»Der Weihnachtsmann ist rothaarig« [Tomten är rödhårig]. Aus dem Schwedischen von Annika Krummacher. In: Aftonbladet, 24.12.2002. © Louise Boije af Gennäs.

Stig Claesson, geboren 1928 in Stockholm, ist Zeichner und Schriftsteller. Für seine Tätigkeit wurde er mit dem Ehrendoktor der Universität Uppsala sowie mit vielen weiteren Preisen ausgezeichnet. Auf deutsch erschienen von ihm unter anderem »Wer liebt Yngve Frej?«, »Echo eines Frühlings« und »Wunschgemäß«.
»Der Heiligabend des Buchhalters« [Kamrerns julafton]. Aus dem Schwedischen von Annika Krummacher. In: Kamrerns julafton och andra högtidsstunder. Bonniers Julbok 1986. Albert Bonniers förlag, Stockholm 1986, S. 5–7. © Stig Claesson.

Åke Edwardson, geboren 1953, stammt aus Vrigstad, Småland, wo sein Vater eine Konditorei besaß. Ursprünglich war er Journalist und lebt heute in Göteborg. Mit seinem Kriminalkommissar Erik Winter hat er sich in die Herzen deutscher Krimileserinnen und -leser geschrieben. Von ihm liegen auf deutsch die Romane »Tanz mit dem Engel«, »Die Schattenfrau«, »Das vertauschte Gesicht«, »Der Himmel auf Erden«, »In alle Ewigkeit« und »Segel aus Stein« vor. Mit dem Erzählungsband »Der letzte Abend der Saison« kehrt er in seine Heimat Småland zurück.

»Eiszeit« [Istid]. Aus dem Schwedischen von Susanne Dahmann. © Åke Edwardson. © der deutschen Übersetzung: Ullstein Buchverlage GmbH, Berlin.

Kerstin Ekman, geboren 1933 in Risinge in Östergötland, zählt zu den bedeutendsten Schriftstellerinnen der Gegenwart. Sie ist Mitglied der Schwedischen Akademie und wurde mit allen großen Literaturpreisen ausgezeichnet, unter anderem erhielt sie für ihr Gesamtwerk den renommierten Pilotpreis. Ihren Durchbruch in Deutschland stellt ihr Roman »Geschehnisse am Wasser« dar. Von ihrer neuesten Romantrilogie liegen auf deutsch die ersten beiden Bände vor: »Am schwarzen Wasser« und »Die letzten Flöße«. Zuletzt erschien von ihr auf deutsch »Der Ruf des Raben«.
»Hätte ich Flügel« [Hade jag vingar]. Aus dem Schwedischen von Hedwig M. Binder. In: Artes, 1978, Heft 6, S. 3–12. © Kerstin Ekman.

Per Olov Enquist, geboren 1934 in der nordschwedischen Landschaft Västerbotten, lebt als einer der bedeutendsten schwedischen Erzähler und Dramatiker in Stockholm. Sein historischer Roman »Der Leibarzt des Königs« wurde mit zahlreichen Preisen ausgezeichnet und stand auch in Deutschland lange auf den Bestsellerlisten. Zuletzt erschienen von ihm auf deutsch »Der fünfte Winter des Magnetiseurs«, sein Kinderbuch »Großvater und die Wölfe« und »Lewis Reise«, ein Buch über die Pfingstkirche in Schweden.
»Das Jahr mit der Harley Davidson« [Året med Harley Davidson]. Aus dem Schwedischen von Hedwig M. Binder. In: Vår bostad, 1993, Heft 12. © Per Olov Enquist.

Monika Fagerholm, geboren 1961 in Helsinki, ist die einzige finnlandschwedische Autorin dieser Anthologie. Sie studierte Psychologie und Literaturwissenschaften. Auf deutsch erschien von ihr »Wunderbare Frauen am Wasser. Ein Roman über Geschwister«.
»Der Winterengel« [Vinterängeln]. Aus dem Schwedischen von Annika Krummacher. In: Dagens Nyheter, 24.12.2001. © Monika Fagerholm.

Christine Falkenland, geboren 1967 in Bohuslän, schrieb schon früh Gedichte und veröffentlichte vier Lyrikbände. Ihr erster Roman, der von der schwedischen Presse hoch gelobt wurde, erschien auf deutsch unter dem Titel »Mein Schatten«.
»Heiligabend im Trauerhaus« [Julafton i sorgehuset]. Aus dem Schwedischen von Annika Krummacher. In: Göteborgs-Posten, 24.12.2001. © Christine Falkenland.

Peter Gissy, geboren 1947, aufgewachsen in Landskrona und seit vielen Jahren in Göteborg ansässig. Der Autor von bisher vier Thrillern gewann mit »Tod auf dem Eis« 2002 den Wettbewerb »Kriminalerzählung des Jahres«, der vom Piratförlaget, von Sveriges Radio P 1 und der Zeitschrift »Jury« ausgeschrieben wurde. Auf deutsch erschien sein Jugendkrimi »1492 – Das geheime Manuskript«.
»Tod auf dem Eis« [Döden på isen]. Aus dem Schwedischen von Susanne Dahmann. In: Döden på isen och andra berättelser. Piratförlaget, Stockholm 2002, S. 9–28. © Peter Gissy.

Claes Hemberg, geboren 1968 in Stockholm, ist Schriftsteller, Fotograf und Pressesprecher des schwedischen Internet-Börsenmaklers Avanza. Im November 2003 stellte er im Stockholmer Stadsmuseum den Fotozyklus »Bilder om tomhet« (Bilder der Leere) aus, eine Auseinandersetzung mit der Ermordung der schwedischen Außenministerin Anna Lindh. Er lebt mit seiner Frau und zwei Töchtern im Stockholmer Stadtteil Vasastan. Sein erster Roman »Some, none, few, any & all« erschien 2002 und liegt bislang nur auf schwedisch vor.
»Die letzte Weihnacht des Weihnachtsmanns« [Tomtens sista jul]. Aus dem Schwedischen von Holger Wolandt. Originalbeitrag. © Claes Hemberg.

Marie Hermanson, geboren 1956 in der Nähe von Göteborg, arbeitete als Journalistin, ehe sie mit einer Sammlung von Geschichten debütierte, der drei Romane folgten. Sie lebt heute als freie Schriftstellerin in Göteborg. Auf deutsch erschienen von ihr die Romane »Muschelstrand«, »Die Schmetterlingsfrau« und »Das unbeschriebene Blatt«.
»Hundert Teddybären und tausend Engelsgeläute« [Hundra nallar och tusen änglaspel]. Aus dem Schwedischen von Hedwig M. Binder. In: Det finns ett hål i verkligheten. Albert Bonniers Förlag, Stockholm 1986, S. 157–166. © Marie Hermanson.

Ninni Holmqvist, geboren 1958 in Lund, lebt heute in Malmö. Sie arbeitete als Pflegehelferin und als Modell und ist heute Schriftstellerin und Übersetzerin aus dem Dänischen. Auf deutsch liegt ihr Roman »Die Verführten« vor.
»Der Tod des Modells« [Modellens död]. Aus dem Schwedischen von Susanne Dahmann. In: Vår bostad, 1996, Heft 3, S. 60–62. © Ninni Holmqvist.

Kjell Johansson, geboren 1941 in Stockholm, wo er auch heute noch lebt, war unter anderem Hafenarbeiter, ehe er im Hauptberuf Schrift-

steller wurde. Seinen internationalen Durchbruch erlebte er 1997 mit seinem Roman »Der Geschichtenmacher«. Auf deutsch liegen außerdem die Romane »Gogols Welt«, »Eine Räuberpistole« und »Die Traumseglerin« vor.
»Der Sarg«. Aus dem Schwedischen von Annika Krummacher. In: Sju huvudens historia (Anfang, vom Autor bearbeitet). Norstedts förlag, Stockholm 1992, S. 9–33. © Kjell Johansson.

Thorsten Jonsson, geboren 1910 in Hörnsjö, Västerbotten, gestorben 1950 in Stockholm, war einer der bekanntesten schwedischen Autoren seiner Zeit und galt als »der schwedische Hemingway«. Er war zeitweilig New-York-Korrespondent der Tageszeitung »Dagens Nyheter«. Auf deutsch erschien von ihm 1951 der Roman »Menschen im Konvoi«, der das Leben auf einem Geleitzug während des Zweiten Weltkriegs schildert.
»Winterstück« [Vinterstycke]. Aus dem Schwedischen von Lotta Rüegger. In: Fly till vatten och morgon. © Albert Bonniers Förlag, Stockholm 1941 und 1975, S. 7–22.

Maria Küchen, geboren 1961 in Falköping, aufgewachsen in Uppsala, ist Lyrikerin, Romanautorin und freie Mitarbeiterin bei Zeitungen und lebt mit Mann und vier Kindern in Stockholm. Auf deutsch sind das Jugendbuch »Song für einen Schmetterling« und der Roman »Die glückliche Hure« erschienen. »Morgenstunden bei der Jagd« wurde 1995 mit dem renommierten Preis Årets Novell (Erzählung des Jahres) ausgezeichnet.
»Morgenstunden bei der Jagd« [Jaktmorgnar]. Aus dem Schwedischen von Hedwig M. Binder. In: Stilla under regnbågsytan och 14 andra av årets noveller, Rabén Prisma/Vår bostad, Stockholm 1995, S. 97–102. © Maria Küchen.

Viveca Lärn, geboren 1944 in Göteborg, hat seit 1975 etwa vierzig Bücher veröffentlicht. Auf deutsch sind von ihr erschienen: »Weihnachten auf Saltön«, »Sommer auf Saltön«, »Der blaue Wartesaal« und das Kinderbuch »Schwein gehabt, Eddie!«.
»Der Mistelzweig in der Linnégatan« [Misteln på Linnégatan]. Aus dem Schwedischen von Susanne Dahmann. In: Göteborgs-Posten, 20.12.1997. © Viveca Lärn.

Ola Larsmo, geboren 1951 in Sundbyberg, studierte Literaturwissenschaft, Nordische Sprachen, Theologie und Geschichte in Uppsala und ist als Literaturkritiker der führenden schwedischen Tageszeitung »Dagens Nyheter« tätig. Heute lebt er mit seiner Frau, zwei Kindern

und einer Katze in Uppsala. Von ihm erschienen mehrere Romane und Essays.
»Ingvar – Uppland, Dezember 1986« [Ingvar – Uppland, december 1986]. Aus dem Schwedischen von Annika Krummacher. In: Stumheten. Sju berättelser, Bonniers Förlag 1991, S. 139–151. © Ola Larsmo. Zuerst erschienen in: Artes, 1989, Heft 3, S. 23–31.

Eva-Marie Liffner, geboren 1957 in Göteborg, arbeitet als Literaturkritikerin bei der »Göteborgs Tidning« und bei »Expressen«. 2001 erschien ihr erstes Buch »Camera«, ein historischer Krimi.
»Erskines Mischung« [Erskines blandning]. Aus dem Schwedischen von Hedwig M. Binder. In: Annelie Lindqvist und Andreas Nyberg (Hrsg.): Mord på julafton och andra juldeckare. Bokförlaget Semic, Sundbyberg 2003, S. 145–160. © Eva-Marie Liffner.

Astrid Lindgren, geboren 1907 in Vimmerby, Småland, und 2002 in Stockholm gestorben, ist die berühmteste und meistgedruckte Autorin Schwedens. Bei der Erzählung »Ich mach, was mir gefällt«, die stark an »Pippi Langstrumpf« und »Michel aus Lönneberga« erinnert, handelt es sich um eine der ersten Veröffentlichungen von Astrid Lindgren. Sie erschien 1946 in einem »Julkalender«, einem Heft mit Weihnachtsgeschichten und -gedichten, und wurde 1992 für ein Lesebuch für Neun- bis Vierzehnjährige wiederentdeckt.
»Ich mach, was mir gefällt« [Jag får göra vad jag vill, sa prinsen]. Aus dem Schwedischen von Lotta Rüegger. In: Kristin Hallberg und Göran Lundqvist (Hrsg.): Svea Läslandet. Svenska för mellanstadiet. Almqvist & Wiksell förlag, Stockholm 1992, S. 220–230. (Zuerst in: Sagoprinsessan. Julkalender 1946.) © Astrid Lindgren.

Henning Mankell, geboren 1948 in Härjedalen, ist der derzeit erfolgreichste Schriftsteller Schwedens. Er arbeitet auch als Theaterregisseur und lebt in Maputo, Mosambik. Nach den zehn erfolgreichen Kriminalromanen mit Kurt Wallander erschien von ihm zuletzt auf deutsch »Vor dem Frost«. Mankell hat sich auch als Autor von Jugendbüchern einen Namen gemacht, darunter »Der Hund, der unterwegs zu einem Stern war«.
»Der Berufskiller« [Torpeden]. Aus dem Schwedischen von Lotta Rüegger. In: SIA. Skogsindustriarbetaren, 1996, Heft 18, S. 15–19. © Henning Mankell.

Katarina Mazetti, geboren 1944 in Stockholm, lebte lange Jahre im nordschwedischen Umeå und heute in Lund, wo sie als Journalistin bei Sveriges Radio tätig ist. Auf deutsch liegen neben mehreren er-

folgreichen Jugendbüchern der Bestseller »Der Kerl vom Land«, der Krimi »Jede Menge Ohrenzeugen« und der Roman »Ein Kerl zum Verlieben« vor.
»Der Weihnachtsabend des Schnapsschmugglers« [Spritsmugglarens julafton]. Aus dem Schwedischen von Annika Krummacher. In: SIA. 2002, Heft 12, S. 6–11. © Katarina Mazetti.

Åsa Nilsonne, geboren 1957 in Stockholm, ist im Hauptberuf Ärztin. Von ihren Krimis mit der Inspektorin Monika Pedersen erschienen bisher auf deutsch »Dünner als Blut« und »Im Verborgenen«.
»Helleren Zeiten entgegen« [Mot ljusare tider]. Aus dem Schwedischen von Lotta Rüegger. In: Marie-Anne Knutas und Andreas Nyberg (Hrsg.): Midvintermord och andra kriminalnoveller. Bokförlaget Semic, Sundbyberg 2001, S. 21–35. © Åsa Nilsonne.

Helene Tursten, geboren 1954 in Göteborg, lebt in Sunne in Värmland. Ihre Romane mit der Inspektorin Irene Huss – vom »Lexikon der Kriminalliteratur« als »würdiges weibliches Gegenstück zu den Kurt-Wallander-Romanen von Henning Mankell« gelobt – sind Bestseller. Auf deutsch erschienen bisher »Der Novembermörder«, »Der zweite Mord«, »Die Tätowierung« und »Tod im Pfarrhaus«.
»Mittwintermord« [Midvintermord]. Aus dem Schwedischen von Lotta Rüegger. In: Marie-Anne Knutas und Andreas Nyberg (Hrsg.): Midvintermord och andra kriminalnoveller. Bokförlaget Semic, Sundbyberg 2001, S. 135–147. © Helene Tursten.

Karin Wahlberg, geboren 1950, wuchs in Kalmar auf und arbeitet als Ärztin an der Universitätsklinik Lund. Auf deutsch erschienen die Romane »Die falsche Spur« und »Ein plötzlicher Tod«.
»Dienst an Heiligabend [Julaftonsjour]«. Aus dem Schwedischen von Lotta Rüegger. In: Annelie Lindqvist und Andreas Nyberg (Hrsg.): Mord på julafton och andra juldeckare. Bokförlaget Semic, Sundbyberg 2003, S. 85–101. © Karin Wahlberg.